# 思想から見た西と東

―西洋思想史のアジア論的転回―

竹内真澄

本の泉社

# 思想から見た西と東
## ―西洋思想史のアジア論的転回―

目次

まえがき ……………………………………………………… 4

## 第Ⅰ部　個体の覚醒

第1章　個体的所有　その後 ……………………………… 8
第2章　個別者の概念について …………………………… 35
第3章　コンビネーション概念の起源 …………………… 37
第4章　公私二元論と労資二元論 ………………………… 45
第5章　個体性とは何か …………………………………… 53
　　　　―主我と客我の循環をわがものにすること―
第6章　二つのプライヴァシー …………………………… 72
第7章　私人・自然人・法人 ……………………………… 80
第8章　私人・兵営的規律・代議制 ……………………… 89

## 第Ⅱ部　世界システムの中から

第9章　帝国主義と宗教改革―問題史的考察― ………… 98
第10章　インカ帝国滅亡と戦国時代の同時代性 ……… 110
第11章　モア・エラスムス・ルター …………………… 113
第12章　原発問題の思想史的文脈 ……………………… 122
　　　　―湯川秀樹、丸山眞男、高木仁三郎―

| 第13章 | アメリカ帝国主義による日本帝国主義の排除と包摂 ·· *164* |
|---|---|
| 第14章 | 理解社会学と世界システム論 ················· *167*<br>—ウェーバー『儒教と道教』1915-1919 を読む— |
| 第15章 | 近代世界システムと国民主権 ················· *178* |
| 第16章 | ふたたび　国民主権を問う ················· *189* |

## 第Ⅲ部　アジアへのまなざし

| 第17章 | アジア論的転回 ························· *198* |
|---|---|
| 第18章 | アジア比較近代化論　序説—覚え書き— ········· *201* |
| 第19章 | 中国思想史における私人概念の変遷 ············· *209*<br>—善悪の構造転換とかかわって— |

## 第Ⅳ部　思想的展望

| 第20章 | 無条件降伏の思想 ························ *250* |
|---|---|
| 第21章 | 「見えざる手」から「見える手」へ ············· *255* |
| 第22章 | 「法の支配」再考 ························ *258* |
| 第23章 | かの土方人足の智識文字の発達する未来へ ········· *291* |

初出一覧 ································ *294*
あとがき ································ *296*

まえがき

　水切りの石を投げる。ひらべったい石は水面に波線を描いて向こう岸に乗り上げ、乾いた音をたてる。傍らにいた愛犬はそれを見て凄いスピードで跡を追う。
　言ってみれば、そういうことが研究過程で起こることがある。とても引力をもつ言葉があって、それに魅せられてしまう。ぼくの場合、個体という言葉に光を感じた。試しにそれを拾って遠くへ投げて痕跡を追跡したら、その言葉の起源まで行き着いた。
　本書は、前著『近代社会と個人　＜私人＞を超えて』（御茶の水書房、2022年）で考えた主題、つまり私たちはいわゆる近代的個人（私人）にいかにしてなったか、そしてそれを超えた向こう側まで果たしてたどりつけるのか、という問題を理論的、歴史的、空間的に掘り下げたものである。
　全体は4部から構成される。
　第Ⅰ部は、個体の覚醒である。ふつう、マルクスは階級という集団のことを考えた人だと言われる。だが、それはありふれた偏見である。たしかに、マルクスは階級という観点でものを考えたが、それは人が個体として生きられない理由を探ったひとつの帰結である。すなわち階級というお仕着せを被せられた人々は、自分らしく生きられない。生きれば生きるだけ、それだけ一層人は自前の服を羽織りたくなる。お仕着せを捨てよ。わが身に合う服を取れとマルクスは言っているのである。ひとたび、こうした理論的な視座に立てば、19世紀末から20世紀の動向がよく読み取れるようになるのではあるまいか。階級というのは私人の集積である。だから、個体になるためには、階級の中に引き込まれて、私人と対決しつつ個体になる道を模索するほかはない。人は好むと好まざるとに関わらず、階級という駅を通過しなければならない。この時に人は私人から個体にメタモルフォーゼ（つまり覚醒）するのである。

第Ⅱ部は、私なりの世界システム論である。公私二元制と労資二元制をグローバルにつないだものが近代世界システムだ。近代世界システムは、15世紀末（教皇子午線）から始まる。その入り口から初めて、どのようにして出口へ進むか、それをめぐって考えることはおよそ現代的な思考にとって不可欠なことである。

　第Ⅲ部は、アジアへのまなざしである。ぼくは長らく、中江兆民ふうの「洋学紳士君」だった。けれども、21世紀後半は中国とインドの時代が到来することは容易に予想される。したがって、西洋思想史の領域にしがみついていてはいけない。というか、西洋とは何であるかを実証するためにこそ、アジアを観察しなければ、これから出現すべき普遍性を理解することはできまい。だから2023年頃からアジア論的転回を企てたのである。通史的に西洋的私人と中国的私人の発展経過をたどってわかったのは、西と東はグローバル化の中で、紙一重の違いを残しながらも、ますます接近しつつあるという結論である。

　第Ⅳ部は、思想的展望である。ぼくは日本国憲法第9条が近代を超えるうえで重要な梃子になると考えるものである。そのばあい、9条の成り立ちは、日本の無条件降伏から解釈されねばならない。つまり、第9条を「得た」起源が無条件降伏であるならば、それを抱きしめたために起こるかもしれない外敵からの侵略に対してもまた、無条件降服を国是とするしかない。無条件降伏─9条─無条件降伏という循環で憲法を定着させることが一つの思想的展望を与える。そして、これは必ずしも孤軍奮闘を意味しない。「見えざる手」から「見える手」への世界史的移行は必ず、西側的価値に著しく偏向した「法の支配」を糺すとともに、夏目漱石が100年以上前に予言した変革主体（土方人足）の智識化を準備するのである。

# 個体の覚醒

# 第1章　個体的所有　その後

## はじめに

　1970年前後の日本で、マルクスのいわゆる「個体的所有」をめぐる論争が起こった。これは、そもそもマルクスの言う社会主義とはいったい何であるか、という根本的な問題をめぐる論争であった。背景にあったのは、1956年のスターリン批判とコミンフォルムの解散、中ソ論争、ハンガリー事件、さらに1962年のキューバ危機をめぐる中ソ対立、1966年の中国の文化大革命、1968年のチェコ、プラハの春に対するソ連の軍事介入、中ソ国境での軍事衝突であった。時あたかも大国アメリカが小国ヴェトナムに軍事介入し、世界中の進歩勢力が平和のための連帯を必要とした、まさにそのときに、「社会主義」を標榜した二つの「国家」が泥仕合に陥り、そこにアメリカがつけこみ、結果的に世界の社会主義観が大きく揺らいだ時代であった。

　1960年代末、アメリカではH・マルクーゼ、日本では平田清明氏が、ほとんど同時に『資本論』の個体的所有 das individuelle Eigentum（individual property）という一見不思議な、しかし、私的所有と対置された概念を「発見」した。これは、世界の激動のなかから古典研究が見出した一つの活路だったように見える。マルクーゼの発見は、ほとんど反響を呼ばなかったが、平田の問題提起は一種の衝撃をもって迎えられ、熾烈な議論が引き起こされた。いったい社会主義とはそもそも何であるか。従来言われてきた生産手段の社会化（ふつうは国家的所有とされるもの）なのか、それとも個体的所有の再建なのか。これが焦点であった。

　日本で、平田氏がいわゆる市民社会派と呼ばれるグループに属していたことはよく知られているが、それよりも大きな影響力をもっていたのは、正統派と宇野派であった。前者は講座派に起源をもち、マルクス・レーニン主義の看板をかかげ、日本共産党と結びついていたの

に対して、後者は学問と政治の直結を嫌いながらも、労農派系の伝統から社会党左派に一定の影響力をもっていた。市民社会派は、高島善哉氏のもとで形成され水田洋氏、平田氏、そしてそれに近しい内田義彦氏をまじえた学者グループであった。彼らは、60年代末よりも早い時期に古典研究に内在して「個体的所有」概念に注目していたという。

　市民社会派がこの概念を提起したとき、概して正統派も宇野派も「個体的所有」概念に冷淡であった。たとえば正統派の見田石介氏（1906—1975）は、この概念に独自の意義を認めなかった。宇野弘蔵氏（1897—1977）およびその学派は「原理論」外の問題でしかないと言って門前払いした[1]。しかも当時の世界で、個体的所有論争が起こったのは日本だけであった。それだけ、社会主義とは「生産手段の社会化（国有化）」であるという通念は強力だったのだ。

　論争以降、3つの学派は、「社会主義」の魅力喪失や新自由主義的大学改革の波にさらされ、国内における学問的拠点を失った。今日、現役学生の誰もいずれの学派からの影響も受けることはほとんどない。こうしてこの論争は、半世紀の経過のなかで風化し、忘れられたかのようである。本稿は、その後のマルクス研究の進展を踏まえて、「個体的所有の再建」概念の未決着の論点に分け入り、もしあの時点で、より創造的な解釈があったなら、当時の社会主義像を変革する手掛かりになったばかりでなく、すでに手遅れだったかもしれない「既成社会主義」のあり方を内在的に総括し、人類史にたいして一縷の希望をつなぐものになりえたかもしれないという、反事実的な立場で論争を振り返ってみることをめざしている。

## 1　マルクスの「個体的所有」概念について

　まず、『資本論』各版における「個体的所有」の再建をめぐる記述がいかなるものであったか、確認しておこう。さしあたり1867年ドイツ語版初版（第2版72年版も同一）を示し、1883年版で下線部がどう変更、加筆されたかを括弧づけで示す。

資本主義的生産様式から生まれる資本主義的取得様式は、したがってまた資本主義的私的所有も、自己の労働にもとづく個体的私的所有 individuelle,auf eigne Arbeitgegrundeten Privateigenthum の第一の否定である。しかし、資本主義的生産は、一つの自然史的過程の必然性をもって、それ自身の否定を生みだす。それは否定の否定である。<u>これは、個体的所有 das individuelle Eigenthum を再建する、だがしかし、資本主義時代の獲得物、自由な労働者の協業ならびに土地と労働そのものによって生産された生産諸手段とに対する彼らの共同所有 Gemeineigenthum、の基礎のうえにである</u>。（これは私的所有ではなくて、資本主義時代の獲得物、すなわち、協業、ならびに、土地と労働そのものによって生産された生産手段との共同占有 Gemeinbesitz の基礎のうえに、個体的所有を再建するのである）[2]。

　論争は、主として三つの点をめぐっていた。第一に、「個体的所有」の所有対象は何か。第二に、「個体」とは何か。第三に、生産手段の共同「所有」と共同「占有」はどう区別できるか、である。いま歴史的に起きた個体的所有論争を3つに分けると、第一次論争は1877年のエンゲルスとデューリングとのもの、第二次は1894年のレーニンとミハイロフスキーとのもの、そして第三次は1970年前後の日本のものである。第一の論点は、いずれの論争でも取り上げられたのにたいして、第二、第三の論点は第三次論争ではじめて本格的に取り扱われた。これら三つの論点を総合するならば、資本主義的私的所有の出現とそのもとで進行する「労働の社会化」と「個体的所有の再建」は、いったいどのように有機的・統一的に把握できるか、ということが問われた。

## 2 デューリングによる「個体的所有」論の発見について

　第一次論争は、後の論争にまでずっと影響を与えた。E・デューリング（1833—1921哲学者、経済学者、ベルリン大学講師）は恐ろしく博識な学者で、『資本論』初版が出た1867年に書評を発表した。そこで彼は「私的所有の社会的所有への転化」に言及し、これがマルクスの「社会主義的視座」であると結んでいる[3]。どういうわけか彼は「個体的

所有」に触れなかった。その理由ははっきりしないが、一般に社会主義は生産手段の公有を主張するものであるという「社会主義的視座」を『資本論』に確認したということであろうと推測される。第一次論争は、デューリングが自著『国民経済学と社会主義の批判的歴史』第2版1875で、マルクスの社会主義とは「個体的にして同時に社会的でもある所有」という「もうろう世界」のなかにあると攻撃したところから始まった。デューリングは、その際『資本論』ドイツ語版第2版1872-73を読み直した。また同時に、マルクスの知人ヨハン・モスト（1846—1906）が書いた『資本論』の要約『資本と労働』初版1874というパンフレットを参照したと思われる[4]。

　デューリングが参照したのはパンフ初版である。その改訂版1876の制作にあたってマルクスは、300か所以上におよぶ加筆をおこなった。ゆえにフランス語版『資本論』1872-75年とともにこの改訂版はマルクス自身が手を入れた第一級の資料とされる。初版および改訂版ともに、再建されるのが「個体的所有」だという点を明記している。彼は、パンフ初版の「むすび」で『資本論』の「資本主義的蓄積の歴史的傾向」が要約されているのに気づき、「個体的所有の再建」という概念が『資本論』にあったことを書評執筆時よりも強く印象づけられたのであろうと推測される。

　デューリングは1875年の時点で、「個体的所有の再建」という概念に特別の注意を向けた。その解釈の当否は別として、皮肉にも「個体的所有」概念を問題的な概念として発見したのは、デューリングであった。

　マルクスの文章は、先に引用したように生産手段に関して「個体的であると同時に社会的（共同的）所有」であると書いている（ここではEigenthumとBesitzの異同にはたちいらない）。もし、「個体的」と「私的」が同義ならば、「私的であると同時に社会的（共同的）な所有」というのは論理矛盾を犯しているという可能性が出てくる。実際デューリングは「矛盾」を嗅ぎつけたのである。第一次、二次論争では、「個体的」は「私的」と同義であるとみなしたうえで、所有対象が異なるのだという解釈によって、「矛盾」はないという反論がなされた。と

ころが第三次論争ではマルクス擁護の観点から、二つの解釈が対立した。通常「生産手段説」と「生活手段説」と言われる。

確認しておくと、社会主義が生産手段の社会的所有であるという点で二つの解釈に違いはない。違いは、「個体的所有」の対象であった。生産手段説に立つのは、平田清明、竹内芳郎、田口冨久治、長砂實、西野勉の各氏で、後に大谷禎之介（2011）と後藤道夫（2016）の両氏がここに加わった。これにたいして生活手段説は、エンゲルスが『反デューリング論』で打ち出し、それを踏襲してレーニン、見田石介、林直道の各氏と、後に不破哲三氏が加わった。

先の『資本論』からの引用文の焦点は、生産手段と人間の関わり方だと読めば、生産手段説が出てくるが、これでは矛盾が起きかねない。しかし生活手段説をとれば矛盾を回避できるとはいえ、内在的な理解（例えば「再建」の意味は何か）という点でかなりの無理がありそうなのである。こうして両説は一長一短で、論争では統一的見解を出せなかった。そこで本稿は原点に帰って、第一次論争でなぜ生活手段説が出てきたのかを振り返ることにしよう。

## 3　エンゲルス説は商品論を蓄積論に外挿するものだった

エンゲルスは「もうろう世界」との攻撃に対して、Vorwärts,No.55, Freitag,11,Mai1877において、『資本論』第2版1872-3に依拠して反批判を書いた。エンゲルスの説は、ある意味で非常に明快である。

デューリングが「個体的であると同時に社会的でもある所有」を攻撃したのに対して、エンゲルスは個体的所有と社会的所有それぞれの対象がそもそも異なるとし、社会的所有は生産手段、個体的所有は生活手段を対象とするものだと反論したのである。これによって同じ対象に関わる「個体的」と「社会的」の同時性が解体された。エンゲルスは言う。「ドイツ語のわかる人にとっては、この文章は、社会的所有にはいるのは土地、その他の生産手段であり、個体的所有にはいるのは生産物すなわち消費対象である、ということを意味する」[5]。これが、今日まで続く生活手段説の淵源である。

生活手段説に重要な論拠を与えた証言をエンゲルスはしている。

『反デューリング論』第2版序文（1885年9月23日、念のためマルクスの死後である）で「ついでにいっておくが、この書物で展開されている考え方は、大部分マルクスによって基礎づけられ発展させられたものであって、私のあずかるところはごくわずかな部分にすぎないのであるから、私が彼に黙ってこういう叙述をしないということは、われわれのあいだでは自明のことであった。私は印刷するまえに原稿を全部よみきかせた」[6]。

　この証言を見る限り、マルクスは生活手段説に同意したと読める。生産手段説の陣営に立つ人にとってこの証言は都合が悪いため、まともに取り上げた人はみあたらない。1885年のエンゲルス証言がマルクス死後であったとしても、「原稿を全部よみきかせた」というのは後付けの作り話とは思われない。何よりも、エンゲルスが作り話を創作する動機はない。エンゲルスの言うとおり *Vorwärts* に発表される前にエンゲルスはマルクスに原稿を読みきかせたであろう。マルクスほど学問に厳密である人が、畏友エンゲルスとは異なる見解を持ちながらエンゲルス説に賛同するなどということはありえない、という解釈が出てくるのは理由のないことではない。

　しかし、「よみきかせた」という事実を疑わないとしても、まさに「否定の否定」に関してマルクスが生活手段説を採ったとまで言い切ることに私は躊躇する。何よりもマルクスの説の内在的解読を脇において「よみきかせ」をもとにエンゲルスに同意したと言い切るのはいささか論拠が弱すぎるのである。より内容に即して言うと、生活手段説に対して3つの疑問を提出できる。

　（1）エンゲルスの生活手段説は、「資本主義的蓄積の歴史的傾向」をそれ自体として内在的に読んだものではない。従来見過ごされてきたことであるが、エンゲルスは個体的所有の箇所に商品論の生活手段概念を持ち込んでいる。「事柄が6歳の子どもにもわかるように、マルクスは（『資本論』）56ページで、『共同の生産手段で労働し、自分たちの多くの個人的individuelle労働力を自覚的に一つの社会的労働力として支出する自由な人々の結合体』、つまり社会主義的に組織された結合体を想定して、こう言っている。『この結合体の総生産物は一つ

の社会的生産物である。この生産物の一部分はふたたび生産手段として役だつ。それはひきつづき社会的なままである。しかし、もう一つの部分は、結合体の成員によって生活手段として消費される。したがって、それは彼らのあいだに分配されなければならない」」[7]。まさにこの箇所でエンゲルスが告白するのは、第7篇資本の蓄積過程第24章いわゆる本源的蓄積第7節「資本主義的蓄積の歴史的傾向」のなかに第1篇第1章の商品論の記述を持ち込んでいることである。本源的蓄積論は16世紀以降のイギリスを素材にした議論だ。それゆえここに商品論を持ち込むのは少々無理なやり方である。第3次論争の誰も指摘しなかったのだが、商品論と蓄積論には、それぞれ固有の目的と射程がある。商品論は、共同体と商品の関係を問題にするから、共同体が全生産物をどう処理するかを主題化するのに役立つ。これに対して蓄積論は、「自由な自営農民」から出発して資本主義的生産様式そのものがいかにして出現し、消滅するかを主題化する。だから、過程は「自由な自営農民」の時代の労働者と生産手段の結合（個体的私的所有）→分離（資本主義的私的所有）→再結合（個体的所有の再建）であった。

　この点はモストの初版でも傍証される。初版の「むすび」には小経営→資本主義的私的所有→現代の生産様式の成果を基礎にした個体的所有の再建、が明快に論じられている。パンフレットは三つの論争点の解明に寄与する。『資本論』ドイツ語版第3版からの引用文でマルクスが「資本主義時代の成果」と同格で扱った「生産手段の共同占有」としたものは、ここで「現代の生産様式の成果」となっており、資本主義の枠内で生産手段が共同に使用されること、すなわち労働の社会化を指すものであることは明確である[8]。モスト初版はきわめて簡略化されているために、およそ生活手段に関する記述は一切出てこないのである。蓄積論の主題は第一義的には労働主体と生産手段の関係が歴史的にどう変わるかであって、生産物の分配や生活手段の問題は副次的な問題でしかない。

　(2) もしマルクスが生活手段説に賛同したとするならば、『反デューリング論』1878以降に、エンゲルスとの齟齬が生じないように生活手段概念を強調するはずである。ところが実際は反対であった。注意深

く読めばわかるが、エンゲルスが商品論を外挿したのとは反対に、生活手段Lebensmittelの概念は、『資本論』第2版1872までは「歴史的傾向」の節にただ一か所だけ残っていた。ところが、フランス語版1872-75でマルクスはそれを削除した。そのうえマルクス自身が1878年11月15日の書簡でフランス語版には「重要な訂正や追補」があることを指摘し、ドイツ語版2版とフランス語版を対照するよう求めたうえでフランス語版の出来栄えの良さを確認させている。もしマルクスが生活手段説に賛同したのならば、なにゆえに第2版まで残っていた生活手段概念をわざわざ削ったのか、説明がつかない。これは、生活手段説に立つ人びとが触れようとしない論点である。

（3）エンゲルスは、マルクスのフランス語版重視の指示を十分知っていたにもかかわらず、またマルクスが生活手段概念を削ったことに気づいたはずであるにもかかわらず、マルクスの死後に出た『資本論』第3版（1883），4版（1890）の「否定の否定」にかかわって「民衆の大群からの土地や生活手段や労働用具の収奪」という箇所で生活手段概念をわざわざ残している。これは1877年の自説と整合するが、マルクスの遺言に反する。

なお、エンゲルスの「よみきかせ」をめぐって、マルクスのある書簡に気になる記述がある。「1874年とそれにつづく数年間の状態に逆もどりしたくないなら、あの頃、私は目まいが起こって、わずか数時間でもはりつめて仕事をすると、もうあとがつづけられなくなりました」[9]とマルクスが述べているところだ。この「数年間」をどう見るかだが、エンゲルスが*Vorwärts*に『反デューリング論』第1篇を執筆したのは1876年9月から1877年1月で、掲載されたのは1877年1月3日号から5月13日号であった。「否定の否定」についての記事は1877年5月11日号および13日号に出た。もしエンゲルスの「よみきかせ」が事実であるとしても、マルクスが十分な健康状態で聞けなかった可能性は、たとえ小さくても残るように思う。

とはいえマルクスは『反デューリング論』全体を評して「これはドイツ社会主義を評価するのにたいへん重要なものです」（1878年10月3日書簡）と述べている。これをどう考えるかだが、厳密を期すれば、

第1章 個体的所有 その後 15

マルクスの高い評価は「否定の否定」の記述箇所にじかに触れたものではない。マルクスがエンゲルスの仕事に敬意を払っていることは間違いないが、生活手段説に同意したというピン・ポイントの証言にはなっていないのである。

ゆえに生活手段説は、やはりマルクスの記述に即して検討されねばならず、エンゲルスの解釈がどういう論理構成になっていたか、またエンゲルスがデューリングの記述に何を見たのかまで立ち返って調べる必要があると思われる。

## 4　デューリングのマルクス批判の論理構成

そこで振出しに戻って、デューリングの『国民経済学と社会主義の批判的歴史』第2版、1875を検討することにしよう。デューリングは、『資本論』ドイツ語版第2版、およびモストの初版1874に依拠していた。そしてマルクスの言う「個体的にして同時に社会的でもある所有」を「もうろう世界」として嘲笑したのであった。しかし、デューリングはいったいどういう意味で嘲笑したのであろうか。これまでだれもこの点を点検してこなかった。そこを原本にもどって調べておこう。

（1）デューリングは、否定の否定の第1段階を16世紀以降の自営農民をさすものとみなした。だがここで、デューリングは早とちりをしていた。原文によれば、マルクスの言う「個体的私的所有」をデューリングは「個体的所有者 die individuellen Eigenthümer」と簡略化している[10]。ということは、デューリングは頭のなかでマルクスの言う「個体的私的所有」を「個体的所有」と切り詰めてよいとみなしたのである。しかしマルクスの真意に即せばそれはおかしい。「個体的私的所有」とは、「自営農民」における労働主体の自由（個体性）と私的所有者の排他性を合成したものであって、それら両次元を汲み取らねば理解できない概念である。だが、この含意をデューリングはまったく理解しなかった。しかもデューリングの言う「個体的所有（者）」は、「個体的」と「私的」を区別しない通俗的なものであり、実質的には「私的所有」を意味するものであった。すなわちデューリングは頭のなかで、16世紀の自営農民とは私的所有者だと解釈しており、そ

のまま第1段階を「個体的所有者」（意味としては私的所有者）と言い換えたのである。これがデューリングがやった最初の誤解である。

　(2) これにくわえてさらに不幸なことが起こった。デューリングは、ドイツ語版第2版を典拠としているので、「否定の否定」における「この否定は、私的所有を再建しはしないが」との追加書き込みを見ることができなかった。それはフランス語版（1872-1875）をへてドイツ語版第3版（1883）以降で出てくるものだ。このぶんだけ、「否定の否定」で言う「個体的所有の再建」は「私的所有の再建」と同一視されやすかった。

　(3) こうして、第一段階に関する誤解はさらに第三段階に持ち込まれることになった。つまり、デューリングは、マルクスの言う「個体的所有の再建」というのは「生産手段の私的所有の再建」にほかならず、それが社会主義で起こると書かれていると読んでしまったのである。

　以上3つの理由から、デューリングは、『資本論』で描かれた社会主義とは、生産手段の「個体的にして同時に社会的でもある所有」であると解釈した。彼の頭のなかでは「私的にして同時に社会的でもある所有」という意味だと思い込んだのだ。デューリング自身は明晰なのは自分だから、マルクスが論理矛盾を犯したのだと見たのである。デューリングがマルクスに「もうろう世界」を見た理由は、彼自身が犯した誤解の生成過程を解きほぐしていけば、まことに合理的に説明できるわけである。

　要約する。デューリングは、マルクスがそもそも「私的」と「個体的」を区別して使っていることに注意せず、しかも所有対象となっているのは生産手段であるから、社会主義とは、生産手段が「私的であると同時に社会的でもある」所有と規定されたのだと思い込んだ。資本蓄積論のほんらいの眼目は、資本のもとでの労働の社会化と個体的所有の再建を統一的に理解することである。だが、デューリングはマルクスの言う社会主義の固有の論理構造に目をふさいだのである。

　マルクスを弁護しようとしたエンゲルスは、まずこれらのことを見破るべきであった。ところが、エンゲルスはデューリングの攻撃が成立するのと同じ前提を共有していた。すなわち彼は「私的」と「個体

第1章　個体的所有　その後　　17

的」を区別することなく、わざわざ蓄積論に商品論の文章を持ち込んで生活手段説を立て、「もうろう世界」はデューリング氏自身のものだとやり返したのである。

　あとのことはよく知られているとおりである。ロシアではレーニンが『人民の友とは何か』1894でエンゲルス説をもとにミハイロフスキーを批判し、また後の「カール・マルクス」という論文でも「生産の社会化は、生産手段が社会の所有にうつされ、『収奪者が収奪される』結果へ導かずにはおかない」として肝心の「個体的所有」論に触れずじまいだったのである[11]。日本でもこれを受けて、見田、林、不破氏が、社会的所有は生産手段、個体的所有は生活手段をそれぞれ対象とするという読解に立って、生産手段説を批判したのである。

　生活手段説は、デューリングが嘲る「もうろう世界」を回避できた。しかし、この無理な解読は、社会主義における重大な何かを代償にするものだった。それは、苦心惨憺したことで、かえってデューリングの攻撃の前提にあるものを受けいれてしまうことになった。皮肉なことであるが、デューリングのごとき俗流社会主義批判を排除するという意図は、生産手段の個体的所有を断固拒否しなければならないという流れを定着させてしまった。

　しかし、矛盾の有無は「個体的」をどう理解するかで変わってくるのだ。デューリングは、生産手段の「個体的にして同時に社会的でもある所有」はありえない、と考えたわけだが、それは「私的にして同時に社会的でもある」所有がありえないという理解にたってのことにすぎない。もちろん、誰にとってもそうなのだ。同じ対象（生産手段であろうと生活手段であろう）に対して「私的であると同時に社会的でもある」所有を考えることなど不可能である。そう考える点でエンゲルス（および4氏）は、デューリングと同じように、マルクスの資本蓄積論に向かい合っているのである。しかし、デューリングとエンゲルスが共通して間違ったのは、「私的」と「個体的」を同義とするまさにここにおいてなのであった。

　これに対して、もともとマルクスの人間解放論には個体の解放という太い筋が通っている。ブルジョア社会での私人（私的所有に立脚する

人間）は人間的諸個体の特殊歴史的な存在形態にすぎず、人間諸個体が、私人というあり方を、その物質的根拠となっている私的所有およびその最高の発展段階である資本主義的私的所有とともに止揚するならば、私人というあり方は止揚され、個体というあり方へ転化する。このときにこそ人間の解放が成就されるというのが初期マルクス以来の一貫した論理であった。だから、生産手段の「個体的にして同時に社会的でもある所有」は、マルクスにとって「もうろう世界」とは無縁のものであって、社会と個体が相互に媒介しあい、相互に浸透しあう「社会的個体」の解放を意味するものであった。ここにおいてこそ、労働主体の生産手段にたいする主体的に自由な参画が、したがって個体の自由が、生産手段の共同的占有の共同的所有への転化をもとに「再建」される。

　マルクスは生産手段説をとるうえで「個体的にして同時に社会的（共同的）でもある所有」に頑強に立つことができたのである。もともとそれは、デューリングからの攻撃を許容するものではなかったのである。マルクスの真意は、人間の自由とは何か、所有とは何か、生産関係とは何か、生産諸力とは何か、したがって社会の中での個体性の解放とは何か、という根本を問うことだった。すなわち、生産手段の「個体的所有の再建」というのは、生産手段が社会的（共同的）に所有されるその生産の総体的過程のなかにおいて、労働諸主体が管理される大衆であることをやめて、政治的経済的生活のすべてを自らのものとして生き、自らの自覚をもって自由に自己決定する主体として参画するという人間解放の議論だったのである。

　以上のように見てくることによって、二つの解釈の対立を解きほぐし、溝をかなりの程度修復できるようになる。まだ完全に謎は解明されたわけではないとしても、マルクスの「個体的」と「私的」の厳密な区別を見失わなければ、所有対象は生産手段でよいことになる。二つの説の溝はかなり埋まり、あとは周辺的な証言が残るだけとなる。エンゲルスの解釈と証言を完全に無視することはできないとはいえ、マルクスが生活手段説に与していたという真正面からの証拠が出てきていない以上、生活手段説を『資本論』の最終的な統一的解釈とみなす

第1章　個体的所有　その後

ことはできないのである。

## 5　「私的」と「個体的」という概念の区別について

　『資本論』に内在するならば、「資本主義的蓄積の歴史的傾向」は、労働主体と生産手段の結合（個体的私的所有）→分離（資本主義的私的所有）→再結合（個体的所有の再建）という、所有形態の転換を蓄積論の視点から主題化した総括的記述であった。このことを共有し、前に進むことができるだろう。

　エンゲルスが外挿した共同体→商品社会→高次共同体は、がんらい、成員の本源的平等→個別者による階級社会→高次の平等という螺旋的発展論であり、主として「平等」論にかかわる史観である。これにたいして上記の所有形態論は、労働主体の「個体」性に迫ることを目標にしたものであり、すぐれて個体性Individualitätの解放論であり、アソシエーションにおける人間の「自由」論に通じる史観である。

　個体的／私的の同一性と区別については社会思想史的アプローチからも傍証できる[12]。すなわち、ホッブズからロックをへてスミスに至るまで、「個体的」と「私的」は完全に同一視されていた。それは私人が旧共同体をこわす個体の自由をはじめての体現する主体だったからだ。しかし、もし人間が皆私人ならば、どうやったら国家を担う公民が生まれうるのか、説明は難しい。ここから私人への懐疑が生まれる。異論はルソーから始まり、カントをへる。概念を最初に分けたのはヘーゲルであって、彼は「私的」を「個別的」に置き換え、「個別者」に対抗するものとして「個体」という概念を彫琢し、個別者が個体へ成長する過程を「教養」と名づけた（『精神現象学』1807）。舞台が整ったところへマルクスが登場した。彼は、「私的」privatと「個体的」individuell、私人と個体、個別者Einzelneと個体Individuumの相克に注目し、個体の再建の根拠を資本蓄積論において定式化したのである。西洋思想史を貫く公私二元論を産業革命後の労資二元論のメカニズムによって突破するのが、誰一人なしとげえなかったマルクスの理論的独創性だ。マルクスは、自己の思想がなぜ西洋社会思想史のなかで必然の産物として生まれるかを完全に理解していた。

先ほど、マルクスは自営農民における労働主体の自由を重視すると私は指摘した。この点で、マルクスはイギリスの市民革命期の所有形態を尊重していたと言ってよい。たとえば、J・ロックは人間の自由とは何かを定義してこう言った。「人それぞれが、他人の許可を求めたり、他人の意志に依存（従属）したりすることなく、自然法の範囲内で、自分の行動を律し、自らが適当と思うままに自分の所有物や自分の身体を処理することができる完全に自由な状態」(13)。だが、資本主義的私的所有は自営農民のもとでの個性（自由）を破壊する。賃労働者は「他人（資本家）の意志に依存（従属）」せざるをえなくなる。賃労働者は、労働力商品を売るがゆえに他人（資本家）の意志に従属する。賃労働とは、自分の労働活動を自律的に処分する労働主体の自由を破壊されることにほかならない。これをマルクスは労働力の商品化による「労働処分権の喪失」と規定した。では、自営農民（小経営者）には存した労働主体の自由を人間がとりもどすことは可能だろうか。これが蓄積論の主題である。それは旧共同体—商品社会—高次共同体の主題では論じえないものである。マルクスは、ルソーからヘーゲルまでの公私二元論の問題を引き継ぎつつ、それを資本／労働の二元論の止揚で応えたのだ。公私二元論（タテ軸）とは、国家と市民社会の二元論のことであり、資本／労働の二元論（ヨコ軸）というのは、市民社会内部における「自由な自営農民」の生産手段の個体的私的所有→分離（資本主義的私的所有）→再結合（個体的所有の再建）の論理のことである。およそ近代国家の政治の目的は、資本が労働者の労働処分権をはく奪することの保証である。したがって、ヨコ軸において労働者階級が生産手段をコントロールできるようになれば、労働処分権は奪還され、近代国家の存立根拠が失われるのだ。「個体（的所有）の再建」は、ヨコ軸の支配の否定の極北であるから、資本家を無用とするだけでなく、それとともに、公私二元論（タテ軸）を廃棄する。このようにして、マルクスの「個体的所有の再建」論は、今日の社会科学で共有されている近代世界システムの超克へと導くものなのである。

　したがって、「私的」と「個体的」の同一性から相克への転換が西洋社会思想史のなかでどのように準備されたかを追跡する（ホッブズか

第1章　個体的所有　その後

らヘーゲルへ）とともに生産手段を集積する私人としての資本家が収奪されるまでを考察する必要があった。労資二元論を克服することは、私人の前提を踏まえてこそ展開する。すなわち労働者が私人化（個別的労働者化）され、だからこそ労働の社会化が起こる、というたゆみない資本蓄積過程を待たねばならない。「生産手段の集中も労働の社会化も、それがその資本主義的な外皮とは調和できなくなる一点に到達する」との文が「個体的所有の再建」の直前に置かれた所以である。

　以上のような見地に立てば、70年前後の論争にあった混乱はよりはっきりと見えてくる。たとえば見田氏は、「私的所有者あるいは私人も、また個人であり、人間個人は、共同体の一員でもありうるし、ばらばらな私人でもありうる。個人という言葉を、何か原始共同体や社会主義の成員だけをさすように主張するのは、まったく理由のないことである」[14]という。見田氏によれば私人とは個人であり、「私的」と「個体的」は同義である。見田氏はヘーゲルの弁証法がなぜ苦闘の末に出て来たか理解していない。ヘーゲルの弁証法は、個別者（私人）が一般者の浸透を経て個体（公民）に転換することを説明するための論理である。このことを踏まえないヘーゲル・マルクス研究とは何であろうか。
　また、同じく生活手段説にたつ林直道氏は、論争に関わって「ユダヤ人問題によせて」の結論部分を引用し、「個体的」とすべき箇所を「個別的」（つまり私的）と訳す過ちを犯している。見田氏と同様、マルクスが個体／個別者（私人）を厳密に区別した点を理解していなかった[15]。つまり人間的解放の成就とは何かがわかっていない。林氏は平田氏が個体は私人と違うと述べた箇所をつかまえて、「私的個人も私的でない人間も、みな個人である」[16]と論じていた。林氏も個体的所有は私的所有だとみなしていたのである。
　最後に不破哲三氏はどうか。彼はエンゲルス説を擁護しながら「生活手段については私有財産を認めるということが、社会主義の原則に属する社会主義の当然の内容だということです」（ルビは竹内）[17]と論じている。ここでは完全に「私的」と「個体的」は同一である。不破氏

にあっては、社会主義とは「生産手段の社会化」ではあっても生産手段の「個体的所有」ではない。マルクスがこれらは論理的に両立しうるものだと考えた箇所で、不破氏はかたくなに二つをEntweder oder（あれか、これか）で掴んでいる。すると、個別者の個体への主体変革という問題は抜け落ちてしまう[18]。

　以上、エンゲルス、レーニン、見田石介、林直道、不破哲三の5氏に共通するのは、「私的」と「個体的」の区別にまったく無頓着であるという点である。彼らは、生活手段の「個体的所有の再建」を「私的所有の再建」と言い換えてもまったく問題がないと考えている。ゆえに「再建」にもたいした意味はないことにされる。これは、マルクスの「個体的所有の再建」が生産手段に関わるものであるならば矛盾を犯すことになるとみなしたデューリングの見解を彼らが共有していることを示している。しかし、それだけではない。問題はもっと深刻である。これらの人びとは、近代とは公私二元論と労資二元論によって構成されており、それを両面突破するものがマルクスの社会主義論の理論体系であることを理解していないのである。「個体（的所有）の再建」という課題は、私人を前提とした資本蓄積メカニズムに内在して私人を止揚することであり、資本主義的生産様式が生み出す「資本の生産力」の構成要素となっている私人（個別的労働者）を個体へ転換する（止揚する）ことにほかならない。

　「資本の生産力」は資本主義的所有を国家的所有に付け替えるだけでは克服できない。なぜなら公私二元論の枠内で国家計画を強めて市場を統制するというタイプの社会主義論によっては「資本の生産力」を質的に変えることはできないからである。これにたいして、「個体（的所有）の再建」論は、協業と分業のありかた（労働の社会化）をコンビネーションからアソシエーションへ質的に転換させ、個別者（私人）を個体へと転換させることによって生産諸力の質を変えるものだ。

　デューリングからの攻撃に反論するために、所有対象を二種類に分ける必要があると判断する場合、常に「私的（個別的）」と「個体的」は同義なものとされていた。「生活手段の個体的所有の再建」はそれの

第1章　個体的所有　その後　　23

「私的所有の再建」を意味することになる（それ自体が悪いとは私も思わないが）。これでは生産力を「資本の生産力」から解放し、自治社会によって「コミュニケーション的生産力」を展開するという社会主義の本質的課題は見失われるであろう。

## 6 自治社会としてのアソシエーション

　マルクスの所有論は、資本（家）側が牛耳っている生産手段を労働主体がわがものとし、労働主体が生産諸条件にたいして共同的に関与するアソシエーション（自治社会）の論理の生成を解明するため理論であった。それは消費者の主権を軽視しはしないが、単なる消費者主権論にとどまるものではない。生産手段の個体的所有を再建するからこそ、人々による社会主義が可能となるのだ。

　だが、このための条件は「生産手段の社会化」では十分ではない。もしも「生産手段の社会化」が国家的所有を意味するならば、である。個体的所有とは、労資二元論の次元での労働主体による資本のコントロールである。それを公私二元論にすり替えて、計画のモメントを国家が握り、市場をコントロールする課題に矮小化してはならないのである。労資二元論の水準で何よりも自治能力をもつ社会的主体が必要なのだ。後藤道夫氏は、個体的所有の再建テーゼについて「社会的所有の実現というだけで済まさなかった理由は、労働手段、労働過程、生産物に対する労働する個人の自覚的、能動的コントロールと、それによっていっそう全面的に発展するであろう個人の能力・個性に、彼が大きな意味を付与しているからである」[19]と述べている。同感である。より厳密を期するならば、これはマルクスの主観的願望ではない。「個体的所有の再建」とは、裏から言えば労働力商品の廃棄である。すなわち、生産手段の共同占有を共同所有へ高め、資本が独占した労働処分権を労働主体が奪還することにほかならない。

　J・ロックは、自己労働にもとづく所有を語って、人間の意思の自由とは他者の意思に従属せぬことであると論じた。ところが当のロック自身が資本主義的私的所有の起点において、資本による労働処分権の所有を正当化した。ゆえに「個体的所有の再建」論は、社会主義の

自由論の根本にかかわる。

## 7　経済と政治の接合

　若きレーニンが、個体と個別者（私人）の違いを知らず、したがって『人民の友とは何か』1894年で生活手段説にたったことは、ひとり経済理論の枠内で収まらず、政治理論に波及した。『一歩前進、二歩後退』1904年はレーニンの党組織論の出発点をなす記念すべき著作である。彼はここで、工場（経済）と党（政治）の関係を理論化した。

　「ある人にはおそろしいものとしかみえない工場こそ、まさに、資本主義的協業の形態であって、プロレタリアートを団結させ、訓練し、彼らに組織をつくることをおしえ、彼らをその他のすべての勤労被搾取人民層の先頭にたたせたものである。資本主義によって訓練されたプロレタリアートのイデオロギーとしてのマルクス主義こそ、ぐらつきやすいインテリゲンツィアに、工場の搾取者としての側面（дисциплина, основанная на страхе голодной смерти 餓死の恐怖にもとづく規律）と、その組織者としての側面（дисциплина, основанная на совместном труде, объединенном условиями высоко-развитого технически производства 技術的に高度に発達した生産の諸条件によって結合された共同労働にもとづく規律）との違いをおしえたし、またいまもおしえている。ブルジョア的インテリゲンツィアにはなかなかおぼえこめない規律と組織を、プロレタリアートは、ほかならぬ工場というこの『学校』のおかげで、とくにやすやすとわがものにしてしまう」[20]

　レーニンはここで資本主義的協業が「工場の搾取者としての側面（飢餓の恐怖にもとづく規律）」と「組織者としての側面（結合された共同労働にもとづく規律）」との間の相違を労働者におしえたと論じた。ところでマルクスによれば「共同労働」には2つの歴史的形態がある。それがコンビネーション（結合された共同労働）とアソシエーション（結合する共同労働）である[21]。しかしレーニンは2つの結合形態を区別せず、ただちに前者を「社会主義の物質的基礎」とみた。だから、レーニンは社会主義を「労働の完全な社会化」[22]と規定する。レーニン理論の

核心は労働の社会化論にある。だが、まさにそこでレーニンは躓いた。もし、コンビネーションが「完全な社会化」に接近しても、決して社会主義は成立しない。それどころか、ある種の専制的社会が完成するだけであろう。

　レーニンは、コンビネーションとアソシエーションを区別することなく、前者の組織性をブルジョア的競争の対立物と見て、これを党組織論の基礎に据えた。このときレーニンは労働者が組織の規律を「やすやすとわがものにしてしまう」とも書いた。マルクスが描いたように、諸個人がコンビネーションという「結合された共同労働」の規律に服することさえ長い闘争と馴化の過程を必要とする。しかし、コンビネーションの規律をアソシエーションのそれへ転換させること、また自己を個別者から個体へ転換させることは、決して「やすやすと」できることではなく、血のにじむような自律性と共同性の探求が不可欠なのである。

　レーニンは、時には労働者が個別者から個体へどうやって転換できるかを、「すべての人が社会的生産を自主的に管理すること」[23]として論じたこともあった。いやこのことをレーニンほど知っていた人はいないと言ってもよいかもしれない。にもかかわらず、その社会主義論は労働の社会化の二つの形態を区別しない（未完か完成かしか見ない）点で本質的な欠陥をもつ。レーニンは「自主管理的社会主義」という目的を掲げることがあったにもかかわらず、コンビネーションを基礎とするがゆえにマルクスが軽蔑した「一つの兵営的な規律eine Kassemenassige Disziplin」を丸呑みする「民主集中制」という方法（党組織論）を構想し、晩年まで両者の矛盾を解決できなかったと言わねばならない[24]。

　レーニンは、資本主義的協業、すなわち「コンビネーション」を特殊歴史的な組織性（資本の生産力）とみなすことなく、かえって競争と対立する組織性の発展とみなしていた。しかも党組織論を構築する際に、資本の労働にたいするコンビネーション的規律を機械的にロシア社会民主党の基礎へ組み込んでしまった。R・ルクセンブルクが警告したように、これは「余りに機械的な一見解」である。なぜなら「社

会民主主義的中央集権は、その中央権力への党の闘士たちの盲目的な従順さ、機械的な服従を基礎とするものではない」[25]。ところがレーニンは、「指揮棒につれて機械的に運動をする、多手多足の肉塊の無意志・無思考」と「一つの社会的階層の意識的な政治的行動による自発的な協調」、言い換えれば「抑圧された一階級の盲目的従順」と「解放のために闘う一階級の組織された反乱」という対立しあう二つの概念を区別せぬまま、前者を「鉄の規律」と名づけるからだ。「新しい規律」（アソシエーション）をいかにしてつくるかではなく、「ブルジョアジーの手から一つの社会民主主義的中央委員会の手へと指揮棒を置き換える」[26]ことが、レーニンの党組織論の基調となった。ルクセンブルクは、レーニンのこの主観主義（ジャコバン主義）を見逃さなかった。「こういう状態は暗殺、人質の射殺等々といった公的生活の野蛮化をもたらさずにはおかないであろう」というのがローザの警告であった。

　マルクス／エンゲルス全集には「民主主義的集中制」という言葉は存在しない[27]。それはレーニンによって作られたものであって、いわばコンビネーション党であり、アソシエーション党ではなかった。

　レーニンの党組織論は、マルクスの私人（個別者）と個体の弁証法を素通りするものであった。個別的労働者（私人）がバラバラに買われて資本のもとで結合されるとき、労働の社会化すなわち「結合された共同労働コンビネーション」が発展する。これは資本の専制despotismのもとにあり、労働の生産力は「資本の生産力」となって現れる。資本の「規律」は、専制支配の規律にほかならない。マルクスが問題にしたのは、コンビネーション的規律からアソシエーション的規律への転換、つまり労働者が私人（個別者）から個体へ転換するためにはいかなる経済的基礎が必要かということであった。ところが、レーニンは、時には「自主管理的社会主義」像を目的とすることがあったにもかかわらず、その方法は「コンビネーション」を基礎とする前衛党論であった。目的と方法の矛盾は省みられもせず、スターリンは「結束の堅い中央集権化された組織」、「指導者の組織」[28]という規定を1905年のレーニンから引き継いだ。これにたいして、ルクセンブルクは同じレーニンから「超・中央集権主義的な方向」[29]の危険性を

第Ⅰ部　個体の覚醒

第1章　個体的所有　その後　　27

読み取った。今日から振り返っていずれが正しかったかは、言うまでもあるまい。

レーニンの生活手段説は、目的であったはずの「自主管理的社会主義」像と整合せず、方法である「超・中央集権主義的な方向」に結びつきやすいものだった。そもそも生産手段説(個体的所有の再建論)は、労働処分権の奪還論である。それはレーニンが時に抱いた「自主管理的社会主義」像と整合するが、彼の方法と相容れない。目的と方法の矛盾は、一時的には許容されるとしても、究極的には相いれない。だからこそルクセンブルクは、このままではロシアの「社会主義はごくわずかの知識人たちによって机上から命令され、強制されるようなものになろう」[30]と警告したのである。

ルクセンブルクは、工場の規律とは逆に、社会民主党の規律は「自発性と構成の弁証法」でつくられるべきであると論じた[31]。この規律観の違いは、レーニンがコンビネーションにもとづいて党を考え、ルクセンブルクがアソシエーションにもとづいて党を考えたことを意味する。この対立は、もし十分吟味されたならば、まことに生産的な思索をうながしたことであろう。実際レーニンは、1918年12月24日の「第3インターナショナル創立のための国際社会主義者会議」の準備のために[32]、ルクセンブルクの「スパルタクス団はなにを望むか？」1918をとりあげるよう指示していたのである。しかし、不幸にも1919年の1月に彼女が暗殺されると、レーニンは自力で「コミンテルンの加入21カ条」を書かねばならなくなった。この結果、もっぱらレーニンの思考だけに依拠した「民主集中制」論を基礎とする党組織論ができあがった。そして、翌年のコミンテルン第2回大会においてレーニン型党組織論は全世界へ拡散されたのである。

## 8　所有・工場・党のつながり

以上のように考えてくるならば、個体的所有論は、工場の協業のあり方(「資本の生産力」の否定)の問題と密接につながっており、それが党組織論の可能性の条件を規定し、世界の共産主義運動に多大な影響をあたえる問題的概念だったことが理解されるであろう。いま、第一

次論争1877からソ連崩壊1991までを振り返って考えるならば、個体的所有論は、それ自体としては原理的で抽象的な命題なのであるが、アソシエーション社会への移行における経済と政治の接合の問題を含んでいたばかりか、コミンテルン型社会主義の限界を言い当てる予言的な命題であったことがわかる。

『資本論』の原理は、たんに経済的命題でなく、全機構的命題だという点を見過ごさないことが重要である。経済における労働の社会化はコンビネーション化としてのみ進行する。しかし、これはそれ自体としては専制支配の強化である。ゆえにコンビネーションからアソシエーションへの移行が課題化するけれども、課題解決は経済内では完結しない。むしろ政治において、個別者が総体性をとりもどす個体へどうやって転化するかを模索することが求められる。政治は、個別者を個体へ転化させる重大な役割を引き受けねばならない。ところが、レーニンは、コンビネーション論的な党組織論に縛られ、ネップ期の危機的状況になると（1921年ころから）、「除名」「ライフル銃をもって議論する」「分派活動の完全な絶滅」「粛清」などと言い始める。

コンビネーションの規律を党の組織原理にしてしまうと、少数者が多数の労働者を「指導」する「前衛党」論が成立する。もちろん、これはアソシエーション（自治社会）を創造するどころか、ぎゃくに、それを抑圧する理論的あやまちをもたらす可能性をはらんでいた。こう考えてくると、生活手段説がどうしてコミンテルン系の正統派に好まれたかが理解できるようになる。ここまで見てきたように、レーニン型党組織論とコンビネーション的規律（個別的労働者の組織性）は内在的につながっている。およそ、個体的で自由なアソシエーション型の人間を育てるためには、誰とでも意見をまじえ、党の内外の様々なレベルで公論を構築する自由なコミュニケーション的な主体を展望しなければならない。カント風に言えば「理性の公的使用」に熟達しなければならず、現代社会学の理論装置から言えば、ハーバーマスの言うコミュニケーション的主体を大量に生み出さねばならない。ところがこれは、レーニン型組織論とは絶対に相いれない。なぜならば、コミュニケーション的主体は、対客観的世界、対社会的世界、対内面的世界

第Ⅰ部 個体の覚醒

第1章 個体的所有 その後

の三つの合理性を公論の場で闘わせることを公然と要求するのに対して、レーニン型党組織論は、党内外での完全に自由な「批判の自由」を禁止するばかりか、組織内の「細胞」を横に分断し、自由な公論の主体を抑圧してしまう。これはひとえに、コンビーネション（私人）を前提したことの論理的帰結である。

　第3次論争は、経済と政治の接合を含むアソシエーション社会（自治社会）論を十分展開したようには見えない。しかし、その後の研究の進展によって、私的と個体的、個別者と個体、コンビネーションとアソシエーションといった一連の概念が整理され、有機的に理解されるようになると、生活手段説よりも生産手段説のほうに一層大きな理論的可能性が開けていることが理解できるようになる。ところが、コミンテルンの党組織論をひきずっている者たちは、個体的所有が求めるアソシエーション論と党組織論が依拠するコンビネーション論の矛盾に気づくことができない。私は、これが20世紀マルクス主義の理論的総括のかなめにあった問題であると考えている。コミンテルン系の各国共産党は、いずれの諸国の政治でも、多かれ少なかれ本質的に専制的であった。これらの国々の政治はいずれもレーニン型党組織論の影響を受けており、「労働の社会化」のなかに潜む専制支配を機械的に党組織論に持ち込んでいたからである。

　レーニンの「民主集中制」論はロシア革命後の現実を劇的に動かす。レーニンは、党と国家の分離を求める諸見解を批判し、党は国家と「融合」するべきだとか、「プロレタリア組織が国家組織に転化」するべきだと論じる。党組織論はこうして国家原理に高められた[33]。レーニンの党組織論における目的と方法の矛盾は、「社会主義国家」の矛盾へ拡大された。レーニンのこの議論をもとにスターリンはいわゆるスターリン憲法（1936）で党＝国家機構論を完成したのであった。

　1991年、ソ連は崩壊した。党の解散と国家の崩壊が同時に起こるという現実が起こった。それは何故なのか。先進国の民主主義に慣れた人びとには理解できない。たとえ政党が解散したとしても、機構としての国家は残りそうに見えるからだ。この淵源は深い。レーニンが党＝国家機構というデザインを描いた1918年から、その崩壊の一連

托生性は規定されていたのである。

　近代世界システムは、世界市場と間主権国家システムによって構成されている。換言すれば、近代世界システムとは、公私二元論（タテ軸）と労資二元論（ヨコ軸）をグローバルにつないだものである。個体的所有論はがんらい労資二元論の克服に関する論理次元にある。ところが、ソ連は、やむをえず一国社会主義としてスタートした。労資二元論を克服するためには労働者が資本を管理しなければならないが、変革主体が育っていない（主体の変革の未熟、個体の欠落）場合には、労働者階級に代って国家が市場を統制するほかはない。つまり、労資二元論の克服がその論理次元でまともに取り上げられぬまま、国家（公）が市場（私）を統制すればよいというすり替えが現れる。そこにレーニンの言う党と国家の融合論が介入したとき、プロレタリアートの使命は国家＝党に忠誠をつくすことであるという理屈ができた。「人民の名において国家＝党がコントロールする社会主義」が出てきてしまった(34)。

　「ソ連型社会主義」が崩壊して以降の現代は、グローバルな新自由主義の時代である。とすれば、「個体的所有の再建」という命題は、もしそれがなお原理性を持つとすればアソシエーションの原理を縦（公私二元論）にも横（労資二元論）にも拡張することを求められる。注意深く読むなら、マルクス自身が『資本論』の当該個所で「世界市場の網の中への世界各国民の組み入れ」に触れていたことは、世界市場の発展にともなって個体的所有が世界史的に要求される時代が到来するという予測をしていたと読める。個体的所有が展望するものは、労働の世界的アソシエーション化である。それはもはや狭隘なナショナリズムと結びつく必要をもたないと同時に専制的で「超・中央集権主義」的な一切の理論と闘う現実的な武器となる。

　コミンテルンが存在したことは事実だから仕方がない。しかし、そもそも論からすれば、1970年前後に個体的所有概念が再発見された時、創造的な理論家たちが全世界の論壇に対して、フルシチョフ、毛沢東、ヨーロッパ左翼、およそ一切のリベラリズムとコミュニズムの理論戦

第Ⅰ部●個体の覚醒

第1章　個体的所有　その後　　31

線で、そしてまた世界政治全体に向かって、社会主義の世界史的な意味とはいったい何であるかという問題を提起することは可能であり、必要でもあった。だが、当時の論壇は古色蒼然たるパラダイムでものを考えていたし、原理的な問いを創造的に掴むことはついにできなかった。

論争がほとんど消えたあと、グローバルな新自由主義のもとで『資本論』の原理的命題は、基礎自治体、国民国家、世界政府の各次元でより具体的に再審されねばならないはずである。現在までのところ、これと真剣に取り組んだ業績は出てきていない。原点に立ち返った創造な研究が望まれるゆえんである。将来に希望を持てるアソシエーション社会の創造の基礎は「個体的所有の再建」でありつづけている。第三次論争は終わった。だが種火はついていて、再燃する可能性がまだわずかながら残っているのかもしれない。真剣な識者のご批判を乞う次第である。

【注】
(1) 論争よりずっと前の時期に宇野弘蔵は「否定の否定」に触れて「それはもはや原理論的展開とはいえないものになっているのです」と論じていた。しかし、彼の「労働力商品化の無理」説からすれば、個体的所有の概念は「無理」を裏づける最も原理的なものではなかっただろうか。「資本論と社会主義」『宇野弘蔵全集 第10巻』岩波書店、1974年、175頁。
(2) *MEGA* Ⅱ/5、S.609-610、*MEW*,Bd.23,S.791.マルクス＝エンゲルス全集刊行委員会訳『資本論』第1巻、第25巻、大月書店、1967年、995頁。
(3) Dühring, E. "Marx, Das Kapital, Kritik der politischen Oekonomie, 1. Band, Hamburg 1867," in *Ergänzungsblätter zur Kenntnis der Gegenwart* 3.3: SS. 182–186.
(4) ヨハン・モスト著、カール・マルクス加筆・改訂、大谷禎之介訳『マルクス自身の手による資本論入門』大月書店、2009年。
(5) *MEW*,Bd.20,S.121,訳第20巻、135。
(6) *MEW*,Bd.20,S.9、訳第20巻、9頁。
(7) *MEW*,Bd,20,S.122,訳第20巻、136-7頁。
(8) 前掲、ヨハン・モスト著『マルクス自身の手による資本論入門』大月書店、2009年。
(9) 1879年4月10日付けのマルクスの書簡、MEW.Bd.34,S.872,訳第34巻、299頁。
(10) Dühring,E,*Kritische Geschichte der Nationalökonomie und Socialismus*,3Auflage,S.485。
(11) レーニン「カール・マルクス」レーニン全集第21巻、59頁。
(12) 竹内真澄『近代社会と個人 ＜私人＞を超えて』御茶の水書房、2022年。
(13) J・ロック、加藤節訳『統治二論』後編第2章第4節、岩波文庫、2010年、296頁。

(14) 見田石介「平田清明氏はマルクスをいかに『発見』するか」『前衛』1970年2月号、44頁。
(15) 林直道『史的唯物論と経済学　下』大月書店、1971年、89頁。
(16) 同、177頁。
(17) 不破哲三「エンゲルスと『資本論』(5)」『経済』新日本出版社、1996年2月号、145頁。
(18) 不破氏は『マルクス　未来社会論』(新日本出版社、2004年) において、「否定の否定」の第三段階目で「生産者による生産手段の所有が再建されます」(同、89頁) としたことがあった。その前年の『『資本論』全三部を読む』(新日本出版社、2003) で氏は生活手段説が正しいとしていたから、自説を修正して生産手段説へ接近したかのような記述であった。その後氏は『『資本論』のなかの未来社会論』(新日本出版社、2019年) を上梓した。そこでこう書いた。「否定の否定。社会変革によって、生産者の所有が新たな発展した内容で再建されます。消費手段は生産者の個人的所有となり、土地と生産手段の共同所有に参加するのです」(70頁)。すなわち、不破氏は、一貫して生活手段説に立つとともに、生産手段の個体的所有を拒否しているのである。
(19) 渡辺憲正、平子友長、後藤道夫、蓑輪明子編著『資本主義を超えるマルクス理論入門』大月書店、2016年、26頁。
(20) 「一歩前進、二歩後退」レーニン全集第7巻、大月書店、1954年、420頁。
(21) 田畑稔『マルクスとアソシエーション』新泉社、1994年、本稿は田畑氏のコンビネーションとアソシエーションの概念的区別を政治へ拡大したものである。
(22) 独占は「生産の全面的な社会化にぴったりと接近する」。レーニン『帝国主義論』、レーニン全集第22巻、大月書店、1957年、236頁。むろん、「生産の全面的な社会化」というのはレーニンなりの社会主義を指すものであろう。だが生産の全面的なコンビネーション化は、それだけでは専制的支配の極致である。
(23) レーニン『国家と革命』、レーニン全集第25巻、大月書店、1957年、513頁。
(24) いかなる革命においても、変革主体は国民社会および世界社会を自由に論じる「横議横行」(藤田省三) の人でなくてはならない。ところが、いわゆる「民主集中制」のもとでは、「細胞」間のコミュニケーションは禁じられ、上位にある中央委員会が下位機関を「指導」する。これはちょうど資本の専制がコンビネーション下の個別的労働者に命令するのと酷似した構図である。
(25) ルクセンブルク、R、「ロシア社会民主党の組織問題」1904年『ローザ・ルクセンブルク選集　第1巻』現代思潮社、1969年、253-254頁。
(26) ルクセンブルク、同、253-255頁。
(27) レーニン型組織論とエンゲルスの「権威について」(1872—73、*MEW*,Bd.18) には、まだ十分研究されてこなかった親近性がある。エンゲルスは、「個体Individuum」と「個別者Einzelne」、活動のアソシエーションとコンビネーションを区別することなく、「諸個人のコンビニールトされた活動 die kombinierte Tätigkeit」から権威Autoritätや専制Despotismusを説明し、「いかなる社会においてであろうと」「生産と流通の物質的諸条件が、大工業と大規模農業によって不可避的に増大させられ、そしてこの権威の作用範囲をますます拡大していく傾向がある」(*MEW*,Bd.18,S.307) と論じる。権威がアソシエーションのもとでどう形態変化するか、自治の形態がどう現れるかを十分論じぬまま、権威はひたすら強化される法則があるかのようだ。エンゲルスは Einzelne と Individuum を十分区別していなかった。こうした諸点から見て、彼はマ

ルクスの「個体的所有」とアソシエーションの意味に十分留意せぬままデューリング批判に着手し、最晩年までこれらの違いを理解しなかったようである。
(28) スターリン「プロレタリアの組織とプロレタリアの党」1905年、『スターリン全集　第1巻』大月書店、1952年、86頁。
(29) ルクセンブルク、R,「ロシア社会民主党の組織問題」(1903-4) 前掲『ローザ・ルクセンブルク選集第1巻』現代思潮社、1969年、250頁。
(30) ルクセンブルク、R,『ロシア革命論』1917、論創社、1985年、42頁。
(31) ルクセンブルク、R,「党の規律」1904年『ルクセンブルク選集　第3巻』1969年を参照。
(32) レーニン「ゲ・ヴェ・チチェリン宛の手紙」(1918年12月27-28日) レーニン全集第42巻、132頁。
(33) レーニン『プロレタリア革命と背教者カウツキー』(1918年10～11月執筆) レーニン全集第28巻、272-279頁。
(34) 私は本稿で、公私二元論（タテ軸）と労資二元論（ヨコ軸）のそれぞれの固有性を重視したうえで後者における資本蓄積過程が前者を止揚する条件を生み出すという論理に注意を向けた。マルクスの個体的所有論は、世界規模での労働の社会化というコンテクストに据えると、世界政府と親和性をもつ。だが、それが労働者自身による資本からの「労働処分権」の奪還であるかぎり、世界政府が当事者の頭越しに公共事をきめるようになるとは考えられない。むしろ逆である。世界政府の目的は、労働処分権の労働主体への帰属を保証することである。ゆえに、「一国社会主義」で発生した「超・中央集権主義」を阻止することが世界政府の目的の一部をなす。分権的民主主義がもっと研究されねばならぬゆえんである。

# 第2章 個別者の概念について

　『ヘーゲル国法論批判』1843 に、マルクスの個別者Einzelneの記述がある。市民社会の成員は、「市民社会のみんなの成員がお互いを個別者Einzelne とみなすことを要求する」(*MEW*,Bd.1,S.324)。「皆ということは、個別者をして抽象的な個別者の規定を失わしめるようななにものかであるのではなくて、皆というのは個別者の総数にすぎない。一つの個別者、多くの個別者、皆の個別者。一、多、皆―これらの規定のいずれも主体であるところの個別者 Einzelne の本質を変えはしない。」(*Ibid.*,S.322) 従来の真下信一訳に私は大きく依存しているが、ここの訳で「個別者」と訳すべきところを彼は「個」としていて、Einzelne と Individuum を区別していない。しかし、最近の研究で、ヘーゲルが個別者 Einzelne と個体 Individuum を区別していたように、マルクスもそれを踏襲していたことがわかってきた。これは従来のヘーゲル研究でもマルクス研究でもまったく見過ごされてきたことである。『資本論』には「価値生産では、多数はつねにただ多数の個別者einzelneとして数えられる」(*Ibid.*,Bd.23,S.341) という記述がある。これもマルクスの一貫した個別者観なのであって、協業論の箇所においてであった。

　実はここから重要な問題が引き出される。マルクスの個別的労働者 einzelne Arbeiter がコンビネーション化されることを踏まえないと「労働の社会化」概念は正確に掴めないということである。労働の社会化という上位概念のなかに、コンビネーション化とアソシエーション化という下位の二つの形態がある。労働の社会化そのものは、体制を超えて進展するが、資本のもとでの社会化は労働のコンビネーション化にほかならない。これは専制と兵営的規律の支配下にあるから、どんなに高度に生産諸力が発展しようが、丸ごと肯定的に新社会に引き継ぐことはできない。コンビネーションをいかにしてアソシエー

ションに転化させるかが問題の核心だとマルクスは見ていた。
　さて、現代である。私たちはお互いを個別者として見ているだろうか、それとも社会的結合体 Sozietät の仲間である個体として見ているだろうか。現代の生産力は「資本の生産力」である。それは多国籍企業にまで発展している。ここで「労働の社会化」は労働のグローバリゼーションという最終形態をとっている。それでも生産力が「資本の生産力」となって現れている以上、私たちは個別者であるほかはない。ただし、私たちは個別者であることに限界を感じながら生きており、たえず個体であろうとして闘っているのではなかろうか。「現代の生きづらさ」について私が感じているのは、個別者（私人）という軛（くびき）の中に潜勢させられた個体の苦悩である。

# 第3章 コンビネーション概念の起源

### はじめに

　マルクスの協業論は、コンビネーションとアソシエーションという二つの下位形態からなる。コンビネーションは本質的に資本主義的であり、専制的である。これを自治的に転回させたときアソシエーションが得られる。この区別を無視した場合にいわゆるレーニン主義が生まれた。労働の社会化が労働の組織化と同一視され、コンビネーションが党組織論に持ち込まれ、この結果恐るべき専制社会が20世紀に生まれ、「社会主義」と呼ばれてしまった。しかし、「ソビエト・マルクス主義」はマルクスのコンビネーション概念の起源を問わなかった。この学問的検討の欠落がブハーリン、トロツキー、スターリンのみならず「中国マルクス主義」にも伝染し、現代世界の動向を規定していることはなんら驚くに足りない。

　マルクスは『資本論』協業論で明言しているとおり、コンビネーション概念をイギリスの経済学者E.G.ウェイクフィールド（1796－1862）に負うている。それをウェイクフィールドにないかたちでアソシエーション概念との対比において位置づけなおした。この点を探るのが本章の課題である。

## 1　労働のコンビネーションについて

　ウェイクフィールドは『イギリスとアメリカ』1833年において、A・スミスの分業論を批判した。よく知られているようにスミスは、生産力の向上の原因を分業に求めた。しかしウェイクフィールドによれば、分業より根源的なものこそ「労働のコンビネーション conmination of labour」である。田畑稔氏の研究以来、労働のアソシエーションとコンビネーションの区別は学界の共有財産であるが、そもそもマルクスがどこから労働のコンビネーションの概念を得たかについては、さほ

ど注目されてこなかった。しかし、この問題は難しい学説史的な探求を要しない。なぜなら、マルクス自身が『資本論』第4篇第11章協業において、P・ヴェリの『経済学に関する考察』とウェイクフィールドの『植民の方法に関する一見解』1849、さらにはバークリーの『質問者』1750年などから労働のコンビネーションまたはコンバインドされた労働の概念を得ていると論じているからである。

この概念の起源を考える場合、協業章以外に第7編資本の蓄積過程の第25章近代植民地理論で、章のほとんどすべてにわたってウェイクフィールドの『イギリスとアメリカ』におけるコンバインドされた労働の理論を参照している点も忘れられてはならない。筆者は、まだバークリーやヴェリなどの結合労働論を参照するまでには達していないので、本稿ではもっぱらウェイクフィールドの労働のコンビネーション論を素材にして、この概念を個別的労働者論と所有論とのかかわりで、しかも植民地化と戦争の問題を視野に入れて考察しよう。

## 2 ウェイクフィールドのスミス批判

ウェイクフィールドはスミスの『国富論』を検討し、有名な分業論を批判した。生産諸力の上昇の原因をスミスは分業 division of labour にもとめ、有名なピン製造を例にとって説明した。スミスの考えにもとづけば、労働を分割するからこそその結合が可能となる。スミスの言葉では、division of labour ゆえに joint labour が成り立つ。ジョイント・レイバーに先行する根源的な概念が分業なのである。これにたいして、ウェイクフィールドはスミスの理解を批判する。そもそも、個別の作業場内で分業が可能になるためには、それに先立って、一定数の賃労働者が確保されているはずである。そうでなければ分業は起こりようがない。だから企業内分業にとって決定的なことは、一つの資本のもとにおける多数の労働者の集積である。

ウェイクフィールドは言う。

「船を建造したり橋を構築したりする場合と同様、ピンの製造においても大資本を使用することが必要である」[1]。

単独の労働では、船や橋の構築は不可能ではないが、不都合である。この意味で「作業の分化は労働の結合combinationの結果である」[(2)]。「勤労の生産力の改善の一歩一歩は、明らかに、社会の全成員のコンサートとコンビネーションによるものであった」[(3)]というべきであり、「労働の生産力の第一次の改善こそは、労働の分割ではなくて、労働のコンビネーションであるように思われる」[(4)]という。

　こうして、労働の分割よりも労働のコンビネーションのほうが根源的であることを指摘したうえで、ウェイクフィールドは、コンビネーションを一般的コンビネーションと特殊的コンビネーションに分ける。彼によれば、ふつうに社会的分業と呼ばれているものは、実はそれに依存するところの一般的結合の結果であるし、また企業内分業はそれが依存する特殊的結合の結果である。たとえば、農業と工業の分業は、社会全体をひとつの事業として見れば、農業と工業のコンビネーションの産物である。農工のコンビネーションが効率的なのは、農業における結合労働の効率のよさの結果、工業人口を養うだけの農業生産力の高さの帰結である。イギリスは、労働人口の3分の1以下が農業に従事するだけで工業人口を養うことができる。これは、フランスで人口の3分の2が農業に従事することやアメリカで4分の3が農業に従事することと対照的な、イギリスの農業生産力の高さの帰結であって、ウェイクフィールドによれば、農業資本と労働のコンビネーションが、したがって資本主義的農業の成功が、社会的分業における工業の比率の高さをつくるのである。また、企業内分業についても、同様に結合労働（コンビネーション）による労働の生産力の高さが前提になって分業がもたらされることは言うまでもない。

　これだけの内容をもってスミスの分業論を批判したものはウェイクフィールド以外に例がなく、したがって、マルクスは強くウェイクフィールドの労働のコンビネーション論に惹きつけられたように思われる。そしてこれこそがマルクスの協業論にとって大きな収穫となった。もちろん、マルクスはウェイクフィールドと異なって、『哲学の貧困』1847以来、工場内分業と社会的分業を対比する視点を堅持しているので、ウェイクフィールドのコンビネーション論を工場内の協業

第3章　コンビネーション概念の起源　　39

論として位置づけることを忘れていない。

### 3　ウェイクフィールドの近代植民地理論とマルクス

　マルクスは、『資本論』協業章でいわば単純協業の効率よさを発見した論者としてウェイクフィールドを参照し、そこで「結合労働 kombinierte Arbeit」[5]に言及している。しかし、ウェイクフィールドは異種の細分化された労働間の結合にも言及しており、マルクスも単純協業ではなく「いろいろな作業を別々の手に分配する」協業について彼から学ぶところがあったように思われる。

　ところでウェイクフィールドの『イギリスとアメリカ』は、結合労働論に依拠して、19世紀前半のイギリスの生産力の高さがアメリカの小農主義と際立って違うことを論じ、アメリカの生産力の急激な発展をもたらすためには、土地価格を国家統制によって需給法則よりも高めにひきあげ、小農がなりたちえないようにすることで、移民の小農化を阻止することを提言したものであった。つまり、イギリス農業の賃労働者化がアメリカへの植民の背後の圧力となっていることを認めたうえで、さらにイギリス側からの近代植民化がアメリカでもプロレタリア化をすすめることにつらなるべきだと提言したのであった。

　しかし、現実のアメリカでは、ウェイクフィールドの提言は採用されることはなく（オーストラリアでは採用されたという）、彼はアメリカ植民が失敗だったと酷評している。マルクスの『資本論』の近代植民理論の章は、結合労働論の応用編として読むならば、きわめて興味深い示唆を与える[6]。

　マルクスは、アメリカにたいするヨーロッパの植民が第一に、ヨーロッパの相対的過剰人口のはけ口として、国内貧困問題の解決形態になっていることを指摘する。そのうえで、第二に、国内の貧困圧力をうけて行われる植民化は、アメリカでは土地の供給が大きいために、たえず「今日の賃労働者は明日の独立自営の農民か手工業者になってしまう」[7]という「弊害」を生む。ここには、個体的私的所有から資本主義的私的所有へ、という資本主義的蓄積の歴史的傾向が、土地供給の大きさゆえに、一時的に逸脱、変則するという把握がみられる。し

かし、第三に、ゆくゆくは、アメリカにも資本主義的生産様式が確立され、したがって「自己労働にもとづく私有の絶滅」がすすんでいくことで、新世界でも古いヨーロッパの経済学によって発見されて声高く告げ知らされたあの秘密、すなわち資本主義的蓄積の歴史的傾向の法則が貫徹するであろうと論じたのである。

ウェイクフィールドは、労働が販売されることを認めているばかりでなく、素朴な所有論にたって労働主体の土地所有を奪うことを積極的に提言した。まったくのブルジョア的な経済学的立場からのアプローチである。これにたいしてマルクスは、結合労働が可能になるためには、生産手段から分離された、いわゆる「個別的労働者」が生み出される必要があること、つまり私人論を基底に据えた歴史性の把握を際立てて結合労働論を協業として詳しく論じたのみでなく、本源的蓄積論で生産手段から切り離される労働者の歴史的創出を検討し、資本主義的生産様式が正常な軌道で成り立つためには、個体的私的所有の絶滅が必要になることを論じた。

これを学説史的に並べるならば、スミスの分業論よりも根源的なのがウェイクフィールドの結合労働論であり、それよりさらに根源的なのがマルクスの個別的労働者論にもとづく結合労働論であるということになる。結合労働と分業（工場内分業／社会的分業）をブルジョア社会の総体のなかで見た場合、資本の蓄積欲を上回る過剰人口がだぶついており、そのなかで個別的労働者は自己の労働力を売らざるをえないならば、結果的に結合労働（コンビネーション）が組織され、そのうえで分業（工場内分業／社会的分業）が発展するという理解になるであろう。過剰人口→ 個別的労働者→結合労働→分業（工場内分業／社会的分業）。この系列は逆にも考えられねばならない。つまり、分業（工場内分業／社会的分業）が可能になるためには結合労働が起点とならねばならず、このことによって資本は結合労働にたいする特別の支払いなしに個別的労働者への賃金支払いのみをおこなうことによって、資本蓄積を有利にすすめる。しかも、結合労働分の剰余価値を奪われる個別的労働者は生存ラインまで賃金を引き下げられて働いており、彼らはばらばらな個別的労働者であるからこそ過剰人口による賃金引き

第Ⅰ部●個体の覚醒

第3章　コンビネーション概念の起源

下げに一層鈍感となる。こうして、富と貧困の両極的な蓄積が結果し、富が貧困を、また貧困が富を生むという循環が作動し、しかも貧困の圧力は資本の実現に制約をもたらすので、その圧力はさまざまなところにはけ口をもとめるのである。

この意味でマルクスは、ウェイクフィールドの結合労働論を個別的労働者の資本主義的な結合労働（コンビネーション）として位置づけなおすだけでなく、アメリカで結合労働の発展が停滞するというウェイクフィールドの説を部分的に認めはするが、けっきょくアメリカ資本主義が正常な軌道を確立することで結合労働が大規模に発展するであろうことを論じた。

この意味はきわめて大きい。なぜならウェイクフィールドの植民地理論は、生産力を上昇させて英米によるその他の国々への植民地化を目論む帝国主義的理論であるのに対して、マルクスは植民地化の背後に相対的過剰人口の圧力があることを見破り、コンビネーション的労働の一般化からこそ植民地化の野心が生成するものである以上、労働のアソシエーション的な結合こそが植民地化を阻止することを導き出すからである。

## 4 戦争と近代植民地理論

ヘーゲルは『法哲学』248節で「十分に発達した市民社会は、——散発的なものであれ、組織的なものであれ——植民に駆り立てられる」と論じた。移住民はアメリカやロシアに移住していくという。平子友長氏はヘーゲルの貧困化の理論は植民化の理論と結びついていることを指摘した[8]。そして、アメリカに大量のヨーロッパ貧民が植民された理由は、ヨーロッパの貧困層、過剰人口を含む大衆が生産されたことを背景に持つことに注意をうながす。アメリカは、ヨーロッパ貧困を救済してくれる外在的な安全弁であった。アメリカは、西部開拓が終了するまではこの安全弁の役割を果たしたが、資本主義的生産様式が次第に再生産軌道を支配するようになると、小農をひきうける余地を失った。つまり、ヨーロッパの貧困圧力を一方的に吸収してくれたアメリカという別天地は、翻って、小農を破壊するところの資本主義の

軌道を走る主体になっていった。アメリカの西部開拓の終焉は、世界を全く変えたのだというのが平子氏の言わんとすることである。

　これはウェイクフィールドを検討してきたわれわれにとって至言である。世界は、アメリカ自身が土地の供給を失い、過剰人口や貧困層を生み出すようになると、世界の安全を脅かす主体へ転化した。なぜなら、ヨーロッパの近代化に続いてアメリカも近代化すれば、そして日本もそこに加われば、安全弁を失った世界は、互いに過剰人口の処理をなすりつけあおうとするからだ。

　20世紀の二つの大戦は、考えてみれば19世紀末にアメリカが西部開拓を終えた後で引き起こされたものだ。ヘーゲルやウェイクフィールドが信奉した19世紀前半の近代植民理論は、まだ素朴であって、せいぜいのところ国内的貧困の対外的処理という弁明を有していた。しかし西部開拓の終焉によって、貧困はたんなる国内問題ではなく、国際的問題へ転化し、一挙に世界戦争へ直結する原因になった。いまや富と貧困の両極的な蓄積は、世界規模での資本主義化に沿って、植民地化が戦争の危機を生むようになる。帝国主義論という理論装置を介して、貧困化論は戦争論に直結するわけである。

　二つの世界大戦を経てパリ不戦条約1928や国連憲章1945が成立した。しかしいくら戦争はよくないという国際的コンセンサスができても、ヘーゲルやウェイクフィールドの植民地論が指摘した次元での野望そのものが消えたわけではない。戦争を起こす衝動は消えず、反対に戦争のリスクは管理貿易体制のもとでも繰り返し突き上げるものなのである。

　近代世界システムでは、どの国家も孤独である。だが、21世紀は間違いなく、アメリカのヘゲモニーから中国のヘゲモニーへの移行期である。このときに、ロシアはソ連崩壊後ただ落ちていくだけなのだろうか。不甲斐なく、経済的に衰退し、ただ軍事的な威厳を誇る以外に道がないのであろうか。これはまことに危険な状態である。この中でプーチンのような政治家が追い込まれ、一人ぼっちになり、落ち込んだ気分になったとしても怪しむに足りない。彼の資質が恐怖感と傲慢にみちた恐るべき決断をさせたとしてもなんら不思議ではない。

第3章　コンビネーション概念の起源

世界資本主義は、たえず過剰生産恐慌の危機を孕んでおり、それは格差社会化によく現れている。このなかで、近代植民理論が指摘した衝動は生きている。なぜなら、労働のコンビネーションは高度に進むが、当の労働の担い手である労働者はアソシエーションを実現できぬまま貧困のなかに放置されるからだ。今回のウクライナへのロシアの侵略は、NATOとロシアの特殊な政治的文脈を外して考えた場合、経済的な不均等発展によるロシアの落ち込みを植民地化によって取り戻そうとする足掻きとして把握できる[9]。

**注**
(1) Wakefield,E.G.1967,*England & America*,Augustus M.Kelley,p.26, Reprint of New York:Harper & Brothers,1834,E.G.ウェイクフィールド、中野正訳『イギリスとアメリカ』第1巻、日本評論社、1948年、30頁。
(2) *Ibid*.,p.26,訳30頁。
(3) *Ibid*.,pp.25-26,訳30頁。
(4) *Ibid*.,p.25,訳29頁。
(5) *MEW*,Bd.23,S.345,マル・エン全集、第23巻、訳428頁。
(6) *MEW*,Bd.23,S.799,訳1005頁。
(7) *MEW*,Bd.23,S.797,訳1003頁。
(8) 平子友長「西洋近代思想史の批判的再検討―カント最晩年の政治思想におけるロック批判の脈絡」『思想史と社会史の弁証法―良知力追悼論集』御茶の水書房、2007年。
(9) 2020年代以降の現状をマルクスの植民地理論にもとづいて記述すれば以下のようになるだろう。戦争は一般に世界資本主義の不均等発展のために起こると言われる。これをもっとわかりやくすく言えば、富と貧困の両極蓄積が植民地化の衝動を生むがゆえに戦争が起こるということだ。ソ連が崩壊して30年たつ。ロシアは世界資本主義の不均等発展に復帰して「普通の資本主義国家」になった。ロシアのGDPは1991年に発足したころから次第に上昇したが、2013年に2兆2924億ドルでピークに達した後低迷しはじめ、2016年には1兆2801ドルまで大きく下落したあと、2020年に1兆7755億ドルまでもちなおしている。とはいえそれは、人口規模で同じ程度の日本のGDP5兆3億ドルにたいしてひどく低いし、人口がロシアの4分の1程度の韓国よりもGDPの世界ランクは下である。ロシアの経済は停滞している割には軍事化が進行している。かつて覇権を争ったアメリカはヘゲモニーを維持できない黄昏の帝国である。ヨーロッパはEUという共同体を構築しつつ軍事的にはNATOで武装し、ロシアを仮想敵として見ている。中国は驚くべき勢いで資本主義化し、21世紀の「覇権」を追い求めている。ロシアはこうした世界情勢の中でいずれの諸国ともそりが合わず、「孤独」であるように見える。世界のすべての諸国が資本主義の軌道上を競争的に発展する時、富と貧困の蓄積は各国に不均等な対応を強制するから、ある国は軍事化によって、ある国は侵略によって、またある国は排外主義に陥る。ウクライナ戦争やイスラエルのガザ地区侵略、アメリカのメキシコにたいする排外主義などは、ことごとく世界資本主義の矛盾の影なのである。このことを考えれば、労働のコンビネーションを労働のアソシエーションへ組み替える必然は、人類全体に課せられている。

# 第4章 公私二元論と労資二元論

## はじめに

　本章は、第1章「個体的所有 その後」への続稿である。前稿は、エンゲルスのマルクスに対する誤解の歴史がその後どういう波紋を作ったかについての考察であった。

　世の中には○○主義とか△△学派などがある。創始者がいて、それに賛同する者が同伴することによって、知的、社会的運動を起こす。マルクス主義が成立するためにはマルクス以外の使徒が必要であった。エンゲルスこそ最初のマルクス主義者である。ところが、ほとんど一心同体とみなされ、畏友と認め合ったマルクスとエンゲルスの間に、社会主義をめぐるかなり根本的な相違がある。ややエキセントリックな表現をとれば、マルクス主義はまさに成立したその瞬間に解体していたと言って過言ではない。

　マルクスはエンゲルスの人格を尊重して、エンゲルスを独自の理論家と認めていた。だから、両者の個性による思想上の違いがあったとしても、それはむしろ当たり前である。そういう訳で、過度の一体感を前提にした誤解の上に成り立つ世界中の「マルクス主義」もまた、砂上の楼閣であったことになる。

## 1　エンゲルスの『資本論』書評

　1867年に『資本論』ドイツ語版第1版が刊行された年と翌年にエンゲルスは合わせて7種類の書評を書いている（*MEW*、Bd,16）。当面の問題視角から見て、これらに共通するのは、いずれにおいてもエンゲルスはあの問題的なカテゴリー「個体的所有の再建」に一度もふれなかったという事実である。『資本論』第1巻第7篇の最後を飾る本源的蓄積論の末尾に埋もれていた数ページは、第2版 1872から第7節「資本主義的蓄積の歴史的傾向」という小見出しをつけて再編されるのだ

が、それがどういう扱いであろうと、第1巻の叙述の白眉をなすものであることは疑えない。だが、社会主義とは何であるかということを最高の理論的分析を踏まえて書いた箇所は、長い間理解されてこなかった。E・デューリングは、エンゲルスの書評を除けば、最も早い時期（1867）に、『資本論』書評を出したものだが、全体的に穏当で、個体的所有の再建論もとりあげなかった。この意味でまずは凡庸な、毒にも薬にもならぬ書評であった。結果的に、マルクスの「個体的所有の再建」論は、「マルクス主義」内部でも、外部でも、出版後10年間はたいして話題にすら上らなかったのである。

### 2　『反デューリング論』1878 による社会主義の普及

ところが、1875年にデューリングが自著『国民経済学と社会主義の批判的歴史』を出版したことが契機となって、この概念はにわかに脚光をあびた。デューリングは、初めて「個体的所有の再建」概念に注目し、「個体的であると同時に社会的である所有」などというものは「もうろう世界」のものだと『資本論』を真正面から攻撃した。エンゲルスはこの攻撃にたいして、初めて向き合わねばならなくなった。『資本論』各版における「個体的所有の再建」をめぐる記述がいかなるものであったか、確認しておこう。さしあたり1867年ドイツ語版初版（第2版72年版も同一）を示し、1883年版で下線部がどう変更、加筆されたかを括弧づけで示す。

「資本主義的生産様式から生まれる資本主義的取得様式は、したがってまた資本主義的私的所有も、自己の労働にもとづく個体的私的所有 individuelle, auf eigne Arbeit gegründeten Privateigenthum の第一の否定である。しかし、資本主義的生産は、一つの自然史的過程の必然性をもって、それ自身の否定を生みだす。それは否定の否定である。これは、<u>個体的所有 das individuelle Eigenthum を再建する、だがしかし、資本主義時代の獲得物、自由な労働者の協業ならびに土地と労働そのものによって生産された生産諸手段とに対する彼らの共同所有 Gemeineigenthum</u>、の基礎のうえにである。（これは

私的所有ではなくて、資本主義時代の獲得物、すなわち、協業、ならびに、土地と労働そのものによって生産された生産手段との共同占有 Gemeinbesitz の基礎のうえに、個体的所有を再建するのである）」。

あらためてドイツ語版（初版および第2版）のこの箇所を読んだデューリングは、「個体的」ということは「私的」ということと同義だと考えた。個体的＝私的＝排他的となる。社会的所有とは、みんなで共有するということであるから、非排他的である。ゆえに、「個体的であると同時に社会的な所有」を言い換えれば、「排他的にして同時に非排他的な所有」が同一の対象について同時に成り立つということであるから、それはありえないとデューリングは読んだのである。ところが、『資本論』の読者にはわかるだろうが、「個体的であると同時に社会的な所有」は存在するとマルクスは書いているのだ。しかも、これがマルクスの厳密な意味での社会主義の唯一の定義なのである。むろん、これは極度に圧縮された『資本論』の要約であり、およそマルクス自身の主観的期待が介在するようなものではなく、あるべくしてあるもの、なるべくしてなるものと書かれている。

エンゲルスの反論はある意味で明快であった。エンゲルスは、デューリングの攻撃は所有対象を区別しないために起こる単純な誤読であると考えて、個体的＝私的所有は生活手段に関わり、社会的所有は生産手段に関わるとして、攻撃を一蹴した。

この部分を含めて『反デューリング論』1878は、マルクス主義の知的最高峰を記述した百科全書との評価を確立した。後に大きな影響力をもつ『空想から科学へ』1880が、『反デューリング論』のダイジェスト版となり、社会主義の最も人気のある入門書になっていることは周知のとおりである。

ただ、本稿の問題視角からすれば、『空想から科学へ』には、『反デューリング論』の個体的所有論の痕跡が残っている。すこし長いが引用する。

「このように今日の生産力をついに認識されたその本性にしたがっ

第4章　公私二元論と労資二元論　47

て取り扱うようになれば、社会的生産の無政府性にかわって、社会全体と各個別者 jede einzelne との欲望に応じての社会的・計画的な生産規制が現れてくる。それとともに、資本主義的取得様式、すなわち、生産物がまず生産者を奴隷化し次にはまた取得者をも奴隷化する取得様式は、現代の生産手段そのものの本性に基礎をおく生産物取得様式にとってかわられる。すなわち、一方では生産物を維持し拡大するための手段としての直接に社会的な取得にとってかわられ、他方では生活手段および享受手段としての直接に個人的な取得 direkt individuelle Aneignung にとってかわられる」(MEW.Bd.19, S.223、国民文庫版、107頁)

　おわかりだろうが、エンゲルスがデューリングをやり込めたときに使った、生活手段の個体的所有論は、ここで生活手段の個人的取得論になっている。所有論が取得論に変わる理由は、エンゲルスの矛盾の定式が「生産の社会化と取得の資本主義的性格の矛盾」となっていることにおそらく対応するものであろう。所有論と取得論の何が違うかは、とても専門的な事柄に属するので ここでは十分には扱えないが、所有論は生産過程を対象にした第1巻の論理水準に対応しており、誰が生産過程をコントロールするかを論ずるためのツールであるのに対して、取得論は生産過程の結果生まれる労働生産物（とくに生活手段）を誰がコントロールするかに関わるものだ。所有論と取得論は当然相補的である。この限りで、マルクスとエンゲルスの間にさしたる亀裂はないと言ってよいが、生産手段のコントロール（所有論）と生産物のコントロール（取得論）では、やはりフォーカスの場所が異なる。所有論では生産過程の制御を考えているのに対して、取得論では生産結果の制御が問題になる。それだから、その分だけ取得論は、所有論に比べて、生産手段よりも生活手段のコントロールにより一層多くの関心をもつことになる。逆に言えば、労働者が生産過程にどう関与するかについて相対的に触れることが少ないという傾向がここからでてきうるのである。

## 3　社会主義とは「国有化」ではない

　1878年に『反デューリング論』が出て、マルクス主義の科学性と万能性が、少なくとも当時の学知水準を結集して仕上げられたまさにそのとき、マルクスの社会主義とエンゲルスのそれは「個体的所有の再建」をめぐって小さいひび割れをおこしていた。それはほとんど目立たないものであった。マルクス本人もこの程度の違いは許容範囲だと思っていたかもしれない。だが、この小さいひび割れは、徐々に大きな誤解のもとになっていった。

　マルクスは、民衆の生産自治を所有論的に展望し、エンゲルスは民衆の生産物取得を展望した。マルクスは、専制を自治に置き換えるが、エンゲルスはある種の専制が権威をもって民衆のための取得を保障することを許容した（エンゲルスの「権威について」1872を参照）。エンゲルスの社会主義論は、生活手段の個人的所有＝取得論となり、もっと言えば、生産手段の個体的所有を社会主義から排除するものだった。そうしなければデューリングを論破できないと考えたからである。

　こうなってしまうのは、「私的 privat」と「個体的 individuell」を混同したからであって、両者を鋭く対抗させるマスクスの用語の無理解があったからにすぎないが、これについては第1章で論じたので触れない。『空想から科学へ』では、生産の社会化が進行すると、「観念的な総資本家」である近代国家がますます「現実の総資本家」になるという傾向が現れるとする。ここにエンゲルスは「生産諸力の国家的所有 Das Staatseigentum an den Produktivkräften」という過渡期が登場すると想定した。国家が「現実の総資本家」となって賃労働者を雇う制度である。普通に「生産手段の社会化」とされるものは、もう一段後に続くものであろう。すなわちエンゲルスによれば、資本主義社会は、ますます「現実の総資本家」となる近代国家の、その生産手段を「国有化」することをつうじて、プロレタリア国家に置き換えることを自ら準備する。これがのちのレーニンの戦略となった。それは、国家と党が生産物の取得を民衆の名において代行する体制である。この方式がコミンテルン（1919〜1943）によって全世界化したのである。

　エンゲルスとレーニンの議論の難点は、生産手段の「個体的所有の

第4章　公私二元論と労資二元論

再建」が抜けたために、自主管理的社会主義像が退けられ、個別者 Einzelne を組織化したにすぎない「労働の社会化（コンビネーション化）」をそのまま受け継いでもプロレタリア国家による「取得」を保障すればやっていけるかのような幻想をもたらしたことにある。これでは、党と国家がつくった計画に労働者が従属する体制が社会主義になってしまう。いかにして個体性が自己目的になるような、人間の個性の実現を認めるアソシエーション社会への移行が可能になるか、その主体変革が正面からの主題になってこない。変革主体の主体変革が伴わねば、社会主義は持ちこたえられまい。軍隊式の党組織をどれだけ「鉄の規律」で統制しても、主体の変革はできないのである。それどころか、党と国家が主体の変革を抑圧することすらありうるし、現にあったのだ。

　これにたいして、生産手段の「個体的所有の再建」というテーゼを理論的な尺度にすると、20世紀社会主義に対する評価は変わってくる。民間資本であろうと国家資本であろうと、それらの資本が労働者を制御するのではなくて、労働者がどこまで資本を制御するか、ということが社会主義のメルクマールになる。ここから見れば、国家的所有のもとで国民が賃労働者であったソ連は社会主義ではないし、国家的所有を民営化にゆだねる中国はさらに社会主義ではない。国家資本であろうと民間資本であろうと、その資本（生産手段）を労働者が制御していないのであれば、社会主義とは言えない。

　ところが、従来のふつうの社会主義経済論では、民間資本よりも国家資本が上回ったら社会主義的であり、下回ったら資本主義的であるかのように考えてきた。これは労資二元論の意味を理解せずに、公私二元論の枠に押し込むから出てくる奇妙な社会主義論である。『論語』読みの論語知らずと言わざるをえない。

### 4　公私二元論と労資二元論

　マルクスは、初期に公私二元論を主題化し、「ヘーゲル法哲学批判序説」1844 から労資二元論へ主題を移す。その理由は、前者の問題を解決する秘密が後者にあるからである。これにともなって考察対象が

国家から経済へ移るが、問題関心は持続している。私は長らく「ヘーゲル法哲学批判序説」1844 の表題に違和感をもっていた。「ラディカルであるということは、ものごとをその根本において捉えるということである」などという名調子をありがたく暗唱したが、本当の意味はつかめていなかったと思う。1844年は理論史的に重大な意味を持つ。人はここで初めてマルクスが「ドイツの解放に向けてのポジティブな可能性はどこにあるのか」と問うて、「プロレタリアート」であると論じたことを思い出さねばならない。この論文は、西洋近代哲学の総決算としてのヘーゲル法哲学は、けっきょくのところ、公私二元論に執着し、それを解決できなかったが、いまや「工業化」によってラディカルな鎖につながれた階級が人為的に生み出され、哲学を止揚する運命にあるということを論じた書である。つまり、公私二元論を労資二元論で克服するという理論的な転換を初めてなしとげたのがこの短い論文であった。したがって、これを「西洋哲学全体に対する批判序説」と呼び変えてもよい。これによってマルクスの学的体系は、公私二元論の秘密を労資二元論に求め、後者の蓄積過程に内在して前者を乗り越えるという理論となった。

　この勘所を押さえるならば、労資二元論の理論水準の結語に「個体的所有の再建」が位置していることを認めないわけにはいかない。一切の生産手段を個体が、つまり社会化された自由人が制御すること。このことなしには公私二元論を乗り越えることはできない。ホッブズ、ロック、スミスの公私二元論だろうと、福沢諭吉の官民協調論だろうと、旧ソ連の国有化論、中国の1978年以降の鄧小平の民営化論であろうと、すべてマルクスが 1844年にとどめを刺したものばかりであり、公私二元論の枠内にあるものばかりである。

　社会主義さえ、公私二元論に立って、公（国家）を強化し、私（市場）を押さえ込もうとした。レーニンすら、1921年に公法（国家）が私法（市場）を制覇すれば社会主義になると考えていたほどなのだ。これらは、労資二元論の結論が「個体的所有の再建」であるという固有の意味を捉えておらず、公私二元論の枠内に後退することを意味する。「人民の名において存在する国家」を社会主義とみなすのは、マルク

第Ⅰ部 ● 個体の覚醒

第4章　公私二元論と労資二元論

スの初期と後期の理論的歩みを有機的につかんでいないことから発生した誤謬にほかならない。

## おわりに

　以上、19世紀後半、『資本論』第1巻ドイツ語版初版が公刊された直後から、厳密な意味でのマルクス主義は理論、運動、制度において解体していたことを明らかにした。エンゲルスは、1890年8月5日付けのコンラート・シュミット宛の手紙のなかで、1870年代末にマルクスが「私が知っているのは、ただ私はけっしてマルクス主義者ではないということだけだ Tout ce que je sais, c'est que je ne suis pas Marxiste.」(*MEW*.Bd.37,S.436) と語ったと伝えている。だが、そういう失笑で人を笑わせたエンゲルス自身がこのときすでに厳密な意味でのマルクス主義者ではなかった。

　実は私はエンゲルスという人が、たとえマルクスと違ったことを言ったとしても、いろいろな意味で大好きである。エンゲルスの個性を尊重する見地から言えば、彼は独自のエンゲルス主義者だった。ソ連崩壊が明らかにしたのは、マルクス主義の失効ではない。最初からマルクス主義など存在していなかった。

　課題は、むしろ、マルクス主義をエンゲルス主義と同義とみなした19世紀末以降、20世紀を通過して、マルクス主義がエンゲルス主義に変質していたことを学術的に認め、現代の新自由主義の状況をふまえてがんらいのアソシエーション社会を構想していくことである。エンゲルスほどの大人物がマルクス主義者でなく、エンゲルス主義者であったならば、後代のどのような人物もマルクス主義者を名乗る自信をもちにくいだろう。

　したがって、エンゲルスを尊重する意味からしてもなすべきことは決して「真のマルクス主義の復権」などではない。ただ各々が与えられた時代にふさわしく、各自の固有名に恥じない学問的挑戦を続けていくことに尽きる。誰かのつくってくれた道を歩くことほど甘ったれたことはない。魯迅が言ったとおり、最初から道があるのではなく、人が歩けば、そこが道になるのだ。

# 第5章 個体性とは何か
## ——主我と客我の循環をわがものにすること——

### はじめに

　大都市の地下街を毎朝、何千、何万というサラリーマンが同速度で歩いてゆく。その隊列の中でぼくはこう考える。沈黙した人々が奏でる靴音のなかで、人々はまるで誰かが統制したかのように、ある塊（アグレガシオン）をつくっている。しかしだれかが号令をかけたわけではけっしてないのだ。この隊列は、ある者は阪急梅田駅、ある者はJR大阪駅、またある者は堂島方面のオフィス街へ枝分かれしてゆく。最後には分散してそれぞれの職場へ吸い込まれるだろう。この隊列は一見すると働きアリの隊列によく似ている。しかしアリとは違って、この隊列の中で一人一人はまったく違うことを考えているにちがいない。ある者は、今日課長に叱られるかもしれないと思い、またある者は同僚との昼ご飯を考え、またある者は帰宅してからの自分の誕生日を家族とともにすごすことを考えているだろう。これが現実の多次元性という事態である。現実は、外見上はただ多数の歩行という物質的惰性である。しかし、じつはそうではなく、この物質性と平行して人びとの主観的世界を考慮に入れると、靴音の世界に張り付いて進行するもう一つの多様な主観的世界があることは疑いを容れない。靴音の轟音と平行して、しかし、それとはまったく対照的な沈黙の主観的世界が存在することがわかる。誰もがこの沈黙の音を聞きながら歩いている。サラリーマンの隊列は、こうした各私的主観性をともなっているものではあるが、総体として諸資本への従属を宿命とするところのまったく無個性的な隊列である。いつかぼくは誰かの短歌を読んだことがある。読み手はこう言っていた。黙々と歩くサラリーマンの背中を蹴ってやりたいと。読み手も実は隊列の中におり、ある意味では蹴られるべき存在の一人なのだが、歌の世界で彼は前を歩くサラリーマンの誰かに対して理不尽な、しかし状況総体に対する合理的な怒りを抱いて

おり、それが自分にも反照してくることを知っているのである。本稿が主題とするのは、自我の構造的特質をミードに学びながら個体性の本質に迫ることである。

　ミード[1]には優れた自我論がある。すなわち自我が自己自身を対象化することで社会的に生きることが可能になるという重要な洞察がそれである。だが、ミードにはさほど豊かな資本主義分析がない。他方で人間はアソシエーション社会で個体性を獲得するというマルクスの優れた歴史的テーゼがある。マルクスにはミードほどに豊かな構造的自我論はないが、資本主義分析がある。両者には構造と歴史に関する一長一短がある。そこで、本稿ではミードに資本主義論を接合し、マルクスに構造的自我論をむすびつけて、それらの交点で個体論を少しく豊かに構想してみたいと思う。本稿はその試論である。

## 1 自我と客我

　まず、ミードの自我論から入っていこう。自我論で有名なミードは、自我 self を主我「I」と客我「Me」に分ける。そのうえで主我は客我を対象化するが、自分自身を対象化することはできないと述べている。「I」がスポットライトを浴びることはないというわけである。「わたしは進行中の自分をつかまえられるほどすばやく振り返ることができない」と彼は述べている。「客我」は、さしあたり自己内部で自己を対象化することで得られる。「I」は一瞬前の「I」を対象化する。これによって「I」は過去化される。これが「Me」である。たとえばぼくが日記をつけるとき、今、日記を書いているのは「I」である。この「I」はまだ対象化されない現在進行中の「I」である。夜ぼくは日記を書くとしよう。そのときぼくは今日一日の出来事を振り返り、ぼくが何を思考し、何をなしたかを反省する。こうして反省され過去化された「I」が「Me」（客我）となる。しかし、対象化しえないものがある。それはいま日記を書いている「I」そのものだ。今書いている「I」を対象化し、「ぼくはその夜日記を書いた」とするためには、翌日の朝の「I」を生きねばならない。それゆえミードがいう「I」の創発性 emergency とは、「I」の前対象化的性格のことであると言えるだろう。このように

人間の認識構造には遡及不能な「I」を前提に置かざるを得ないという特徴がある。たとえばわたしが外界をみている場合、今見ている風景は、このぼくが見ている風景であり、このぼくの視点からしか見えないものである。人間と自然の関係という場面を考慮した場合、ぼくは自然に対峙する人間一般に同等の者と想定してよいものである。対自然の場面で個と類は合致するから、客観的な認識に到達することは簡単とはいえないにしても、不可能ではない。ぼくに見える鉱物、植物、あるいは宇宙の仕組みなどは、誰が見ても普遍的な物質性をもつであろうからだ。これに対して、風景が社会的世界に属する場合には、客観的な認識は対自然認識ほどには簡単に手に入らない。なぜなら、人々は特殊な年齢、利害、立場に固執して、それぞれ異なるパースペクティブを無意識のうちに生きているからである。残念ながら、ぼくに代わってぼくの生を別の誰かに生きてもらうことが不可能である以上、ほかの誰によっても代えがたいほかならぬぼくの側から見えるものだけしか僕は見ることができない。それこそが、ぼくが生きているという事実なのである。つまり、幸か不幸か、「I」の創発性そのものにかけがえのない当事者性が含まれてしまっているわけである。主体性は偏見と混じりあっている。冒頭の地下街の場面をもう一度想起してみよう。隊列のなかのひとりひとりは、ミードが言う通り、スポットを浴びない主我の側から靴音を聞いている。早朝に起き出して、身づくろいを終え、まじめに歩くのはいったいなぜだろう。それは平均化すれば、自分はよく働くよい労働力であるという会社における評価、そこに根拠を置く自負を失いたくないからである。つまり、ここでの「Me」は、社内での自分に対する査定である。これはミードの言う客我にほかならない。沈黙したままの「I」たちは、本質上いわば査定される「客我」に縛られて歩いているのだ。ところで、地下通路の「I」たちは決して「We」ではない。一人称の複数は、文法上は「We」であるが、「I」たちの関係は相互にばらばらである。そこに連帯や融合は存在しない。あるのは徹頭徹尾冷めたものだ。隊列は物質性を帯びている。人格と人格の関係が物化（モノ化）された操り人形相互の関係として現れる。それゆえここには「I」が自己内対話を媒介にして他

第Ⅰ部 ● 個体の覚醒

第5章　個体性とは何か ―主我と客我の循環をわがものにすること― 55

者に自己を開いていく余地はなく、人間らしいコミュニケーション的な関係は欠如している。彼ら／彼女らは凍ったように沈黙を守り、関係しあわない。隊列のコミュニケーションの不可能性がどこから来るのか。それは、互いが「他人行儀」であることがどこから来るものであるかを問うに等しい。隊列の物質性は、究極的には諸資本に対する労働力の従属性から来るのである。資本は、様々な出自、学歴、労働力等級、家庭の事情、ローン、子どもの数などを抱えた実に多様な労働者をこれらの序列がよそよそしいことを所与として一手にまとめて管理している。そして各資本もまた通路では格付けされてはならない様々な個別的な資本なのである。お互いに統計上は格付けされているとはいえ、公共の場で格付けされるのは嫌だろう。幾重にも重なりあう諸資本と多数の個別的労働者の多様性がひろがる大衆社会のなかの孤独によって増幅されたところの、労働力の諸資本に対する無力が、関係として他律化しているからこそ、「I」は「We」をつくれないのだ。

### 2　「I」の創発性とビュリダンのロバ

　ミードの自我論は二つのことを言っている。一つは「I」が創発性だということである。「I」のこの創発性ゆえに、ぼくたちは自分が何者であるかをけっして十分に知ることができない。「自分の行動に自分でおどろくことがあるのもそのためである。」「I」は、そこから次々に新しい「Me」が生まれる源泉なのである。ところが、ミードは、逆のことも言っている。「Me」にたいする反応が「I」だというのだ。「I」は「Me」を評定する他者の態度に対する個人の反応であるとミードは指摘する。時間的経過の中で考えると、これは理解しづらい。なぜなら、一方でミードは「I」が純粋な創発性であると言っているのに、他方では「I」が「Me」にたいする反応だとも言うからだ。反応であるためには「Me」が先行し「I」は後続するしかない、ではどうして「I」は純粋な創発性でありうるのか不明だ。「Me」に後続する「I」が創発性をもつというのはひとつの論理的混乱のようにみえる。だが、おそらくそうではない。ミードはもっと深い。純粋な創発性というものをぼくは行為したことがあるだろうか。たとえば、通勤するとき、駅の改

札を通り、階段を駆けあがり、電車に乗ったとしよう。これらの行為は誰にも命じられていない、ぼくの自由な選択による行為である。けれども、よく考えるとこのような行為は、社会からこのように行為しなさいと教えられた「Me」にたいする「I」の反応である。たとえば缶コーヒーを自動販売機から取り出したり、空き缶をゴミ箱に放り込んだり、通路の右側を歩いたり、人に会うと挨拶をしたりする。だが、これらの行為はことごとく「Me」にたいする「I」の反応である。このように考えてみると、一日に実におびただしい種類の行為をぼくはするが、ミードの言う「一般化された他者」(社会のなかではこうやるものだよというチーム観)が自分のなかに刷り込まれ、浸透し、自分のなかに「Me」を構成したためにいろいろな行為を遂行しているにすぎない。

　ぼくは缶コーヒーのプルトップをその社会の教えにしたがって引くのである。ひょっとすると誰にも教わらずにぼくが純粋に行った創発性とは、生まれたときに発した「オギャー」だけかもしれない。しかし、この「オギャー」さえも看護師さんが赤子の尻をたたいたことへの創発的反応であった。赤子とは生まれたとき鳴くべきだという「Me」にぼく「I」は、そうとは知らずに、人生で初めて反応したのだ。これは「Me」に後続する「I」の創発性である。このように人間の行為を「I」と「Me」で考えた場合、「自我」はいわば永久に社会が与えた「Me」に反応する。創発性とは反応の創発性なのである。「Me」にたいする反応が創発性なのだ。ミードは言う。「「I」は「Me」が経験のなかに現れるのと同じ意味で経験のなかに現れるのではない」。これは、短く生きても長く生きても、永遠に変わらない本質的な特徴だ。他者から送り込まれた「Me」に具体的にどう反応するかは、その都度アドホックな自由度をもっており、どれほど慎重に考えたうえで行動するとしても、行為する瞬間の新奇さは消えるものではない。プディングの味は食べてみないとわからない。いかに慎重に食べてみようとも、様々な考慮をさしはさんでも、それが因果関係のすべてを知った完全な考慮であることはできない。なぜなら、社会のなかでの変数は無限にあるからだ。これらはどこまで考えても考えつくせるものではない。たとえばうどんを一杯食べるのにも、一味をふりかけるか七味にする

第5章　個体性とは何か ―主我と客我の循環をわがものにすること―

か、ねぎの量をどうするか、生姜を加えるかどうか、出汁を先に飲むか麺からにするか、いろいろ考える余地はある。しかし考えすぎるのは問題だ。うどんが冷めるからあまり考えすぎない方がよいからだ。要するにぼくは「ビュリダンのロバ」になっている。おなかを空かせたこのロバが分かれ道に立っており、双方の道先に同じ距離で同じ量の干し草が置いてあった。ロバはどちらにも進むことができず餓死してしまう。ロバの愚を犯さぬためにはいろいろな項目を視野に入れたうえで、変数を断ち切って、適当なところで「命がけの跳躍」を挑まねばならない。「見る前に飛べ」だ。このように行為を選ぶたびに、ぼくはなにがしかの「I」の新奇さの感覚を生きるのである。生きていることが日々新鮮で面白いのはこのためである。ともあれ、ここまでの考察で暫定的に言えばこうだ。ミードがそう語っているように、「I」は「Me」に対する反応であり、そこに創発性がある。しかし「Me」への反応は多様でありうるから、この意味で「I」は創発性を永遠に生み出すのである。いわば歴史貫通的に、かつまた構造的に「I」は「Me」にたいして創発性を持ち続けるのだ。

### 3　内的客我と外的客我

　ミードの理論を発展させた南博（1914〜2001）は、客我を内的客我と外的客我に分けた。これはある程度までミード自身に準備されていたものであるが、客我を分析するうえで卓抜な発想であった。これによって、ミードの客我のうち「主我としての自分から見られる客我」（内的客我）が析出された。南は言う。「自分の内面を自分自身が観察し、内省する結果得られるのだから、これを『内的客我』と呼ぶ」。これにたいして「他者から見られた自分、他者が抱いていると思われるこの自分についてのイメージの面もある。この場合には、外から見られた自分という意味で、『外的客我』と呼ぶことができよう」[2]。
　この分析上の理論的発展によって、内的客我と外的客我の間に葛藤があることが解明された。「他人への気がねに支配される人は、なかなか自分で自分を正確に評価した内的客我を確立することはできない」。南がさりげなく言う通り、内的客我は外的客我に左右されやす

い。そうなると、内的客我が弱いから、つねに誰かによって引き回される。南博は、内的客我のひ弱さが日本人の自我構造の特徴であるとさえ言う。「とかく外的客我の意識が強く、他人から見られている自分を意識しすぎる自意識過剰が、自我構造の全体に影響を与えている」と論じた。

　だが、ぼくは、この問題をいきなり日本的自我の問題へ具体化するのではなく、その前に、一般的な資本主義の構造の中の自我の問題を考える必要があると考える。なぜなら、日本的自我とは、がんらい日本資本主義に対応する自我のことであって、南は資本主義一般の話をすっ飛ばしていきなり日本へ話をもっていく。しかし、科学の方法から言えば、「日本的自我」を論じる前に一般的な資本主義の構造に対応する、いわば資本主義的自我の一般構造を素描する必要がある。

## 4　資本主義における「I」と「Me」

　ミードは社会を考えるとき、高い抽象度で民主主義的社会のことを考えていた。『精神・自我・社会』における経済社会の考察部分で彼は、市場の交換が相互依存の中で自我を鍛えるという事実に気づいている。たとえば次のような文章はもっと注目されてよい。「現代のビジネスが強調しているセールスマン的態度についてはどうだろうか。その態度をわたしたちがやや軽蔑するのは、その態度にはいつでも偽善がまとわりついているように思われるし、相手の態度に自分の自我を重ねて、そうして相手を引っかけ、望みもしていないものを買わせようと言いくるめているように思われるからである。このようなセールスマンの態度を正当化できるとは思わないが、すくなくともこの態度でさえ、個人は他者の態度を取り入れる必要があり、他者の関心を認識することが取引をうまく運ぶためには不可欠だと想定されている点は認めることができる。他者の態度を取り入れることの最終目的は、経済的なプロセスを、利潤という動機を超えた公共奉仕への関心に移してみるとわかる。鉄道や公益事業の経営者はサービスを提供する共同体（コミュニティ）の立場に自分を置かなければならない。そうすることでやがて公益事業はもうけの領域を通り抜けて、経済的事業としてうま

くいくだけでなく、共同体にとってのよいコミュニケーション手段にもなりうるのではあるまいか。この可能性から出発して社会主義者はすべてのビジネス理論をつくる」[3]。

なかなか重要な個所だ。ミードはここで利潤を目的とする態度と共同体を目的とする態度を対照している。ミード自身が独自の観点から社会主義に強い関心をもっていたことを考慮に入れると、資本主義の「I」と「Me」を考えておいてもよかろう。実際の資本主義社会には権力がある。権力状況下で「I」と「Me」がどう変化するかが、ここでの検討課題である。資本主義のなかでも歴史貫通的な「I」と「Me」を分析的に得ることはできる。近似値として、特別な権力関係のない同市民のあいだでの人間関係はそれに近い経験を与えてくれる。ぼくたちは権力状況下で生きているから、あらゆる場面で友人関係のようなフラットさで生きることはできない。だが、そうであったとしても、友人関係の理念型との対照性において生産過程の権力を考えることはできる。資本主義一般において「I」の行為の結果が「Me」と査定されるとき、たんに友達が評定するのとは違って、権力的な査定が介入する。ここで「Me」を査定するのは資本、つまり利潤をあげる可能性である。「I」は、「Me」にたいして歴史貫通的に反応するのとは違って、資本主義的な「Me」に反応しなければならない。とりわけ資本主義的な「Me」というのは外的客我の特別な一種である。「利潤目的の会社」「ノルマを達成する社員」「優秀な人材」「仕事がよくできる人」などといった、会社側から見たひとつの格付けを所与とし、社員はその「Me」に反応する。このとき、「I」は資本が査定した外的客我に自己を合わせる以上、彼／彼女の「内的客我」も資本に従属している。主我「I」が対象化した「内的客我」も客体化された「外的客我」に合致するなら、それは資本の思うつぼである。このとき、資本は最大限に主我「I」を利潤目的で操作することができるだろう。

むろん、「I」の従属には少なくとも二種類ある。会社が与える「Me」に従順に反応する場合と資本の勢いにいやいやながら押し負けて、しかし主我をもちながら表面的には従属する場合だ。南が言及した主我の弱さは、前者の場合である。これは必ずしも日本的自我の独占物

ではなく、資本主義一般のなかで説明可能である。

　ぼくが言いたいのは、「Me」が所与の権力場面で、「外的客我」に押し負け、「内的客我」はきわめて不安定か、またはほとんど消えてしまうということである。資本は「I」の創発性を奪うことはできないが、外的客我「Me」を管理下におくことによって「I」の反応に影響を与えることができる。資本は労働力を査定し、「Me」を本人の意思とは独立に決めることができる。一般に資本のもとでは過去（蓄積された労働）が現在（生きた労働）を支配すると言われるけれども、これを心理学的に言い換えると、「外的客我」は「内的客我」という貯水槽から水を抜いて、「I」の反応を規定する。

## 5　ミードとマルクス

　ここにおいて、ミードとマルクスの理論的な接合面が開けてくる。マルクスには対象化と疎外という概念がある。これをミードに変換して読むとこうなるだろう。「I」がなんらかの行為をして「Me」（内的客我）をまずは自己内部につくる。これが自己対象化である。そしてさらに、それを外部化して人々の中にある印象を与える。人々はそれを見て外的客我をつくる。主我が同心円的に外へ外へ自分を押し出していく過程は「I」→「Me」内的客我→「Me」外的客我と言える。これは、ぎゃくの過程、つまり外的客我→内的客我→「I」という、内へ内へ進む方向の反作用を生む。この両方向が生産的に循環すれば三つのモメントは安定する。これは歴史貫通的にありうることだ。しかし、資本主義のもとでは、三つのモメントの透明な循環関係はそれ自体として自立できない。なぜならば資本が「Me」外的客我を査定する権力的立場を独占しているからだ。すると、内的客我「Me」は、元来は「I」の過去であり「I」の分身であるはずだが、「I」自身の対象化行為から切り離されてしまった外的客我に出会うことになる。外的客我である「Me」は資本の専制的査定のもとにおかれており、査定は主我から独立しているから、それは内的客我にたいしても、また「主我」にたいしても、外から強い力で浸透してくるだろう。すると「I」は、かなり強い自我を持っていたとしても、資本の絶対的権力には

第5章　個体性とは何か ―主我と客我の循環をわがものにすること―　　61

勝てないのだから、資本による査定は「I」の領域にまで食い込んでくる。いわば過去化した「I」は内的客我の水準で豊かに貯蔵されることなく、外的客我「Me」に押し負ける。外的客我は「I」にたいして疎々しく覆いかぶさるのである。マルクスが資本のもとで対象化は対象性のはく奪として現れると論じたのは、ミードの言葉に翻訳すると、「I」は「Me」を対象化するのだが、外的客我までは踏み込めず、反対に外的客我「Me」が内的客我および「I」を支配する者となって現れる、ということになる。このような、資本主義固有の「I」と「Me」の関係についてミードは考察したわけではないが、彼は歴史貫通的な次元で「I」と「Me」を考察することによって、何が本源的な次元での個体性であるかについて示唆を与え、資本主義の水準でいかなる変化が起こるかについて考察するための方法的基盤を与えた。彼の示唆にしたがって歴史貫通的な次元での個体性を定義すればこうなる。すなわち、個体性とは「I」が「Me」を生み出すことを通じて生産的に「Me」を取り戻すことである。マルクスの言う個体性とは、集団のなかでの自己決定性のことである。それをミード語に翻訳すると、「I」は「Me」（内的客我）を生み出すが、対等平等な構成員から与えられる「外的客我」を「内的客我」にしたがって調整することができるということだ。言い換えると高い次元で「I」が「Me」（ふたつの客我）の中で自己同一性を確証できるならば、このときにこそ個体性は実現されるのである。要約すれば、個体性とは「I」と「Me」の生産的な循環をわがものとすることである。ところが、資本主義においてはこの個体性の確証は原理上なされえない。なぜなら、外的客我を専制的に支配する権力を資本がにぎっているからだ。

## 6 ミードの素朴な歴史三段階論

ところで、ミードが『精神・自我・社会』で論じたのは、その構成に示されているように、精神と自我が、まさに動物とは異なる水準をもつからこそ社会は固有に発展することを示すためであった。この場合、精神とは「意味あるシンボルを操る」水準をさし、自我とは、社会が与える「Me」にたいして反応する「I」をもつ水準のことだ。しば

しばミードは原始社会／文明社会という二分法を使う。自我がほとんど社会的に規定され、個性の余地がないのが原始社会だ。これにたいして、個人の自我や行為が解放されてきたのが文明社会である[4]。しかし、ミードの言う文明社会を必ずしも資本主義と完全に同義に考える必要はない。もちろん、文明社会のなかには資本主義を含めてもよいが、ミードは繰り返し「戦争のない社会」を想定した。それゆえ、文明社会の最終段階で、国家間の敵対関係を乗り越える課題意識を表現した。たとえば氏族→部族→国民国家→国際連盟という順序で論じられているのは人間社会の規模の拡大という視点から区分された歴史段階論である。氏族と部族は原始社会に属する。国民国家と国際連盟は文明社会に属する。この発展の背後にあるのは、ミードによると経済と宗教の普遍性である。経済と宗教が、狭い、普遍主義の欠如した社会を超えさせる原動力になることがある。『精神・自我・社会』1934で注目すべきは国際連盟論である。5件出てくる。この問題に本格的に取り組んだ1929年の論考が「ナショナルな精神とインターナショナルな精神」である[5]。ここでミードの自我論が国際連盟を支えるそれになることを狙っていることは注目すべき点である。ミードはヨーロッパの社会民主主義がナショナリズムに屈して「城内平和」に走り、第二インターを崩壊させたことを厳しく批判した。ミードにとって社会主義とはがんらいインターナショナリズムである。だから、いわゆる「一般化された他者」（社会の中でこうあるべきだという規範）の議論は国際連盟という外的客我「Me」からの呼びかけに反応する主我をもつこととされている。

## 7 「We」と「Us」の析出

もし「I」と「Me」が個体の自我構造を構成するならば、人類が共同体を織りなすためには「We」と「Us」という共同的自我を析出してこなくてはならない。ミードはこの問題を十分意識していた。そして部分的にではあるが「国民的精神と国際的精神」1929で取り組んでいる。戦争とは、国家と国家の暴力的な戦闘である。この戦闘は、国家に一体化した自我を請求する。なぜならば、敵を共有した「国民的魂」

（ナショナリズム）を育成することなしには戦争は不可能であるからだ。敵に対する憎しみが強ければ強いほど、それだけ一層「国民的魂」は国家共同体と一体化する（ヴェトナム戦争のとき、アメリカ兵は徹底して反共意識を持たされ、アメリカの自由を求めるためにはホー・チ・ミンを殺さねばならないと教えられた）。ミードはナショナルな主権国家にのみ自我を一体化した状態を「国民的魂ナショナル・ソウル」と呼ぶ。これに対して、世界平和へ開かれた、脱中心化した状態を「国民的精神ナショナル・マインド」と呼んでそれから区別した。国民的精神とは開かれた国家意識である。なぜなら、国民的精神とは国民の共同財を目的とする組織に仲間である自国民とともに参加しているという意識である。このときに、「I」と「Me」に対応関係があるのと同じように、国民の規模で「We」と「Us」が対応していなくてはならない。先の論考で「わたしたちWeは、ぼくたち自身が属している大きなコミュニティという条件からぼくたちourselvesを考えなければならない」とミードは述べている。これは、国家という共同体をひとつの踏み台にして「Me」を「Us」へ拡張する作用が起こっていることを意味する。そしてこのことに対応して、「I」の「We」への拡張が起こる。だから国民的精神ができる水準での「We」と「Us」でさえ開かれているとは言え国民国家に縛られているのだから限界を持つ。人類がひとつの共同体になった状態こそが最良の「We」と「Us」である。これは国民的精神（We/Us）をもう一段外へ開いていくことによってはじめて獲得されるのであって、これこそが「国際的精神インターナショナル・マインド」なのである。

　ミードによれば、「国際的精神」は、大戦（の否定）を通じてのみ形成される。すなわち、「大戦が争いあう諸国の前に掲げた問題は、それらの諸国からなるコミュニティのなかへ、文明化を導入するという問題である。つまり、大戦が残した要求は、国際的精神である」[6]。

　社会がいきなり国民国家をこえるなどということは不可能なのであって、国際的精神は、実際には戦争（とその否定）を通じて、心理的には国民的魂（閉じた魂）と国民的精神（開いた精神）の闘争をつうじてはじめて課題化されるのだ。

## 8　内省の社会性

　ミードが言うように、外的客我は社会から借り入れられた自我の要素である。黒人が白人社会からニガーと呼ばれたり、カラード・オンリーの店に入らねばならないとか、日本で言えば「在日」と呼ばれる韓国/朝鮮籍の人びとが肩身の狭い思いをしなければならないことなどを想定してみよう。もちろん、黒人や在日が心から喜んで与えられた外的客我を取り入れるわけではない。反対に、何を言ってやがる「おれはおれだ」という気持ちで、しかし、仕方なくバスの後部座席に座っているというのが、公民権運動以前の黒人の置かれた有様であった。また、在日が心ならずも少数民族の職域に収まっているという「疎外」状況も考慮に入れておきたい。このような状態では、外的客我と内的客我の間に不統合が存在する。しかし、不統合は精神の発展のエネルギーでもある。ミードは「自我の成長は部分的な不統合から生じる」[7]と書いている。すなわち、白人用のトイレにはいって別に痛痒を感じない白人や職業について民族的劣等感をもたないマジョリティに属する側の人びとよりも、被差別の側の人びととの方がより多くの「不統合」を経験している。こういうケースでは被差別の側に外的客我と内的客我の不統合が蓄積されている。「俺様は俺様なのに、社会はおれの自己決定を受け入れてくれない」という不統合だ。もちろん、この不統合を解決することは制度上簡単ではない。黒人の悩みが解決されるためには1960年代末の公民権運動の広がりが必要であった。また在日の場合も年金、大学受験資格、地方参政権など様々な制度改革がすこしずつ行われてきた。だから、ミードの言う「他者の態度」の取り込みというのは、順接の場合と逆接の場合との両方を含んでいるだろう。野球チームでポジションにつく場合が順接であり、被差別的状況の中で主我が押し切られたまましかたなく生きている場合が逆接である。方向はまったく異なるのであるが、自我は社会的であるから、いずれの場合も「取り込み」は行われるのである。しかし、制度改革まで押し上げていくためには、自我が成長を純粋な個別的内省や、コギト的自覚にゆだねるだけでは足りないだろう。すでにCh.H. クーリー（1864

第Ⅰ部●個体の覚醒

第5章　個体性とは何か ―主我と客我の循環をわがものにすること―　　65

－1929）は『社会組織論』1909のなかで自我の社会的起源説を打ち出した。そして言う。「デカルトが『ワレ想ウ』と言ったのと同じ根拠に立って、かれはこう言ってもよかったのではないか。『ワレワレ想ウ』と」[8]。「我々思うゆえに我あり」というのがクーリーの新しい認識論であった。「同じ根拠に立って」とは、自我はつねに相応の社会組織（家族から国際社会に至る）と対応しており、自我と社会が共通の全体が持つ両側面であるならば、という意味である。クーリーを受け継いだミードは、あるところ（「社会的意識のメカニズム」1912）で「『I』はカントの言う先験的自我である」と述べているが、これは少し割り引かねばならない。なぜならカントの先験的自我は個別者Einzelneのそれであり社会的自我論を打ち出したミードの構想とはなはだ折り合いが悪いからである。ミード自身の自我論に沿って考えるとき、反省もまた社会的なものでなくてはならない。大きい社会で通用している制度上の差別に対して、受難者はたんに個別的に悲しむのではない。この悲しみは社会的であり、反省もまた社会的である。たとえば、差別されたまま死んだ親のことを想起したり、子孫の行く末を案じたり、あるいは家族共同体のメンバーどうしで現在の体制の不条理を恨んだりすることはある。こうしたことが単独の自我において行われるのではなく、自我を取り巻く社会的仲間を想定して、複数の準拠集団においておこなわれているのでなければ、反省は生き生きしたものにはなるまい。徳川直人の研究によるとミード研究者のJ・キャンベルは、ミードは「競争と私的所有の資本主義」に代えて「社会主義的な混合経済体制」を支持することになると言っているという。徳川はここで重要なことを付け足している。「ミードの関心は、そのような社会的コントロールが市民社会の日常的な社会関係においてどんな内実を持つかに、置かれている。生産と配分をめぐる調整についての決定権が資本家から国家に移ったとしても、労働者がただその指示と命令に服するだけ（反発するだけ）の状態であるならば、ミード的に言えば同じ事態なのである」[9]。もし徳川のこの指摘が正しいとすれば、1910年において、すなわちロシア革命に7年先立つ時点でミードは資本主義的私的所有といわゆる社会主義的国家的所有が、自我論からみれば同じで

あることを見抜いていたことになろう。このことは、ミードの自我論が、社会体制を自我の組織化の内実においてみきわめる分析力に秀でていたことを教える。逆に言えば、少なからぬ社会科学者がソ連を少なくともある時期まで支持してきたことを考慮するならば、彼らに「I」と「Me」を原理とする個体性の概念が欠如していたからである。個体性とは「I」と「Me」の生産的循環をわがものとすることである。もしもこの点を把握していたならば、それを疎外する国家的所有を支持できるはずはなかったはずだ。

　ミードは高度に難解な自我論を一方で展開しながら、他方で社会改革、セツルメント、教育改革、労使紛争などに取り組む、きわめて実践的な思想家であったと徳川は指摘している。このことを知っておくことは、ミードの自我論の理解に大きく関係してくるだろう。『精神・自我・社会』のような抽象的な議論だけを見ると、「I」が個別主体的で、「Me」だけが社会的であるかのようにミードを誤解する恐れはなかなか消えない。しかしそのように掴んではならないのである。「I」も「Me」もいずれも社会的なのだ。いわんや、「I」がデカルト的で、「Me」が役割取得的であるなどというわけではまったくない。ぼくの関心は、しばしばミードが「I」を衝動として定義することがあるにせよ、その衝動は決して無方向的なものではなく、それじたいきわめて社会的な、限定されたものであるということである。衝動そのものを社会的なものとして解読しなくてはならない。たとえば、ある地位を会社から与えられた場合に、多かれ少なかれ不満が伴うのは、自分はもっと能力があるはずなのに認めてもらえていないというような不統合があるからである。しかし、不統合はそれがたんなる独りよがりでないとすれば、どこから生まれるのだろうか。それは会社がもっている評価と自己評価に差があるからだ。しかし自己評価は決して単独のものではない。それは彼／彼女の生活史の中での様々な他者との出会いの中で形成されたものである。つまり、準拠集団がちがっているだけで、いずれも社会的なのである。もし「I」の内部の衝動とされるものが本質的に社会的でないならば、どうして会社のなかの役割取得と不統合に陥ることができるのかがわからないであろう。ミードの

第5章　個体性とは何か ―主我と客我の循環をわがものにすること―

主題は、自我が古い自我から新しい自我へいかにして変革されるかということであった。彼は言う「いかなる自我も社会的自我である。しかし、自我はつねに役割取得する集団に制約されている。そして、この自我が放棄されるのは、それ自体がより大きな社会のなかに入り込み、そこにおいて自己を維持していくようになるようになってからである」[10]。役割取得する集団の中でもっとも近代社会で強力な権力を持つものは会社である。だから、自我、ことに外的客我は会社における役割取得に制約されている。もっとわかりやすく言えば、社命に制約されている。しかし、社命に制約されているとき、その働き手は十分な意味で「国際的精神」を持ちうるだろうか。ミードは否と答えるだろう。なぜか。会社は、歴史貫通的な視座からすれば、また、その近似値としての国際的精神の地平から見れば、自然と人間との物質代謝過程を媒介するひとつの装置である。物質代謝を資本主義は「競争と私的所有」によって支配しているのだ。会社を、人類の共同体の視点から見直す時、ぼくたちは利潤の領域を超えてものを見る。たとえば、「国際的精神」からみて各国の武器生産は利潤のために「死の商人」を生む不生産部門である。だから、ある国の武器生産や武器輸出を本当の「国際的精神」は支持しないだろう。すると、一方で国家暴力による抑止力論に賛同しながら他方で「国際的精神」をもつことは可能だろうか。それは不可能である。抑止力論にくみするか、それとも国際的精神をもつかは、まさしく究極の二者択一なのである。

　もし抑止力論を捨てて「国際的精神」から会社をとらえなおす場合には、資本主義の「I」と「Me」の関係が根源的に再組織されねばならない。まずは国民社会における企業の役割を「We」と「Us」の関係視点からつかみなおさねばならない。この場合、会社とはぼくたちにとって一体何であるのかが問われることになる。すると、一方的に専制権力で「Me」を決めつける力を会社がもつのは、いったんカッコに括られる必要があろう。専制権力は自明であると言い切ってはならない。だがそれだけではない。さらに加えて、「We」と「Us」は、戦争の危機を避けるために、「国際的精神」の視点から諸国民の敵対性を克服するべく精神内の不統合を乗り越えなくてはならない。これまでは会

社に従属し、それを自明視した「Me」を、より大きな「国際的精神」のもとで掴みなおし、専制権力下の「Me外的客我」に素直に順応してきた「I」を世界平和の観点から問い直すもう一つの「I」と対照させるならば、これら二つの「I」の不統合と緊張のなかから新しい統合的「I」が誕生する。当然「I」は単独で生まれるわけではないから、生産と分配を自分たちの責任と決定において遂行するような「We」が育ってくることと連携してようやく「I」が生まれると考えるしかない。このことはけっしてユートピアではない。反対である。いつまでも永久に労働者が会社の専制に従順であると前提しつづけることのほうがよほどニヒルな一面性に陥っている。「I」と「Me」は不断に変化するのである。

### おわりに

　ミードの自我論をおよそ以上のようにぼくは考えてみた。ミードには歴史論はないわけではないが、貧弱である。だが構造的な自我の特徴をよくつかんでいる。これにたいしてマルクスの個体論は、歴史的な視角の強いものであって、私人を否定する過程で個体が形成される点をよくつかんでいる。マルクスは『資本論草稿』でこう書いている。「諸個体の普遍的な発展のうえにきずかれた、諸個体の共同体的、社会的生産性を諸個体の社会的能として服属させることのうえにきづかれた自由な個体性」。ここにいう「自由な個体性」とは何であるのか。マルクスならばこう答えるだろう。生産諸条件を市場にゆだねることなく、人類に服属させる自由な人びとの連合に自己決定する主体として参加することであると。市場から共同体的社会的生産への歴史の展開のなかに個体が位置づけられる。しかし、これだけでは個体を外側から考えることはできても内側から考えることはまだできていない。あるものの否定は限定否定であり、限定否定こそが次なるものの内容をつくるはずである。では個体の積極的な規定とは何であろうか。個体を積極的に規定することができれば、その高みに立って、何のための社会主義なのかをはっきりさせることができるのではないだろうか。この点が突き詰めて自覚されていないから社会主義論は空回りし

てきたのである。

　消費生活の向上や経済成長の強さで社会主義を説明するのではなく、自我論から考えていってどういう社会が自我にとって適正かを考えるべきなのである。自我の内側から見て、人間とは何であるか。そして人間にとっていったいどういう社会がよいのか、それをミードの理論を発展させてつかんでいく必要があるのだ。

　この点から言うとミードの自我論は自我を内容から構造的に見ようとしたもので、歴史的視点が弱い。だからそこに、個体は私人の限定否定の結果であるというマルクス的視点を補足してやる必要がある。

　ミードの自我論は内容的、構造的であり、マルクスの「自由な個体性」論は歴史的、限定否定論的である。だからこれを統一することができれば内外的に十分な把握となる。私人の限定否定の結果生まれる個体が、いったいどういう自我構造を積極的にもつかが把握できるようになるはずだ。

　マルクスとミードは、ともにヘーゲルに学んで、自己意識の展開を社会の中で考えた。そして、自己意識の実現される条件をマルクスはアソシエーション社会に見た。ミードは「I」と「Me」が「We」と「Us」の形成と相似であることを原理的にとらえ、その発展を「国際的精神」に見た。マルクスの歴史的な視点、ミードの構造的な視点を与件とすれば、我々が欲しいのは歴史的にして同時に構造的な視点である。ゆえにこれら二人の学問的伝統が、非常に近接したものであることに注目して、両者を内的かつ外的につかみうる。我々が生きている状況において問題は常に動いている。ミード的視点からすれば、その都度の矛盾局面で労働者は、「I」と「Me」を「We」と「Us」の関係の中でわがものにしようとしている。社会がつねに大きな社会になる以上、我々は次々により大きな不統合をかかえこむようになっているから、新しい自我が生まれることは待ったなしの課題だ。ミードは問題をこのように構造的につかんでいる。これにたいしてマルクスは、「We」と「Us」が、バラバラな私人の中から階級社会というかたちをとって歴史的に生まれることを必然と見た。階級社会は一個の不幸ではあるが、この不幸を克服することなしには新しい個体性は誕生しないとい

うのがマルクス的視点である。

　では個体性とは何であるのか。定義に決着をつけなくてはならない。個体性とは、主我「I」と客我「Me」の循環をわがものとすることである。だが、述べてきたようにこの循環は資本主義の下では実現されえない。自分は自分ならぬものになり、自己実現は対象性をはく奪されるからだ。では、どこから循環を実現する可能性はうまれるのか。それはミードによれば経済的相互依存関係が発展するからである。相互依存は決して平穏なそれではなく、この基礎の上で戦争の危機が持続することは避けられない。だからこそ、循環の断絶をどうにかしなければ自己保存＝相互保存ができないという切迫へ我々は追い込まれ、そうであるがゆえに、またそこから「We」と「Us」は生まれるのである。同じことはマルクスからも言える。生産力が破壊力となって現れると『ドイツ・イデオロギー』でマルクスは書いた。自分たちがつくりだす生産諸力の総体が、戦争、環境破壊、経済的格差（柄谷行人）といったよそよそしい力となって現れることが条件となって「We」と「Us」は、労働の社会化（コンビネーション）がうみだす矛盾の中で鍛えられるのである[11]。

注
(1) G.H.Mead.（アメリカ　1863-1931）。代表作に『精神・自我・社会』1934年がある。
(2) 南博『日本的自我』岩波新書、1983年、2頁。
(3) ミード、山本雄二訳『精神・自我・社会』みすず書房、2021年、第37章、313頁。
(4) 同訳 235頁。
(5) ミード、G.H.、加藤一巳、宝月誠編『G・H・ミード プラグマティズムの展開』ミネルヴァ書房、2003年、所収。
(6) 同訳 181頁。
(7) ミード、船津衛、徳川直人編訳『社会的自我』恒星社厚生閣、1991年、14頁。
(8) クーリー、Ch.Horton,大橋幸、菊池美代志訳『社会組織論：拡大する意識の研究』青木書店、1970年、11頁。
(9) 徳川直人『G・H・ミードの社会理論』東北大学出版会、2006年、292頁。
(10) ミード、G.H.「自我の発生と社会的コントロール」1924-5年、前掲『社会的自我』73頁。
(11) 私は別稿「ビートルズ革命の世界史的意味」において「僕」「君」「彼／彼女」の非排他的関係が時空を超えて互いの粒を相乗しあう「We」と「Us」を生むメカニズムを扱った。『坊っちゃんの世界史像』（本の泉社、2024）を参照していただきたい。

第5章　個体性とは何か ―主我と客我の循環をわがものにすること―

# 第6章 二つのプライヴァシー

## はじめに

　個体性ということが理解できるようになると、現代でふつうに言われるプライヴァシー（私性）とそれがどうかかわるかが問題になってくる。ここで言うプライヴァシーとは、1890年のサミュエル・D・ワレンとルイス・ブランデイスの定義をもとに「一人でいさせてもらえる権利」(the right to be let alone) をさすものとしよう。この定義は、人間がポツンと部屋に座っているかのような印象を与えるけれども、意味するところはずっと積極的であり、およそ社会的で政治的な動物としての人間が大小さまざまな人びとに関わっていくための根拠地（時空的隔離）のようなものを指している。

　高度に分化した社会では、社会的個体であることはプライヴァシーを排除せず、両者は循環的にかかわっていかねばならない。個体とは、歴史変動の一つの達成であり、排他的な私的所有を超える概念であるが、プライヴァシー一般と矛盾するわけではない。だから個体性がプライヴァシーと相互にどうかかわるのかをここで考えてみたい。

## 1　公私二元論とプライヴァシー

　近代とはいったい何か、と問われる場合に、西洋リベラリズムの伝統では、公私二元論が採用される。この場合の「私」とは、私的所有の圏域のことである。これにたいして「公」とは、国家の領域のことである。これらふたつの領域は密接不可分である。国家がなければ私的所有をオーソライズできないという意味で、「私」は「公」を前提とする。だが、反対に「私」がなければ「公」はその存立目的を失う。というのも、「公」とは「私」を保障するために存立しているからだ。この意味で、近代という時代にあって機能からみると公私は不可分である。ところが、リベラリズムは、機能上の不可分性を認めながらも、

「公」からの「私」の独立性を主張する。「私」の「公」からの独立というドクトリンの起源は、おそらく前近代社会のアジールにまで遡るであろうが、いかなる国家権力といえども、正当な理由がなければアジールとしての「私」のなかへ踏み込むことはできなかった。いまも、警察が自宅にはいることは許容されない。アジールとは、したがって、私的所有であるからこその固有性なのである。たいてい自宅は小さいものであるが、たとえ見た目が大きくても阪急デパートの敷地のなかには警察は入れない。しかし、デパートの私有道は公道よりも広いことさえあるから、デパート側では警察の立ち入りを拒否して、ガードマンを雇っている。

　また、公的領域としての国家は、たとえその目的が私性の保障であるとしても、それ自体固有の存立の独立性をもつ。司法、立法、行政の各中央機関は、許可なく＜私人＞の立ち入りを認めない。公私二元論の枠組みでは、このように機能上両者が不可分であると同時に、領域としての圏域の独立性をもつ。だから、リベラリズムのもとでの国家権力からの自由は、王の不当な課税や徴兵に反対してきたその歴史から理解できる。私たちが近代のなかで勝ち取ってきた「私」の権利性は、このように公私二元論の枠組みで守られているのである。近代憲法によって保障されている基本的人権、居住地選択の自由、不逮捕の権利、信教と内面の自由などは、基本的には近代リベラリズムの成果である。

　しかし、忘れてはならぬことであるが、公私二元論は、歴史的に特殊な制約されたものにすぎない。というのも、公私二元論がどれほどブルジョア民主主義に貢献してきたものであるとしても、それはその本質からして、私的所有をなくすことはできないし、この結果、国家を廃止することもできないからだ。

　話を具体化するために、2020年の東京オリンピックの談合事件を例に挙げると、オリンピック委員会が発注する事業を請け負うために贈収賄をつかった私企業と国家の癒着構造が明るみに出た。一方に仕事を欲しがる私企業があり、他方に事業をやらせたい国家がある。両者は「公金私消」というメカニズムで結びついている。しかもこのメ

第6章　二つのプライヴァシー

カニズムは中央政府から地方自治体まで広がっている。もし公正な入札が行われるならば「公金私消」じたいが悪であるとまでは言えない。だが、こういう事件は、公私二元論のなかで「混合経済」が行われる限り、完全に排除するのは非常に困難になってくる。国家は集権的であるし、また私企業も独占化し、公私のエリートの中で恒常的な人的関係がうまれやすく、癒着になりやすいからだ。多かれ少なかれ、公私二元論の仕組みはこのような事件を引き起こす温床になっていると言っても過言ではあるまい。

とはいえ、オリンピック談合事件が起こっても、誰も公私二元制を廃止しようとは言わない。それは、自由企業体制を自明の前提にして現実の公私二元制が動いているからである。しかし、人権論の観点から言えばそれでは不十分である。もし、公正な契約がおこなわれていたとしても、「公金私消」そのものは続く。だから、絶えず、公正な入札が行われているかどうかを市民は監視しなければならない。それでも監視が行き届かず、絶えず事件の後で犯人が捕まるということしかできないならば、そのときには理屈から言えば公私二元制という体制そのものにメスを入れ、膿を出し切らねばなるまい。

ともあれ、談合問題は、もともと根源ではつながっていた近代の基本的人権上の市民の「私」性が私企業の営利活動を求める「私」性と分岐し、相互に独立化し、次第に二者闘争的になりつつあるということを示すものである。いわゆる、人権と「営業の秘密」は分離し、対立する関係にある。基本的人権としての市民の「私」性は、企業の「営業の秘密」とともに、国家からの自由というモメントを共有する。

だが、一部の企業が中央政府や自治体と癒着するという事態は、市民である「私」の権利を侵害している。それゆえに、市民である「私」は、民間企業の「私」性＝「営業の秘密」を無制限に認めることはできないし、それどころか企業と国家の関係を監視し、公論の力で制御するというところまで行かなくてはならない。そうなれば、革命とまでは言わないが、従来までリベラリズムが区別してこなかった「私」性一般は根本的に再編されることになるであろう。

私的所有の圏域があり、それを政治的に総括する公的領域があると

いう公私二元論的構造を前提にして保障される私性（プライヴァシー）を「垂直的私性」と呼ぶことにしよう。私人である市民が国家の不当な行動から身を守るために勝ち取ったものが「垂直的私性」である。具体的に言えば、市民や私人は一戸建てであろうと賃貸であろうと、住居はみな私有財産（公営住宅でも同じ扱いを要求できる）である。それはブルジョア社会だけの特徴というわけでは必ずしもない。おそらく旧共同体においてさえ、氏族や家族の居住（建物と土地）は共同体的所有の入会地や公有地とは異なる「永住権」が慣習的に承認されていただろう。それが私有財産制と相まって、現在の私性を構成するようになれば、警察といえども正当な理由なしには家（house）にはいれない。

　こうして、私たちの「私性」は市民の「私性」と私企業の「私性」の分離と対立といった問題をはらみながらも、全体として「垂直的私性」（国家からの私的なものの独立・自由）という特徴をもってきたのである。

　しかし、現代ではそれだけでは十分ではない。というのももうひとつ、「水平的私性」とでも呼ぶべき種類の「私性」があるからだ。

## 2　労資二元論とプライヴァシー

　ブルジョア社会は、歴史的に、資本主義社会になる。すると、垂直的私性の内部に資本と賃労働が現れる。国家との対比において、ひと括りにされてきた「私性」の内部は二つに割れる。「垂直的私性」はあいかわらず領域として国家から分離したままであるが、いまや、資本と賃労働という異質な二種類の私性が登場する。いわゆる資本の本源的蓄積の過程で、農村を追い出されて都市に流入した人々は、都市の工場に吸い寄せられた。このとき、資本も国家もたいした住宅政策を持たなかったから、人々はぼろ家に転がり込んだり、みすぼらしい小屋、屋根裏、穴ぐらなどに住まうことになった。つまり、労働者は「垂直的私性」を形式の上で与えられはしたが、彼らはまともな住まいを持ちえず、またそこに暮らすに十分な自由時間も持ちえなかった。このような惨状は産業革命後も変わらなかった。いな、むしろかつて小農民であった頃に比べて悪化した。「仕事とプライベート」という

場合の、プライベートの空間や時間は工場制度の下で資本に収奪されて一層貧困化した。労働者の私的な時間と空間は、まことに無残なほど貧弱であった。「資本が数世紀を費やして労働日をその標準的な最大限まで延長し、次にはまたこの限界を超えて12時間という自然日まで延長したのちに、いま、18世紀の最後の3分の1期における大工業の誕生以来、なだれのように激しい無制限な突進が起きた。風習と自然、年齢と性、昼と夜という限界は、ことごとく粉砕された。古い法規では農民のように単純だった昼と夜の概念でさえまったくあいまいになった」[1]。

　人間は休み眠らねばならない。そのほかにも、肉体的な欲望を満足させねばならない。食事をとり、風呂にはいり、さっぱりした衣服を着るといった欲望を満たさねばならない。「労働者は、精神的および社会的な諸欲望を満足させるために時間を必要とし、これらの欲望を満足させる数は一般的な文化水準によって規定されている」[2]。だから、人間的な欲望の最低限まで切り崩された労働者は、労働日の限界をめぐる闘争を起こした。それは工場法となって制度化し、産業部門や個別企業を制御するようになった。有名な「機械と大工業」の章でマルクスは労働日闘争について詳細な記述をしている。しかし、これは時間に関してだけでなく、空間に関しても見るべきヒントを与えている。「垂直的私性」は、非常に形式的なものであって、それは資本家も労働者も等しく私人（交換主体）であるというだけの民法的規定にすぎない。だから、労働者にとって、十分な自由時間（disposable time）と空間（private space）がなければ、現実の生活は馬車馬的暮らしと選ぶところがない。実際マルクスは『資本論』のなかで「自宅」とか「寝室」といった空間的要素に注目し、「家事の領域 die Sphäre des Hauswesens」[3]の歴史的変化に鋭い分析を加えている。

　私が言いたいのは、こういうことだ。すなわち、労働者階級の私生活とは、工場法によってはじめて成立した。それは、私有財産によってではなくて、その反対に私有財産の自由な活動を民主主義の力によって制御することによって、資本に対して勝ち取られたのである。労働者の私生活は、それが近代社会のプライバシーである限りでは、

国家と市民の間の関係であり、いわば「垂直的私性」という一面をもつ。だが、その具体的な歴史的変化を考慮すると、それは資本と賃労働の二元性のなかでの工場法以降のものであり、資本に対する労働者のコントロールに関わる、いわば「水平的私性」の所産である。

ふたつの私性の間には複雑な関連がある。それは、「垂直的私性」が「水平的私性」に好循環を与え、「水平的私性」が「垂直的私性」を強化するという面をもつ。しかし、それにもかかわらず両者がよって立つ原理は明白に異なる。なぜなら、「垂直的私性」は、私的所有に立脚したリベラリズムの原理であるのにたいして、「水平的私性」は、ブルジョア的リベラリズムに抗し、資本からの自由を一層強め、資本をコントロールしようと脱資本原理であるからだ。

### 3 個体的であることと私的であること

以上の考察から何が言えるであろうか。マルクスの個体や個体的所有の概念は、一部の論者が誤って言うような、消費手段に関わる部分的概念ではない。マルクスは、「私的所有は再建しないが、個体的所有を再建する」と論じた。もし、所有の対象が消費手段のことであるならば、それを「再建」することはできない。なぜなら、たといかに不十分であったとしても、労働者の私性は、マルクスが認めているように、時間的にも空間的にも工場法後に成立したものであるからである。工場法以降の国際的社会権法の発展を考慮すれば一層明白であるように、労働者階級の私性は、資本主義の時代において、それを制御する力として、ますます豊かなものになってきた。だから、「個体的所有の再建」とされるのは、小経営の時代に存在し、資本主義になってはく奪された、生産手段にたいする直接労働者のコントロールの権利である。そして、労働者による生産手段に対するコントロールが実現するということは、裏から言えば、労働力商品化が廃棄されるということであるから、自己の労働活動に対する指揮監督の権限（労働処分権）は、高度に発展した協業と分業の基礎の上で「再建」される。

先にみたように、賃労働者の自由は「垂直的私性」（公私二元論）と「水平的私性」（労資二元論）の制約を受けている。しかし、前者は、リ

第6章 二つのプライヴァシー

ベラリズムの原理であり、窮極的には生産手段の私的所有の原理に立脚する。これにたいして、後者は、反対に、労働者の資本にたいするコントロールの原理に立脚する。後者（水平的私性）は私的所有を再建せず、労働者による生産手段の個体的所有の再建のための基礎となる。個体的所有の再建は究極的には、資本による自由な私的活動を完全に廃棄するものである。

　もし以上のような分析が妥当するとすれば、近代憲法で保障されてきた人権カテゴリー、表現の自由、内面の自由、職業選択の自由、居住地選択の自由など、総じて人間の私権の自由は、個体の再建によって、その万分の1でも失われるだろうか。そうではあるまい。なぜならば、私権は、公私二元論の枠内のものであって、国家との緊張と闘争のなかでかろうじて維持されてきたものばかりである。だから、私権としての人権は、多かれ少なかれ、私人の財産の多寡によって根本的に制約されたものであり、万人に開かれたものではなかった。近代政治の目的は、公私二元論の維持であって、この「私」の維持は労資二元論の維持にほかならない。その意味で、公私二元論と労資二元論は不可分なのである。そうであるからこそ、公私二元論に制約されたプライヴァシーを万人に開き、徹底するためには労資二元論の圧力で切り縮められざるを得ないプライヴァシーを脱資本の原理に則って解放するしかないのだ。


　**おわりに**

　いま、国民社会を超えて公私二元論を表象すると、近代世界システムは、公私二元論と労資二元論という縦軸と横軸の組み合わせである。ところで、一般的に新自由主義は垂直的私性のみを強調して、水平的私性を解体する傾向がある。リベラリズムの原理によって脱資本の動きを解体するからである。まさにこうした傾向が、自由権と社会権を具備した「世界人権宣言」1848を日々侵食しているのである。これにたいして、個体は、それが再建されることによって、万人の「私性」を解放する。なぜならば、垂直的私性を批判的に受けつぎつつ、水平

的私性をますます強化するのが個体の固有性だからである。ここに至ると万人の「私性」は個体のうえに立脚した「私性」である。個体性とは、何よりもまず、社会的生産手段の共同のコントロールに参加し、自分が自分たちの決定に加わることなのである。

　ある人は拙著『近代社会と個人＜私人＞を超えて』を読んで、近代的プライバシーが個体という美名のもとに破壊される恐れがありはしないかと忠告してくれた。ありがたいアドヴァイスである。だがこれは杞憂である。ヘーゲルは、共同性というとすぐに自我が抑圧されはせぬかとおびえるのは、本当の自由で自発的な共同性を知らないからだと抗議し、哲学を悟性的偏見から擁護した。自我の自由と共同性の弁証法的構成とは、言うは易し行うは難しであるかもしれない。それでも、私性はいつまでも同じ存立構造のなかにあるわけではない。私性は私的所有の派生態から個体の所有の派生態に転化する。いつまでも、抽象的な私性に閉じこもるだけでは、決して、人は自由にはなりえない。私的所有に立脚した私性は一つの歴史的所産である。これを個体的所有に立脚した私性へと構造転換させることが、ほかならぬわれわれの実践的課題であり、私性（プライヴァシー）は個体の上に位置づけ直されて人類の人権の遺産として残り続けるであろう。

## 注

(1) Marx,K,*MEW*,Bd.23,S.294,マルクス、K.、マルクス＝エンゲルス全集刊行委員会訳『資本論』1巻、大月書店、1968年、364-365頁。
(2) *Ibid.*,SS.246-7, 訳 302 頁。
(3) *MEGA* Ⅱ/10, S.441.

# 第7章　私人・自然人・法人

## はじめに

　近代社会は私人から始まった。近代社会は、それまで差別されていた私人 private person を解放した。公民である政治家と公務員はすべて、論理的前提である私人たちのなかから選ばれるのだから、私人の解放は万人の解放であった。ところが、私人が資本家と労働者に分かれると、ここに会社が生まれた。会社は自由な私人たちの合資によってなりたつ集合的実体である。これを、法人 juridical person と呼ぶ。法人という概念が生まれたとき、反照的に自然人 natural person という概念が生まれた。私人のうち、会社は人間がつくったものだが、個別的な人間は自然がつくったものであるからだ。この二つの概念が生まれるまでは、法的主体と言えば自然人だけであったが、法人が登場すると、この集合体も契約の主体として規定されることになった。しかし、法人はたんに経済領域の契約主体にとどまることなく、自然人と同等の権利を主張し始める。法というものは、もともと支配者の都合に合わせて体制を維持するためのものである。したがって、多かれ少なかれどこの国でも、司法は法人の法的主体としての限界を広げ、その正当性を主張する傾向がある。

　こうして、私人が抱えている内在的な問題は、階級的問題として現れるばかりでなく、自然人と法人の異同の問題としても現れるようになった。

## 1　八幡製鉄政治献金事件

　1970年に「八幡製鉄政治献金事件」が起こった。これは株主である有田勉三郎が、八幡製鉄が会社名で行った自民党への350万円の献金を憲法違反であるとして訴えた事件である。一審は違憲、二審は合憲となり、最高裁は献金を合憲とした[1]。これはなぜ政治献金が禁止さ

れないかの根拠になっている。

　争点は以下の3点であった。1. 政治献金が会社の定款所定の目的（権利能力）の範囲内か、2. 参政権との関連で憲法違反を構成するか、3. 取締役の忠実義務に反するか。

　最高裁は1について、政治献金は会社の権利能力の範囲内である。2. 会社は自然人 natural person=private person と同様、社会の構成単位であり、社会的作用を負担せざるを得ない。その負担は企業の円滑な発展に効果があり、間接的ではあるが、（定款所定の）目的遂行上必要といえる。政治献金は政党政治の健全な発展に協力することであって、社会的実在たる会社にとっては当然の行為として期待される。会社は自然人同様、納税者たる立場において政治的意見を表明することを禁止する理由はない。3. 取締役の忠実義務に違反しない、とした。

　学界の通説は、最高裁判決の結論を支持しているそうだが、当時、会社による政治献金を肯定する鈴木竹雄とこれを憲法違反として否定する富山康吉の両者が論戦を繰り広げた。この結果前者が判決を追認する学説となっている。富山康吉の1975年時点での研究[2] によると、会社の政治献金にかんする判例はアメリカに2件あるのみである（1904,1907）。当時のアメリカでは会社は政治献金を禁じられた。しかし、後述するように、アメリカの最高裁はのちにこれを覆す判決をだした。この問題を 1970年当時から富山の側に立って取り上げた憲法学者樋口陽一は、井上ひさしとの共著[3] で、「法人の人権」概念に改めて疑問を投げかけ、個人 person,individual だけに人権があることを強調し、「法人の人権」ではなく、「法人からの人権」こそが大事だと問題提起をおこなった。 私は、樋口の一連の個人論を好んで読むので、この点をもう少し考察しておこう。樋口は、フランス革命の人権論を規範化する立場から、「法人の人権」を私人という経済領域において契約の主体として認定する。これは近代としては当然であろう。しかし、法人を政治的主体として認めるべきではないと樋口は言う。私の見るところ、人権宣言1789もフランス民法典 1804 も、私人から法人が発生する事実経過を許容したのであって、ここには私的労働の組織化という事実史における連続性が背景にあり、その後株式会

第7章　私人・自然人・法人

社が一般化したあとになると、ちょうど私人が自己労働の成果をわがものとしたのと同じ類比から、会社が剰余価値をわがものにした結果を会社名において政治献金することが承認されたのである。

家族経営が株式会社と分離したとき、株式会社は、家族経営と違って、独立した財政構造をもつようになった。自然人としての私人が小経営にもとづいて自由に政治活動する分には誰も文句を言いはしない。だが、経営体が独立した財政構造をとるに至り、取締役会が会社を代表して、また会社の名において、個別的な株主や個別的労働者の意志に反して企業献金をおこなう場合、これは合法であろうか。

すぐれて現代資本主義的なこの問題領域が露になったとき、自然人と法人の境界が問われた。最高裁の法理は、会社の取締役会が企業利益の追求のために行う企業献金は合理的であると判断した。最高裁は、ちょうど私人が人権主体として特定政党に献金するのと同じ合理性をもつ、と考えたのである。私人は私企業と類比される。これは資本主義に内在する傾向である。私人が金をためて私企業を創設し、それを株式会社に登記するのは、事実史的な発展である。しかし他方で、株式会社が成立した時点でたんなる私企業ではないから、新しい民主主義が台頭しもする。樋口が主張するように、資本主義の株式会社段階に対応する現代民主主義の地平では、自然人と法人を同一視せず、厳密に区別すべきであり、とりわけ政治活動の主体は自然人に限定されるべきだという議論が成り立ちうる。

八幡製鉄事件から半世紀たった今もこの課題は残っている。否、企業献金の問題はますます熾烈な争点となって来た。そのたびに、自民党は1970年の最高裁判決を引いて、企業献金を擁護する。

この意味で私は、樋口と同じく、最高裁判決を支持しない。資本主義において、「自然人としての私人」と「法人としての私人」を厳密に分けることには、合理性がある。もし、取締役会のメンバーが特定政党に献金したいのならば、メンバーはあくまでも自然人として、すなわち一人の私人として自分のポケットマネーから献金すべきなのである。それは自分の所得からなされるべきことであり、会社の資金によるべきではない。より原理的に言えば、会社の資金はもともと複数の

株式所有者からの出資をもとにしている。そもそも剰余価値は労働者から搾取された金であるという点にふれないとしても、資本主義的取得様式のもとでは、会社の資金は会社に帰属する。会社の資金を通常の経済投資に使うことは法人の自由である。しかし、会社組織として、会社の名において会社資金を政治献金にすることは、出資者の多様性に照らして、認められてよいはずはない。

20世紀の初頭のアメリカの法理はそうだった。大衆が株主になることができる現代において、政治主体は当然ながら自然人である個々の私人に限定されるべきであり、集団的実体としての法人は「有権者」の範囲から除外されるべきである。しかし、必ずしも現代の法理はそれを認めない。だからここに資本主義と現代民主主義の境界があり、現代民主主義の争点となっているのだ。

## 2 アメリカの最高裁は会社の政治活動をどう考えているのか

富山康吉が20世紀初頭のアメリカの二つの判例に言及して以降、同じ論点はどういうふうに取り扱われているだろうか。2010年アメリカで会社の政治活動に対する判決が出た。「Citizens United v. Federal Election Commission, 558 U.S. 310 (2010)」は、選挙資金と言論の自由の関係に関する米国最高裁の画期的な判決である。2009年に法廷闘争が始まり、2010年にこの判決が下された。米最高裁判所は、憲法修正第1条の言論の自由条項を論拠にして、非営利法人、労働組合、その他の団体を含む企業による政治運動のための独立支出を政府が制限することを禁止しているとした。つまり、アメリカの判決は、企業献金を許容する点で、日本の最高裁と同じである。

この裁判は、保守系NPOであるシチズンズ・ユナイテッドが、2008年の民主党予備選挙の直前に、当時の民主党大統領候補ヒラリー・クリントンを批判する映画の放映・広告を求めたことから始まった。下位法は、企業、非営利団体、労働組合が、予備選挙から30日以内、選挙から60日以内に『政治的コミュニケーション』を行ったり、候補者の当選や敗北を擁護するような支出を行ったりすることを禁じている。シチズンズ・ユナイテッドはこの法律の合憲性に異議を唱え、そ

の裁判は最高裁に持ち込まれた。アンソニー・ケネディ準司令官は、他の4人の裁判官と共に多数意見を述べ、超党派選挙改革法が企業や組合による独立支出をすべて禁止していることは、憲法修正第1条の言論の自由の保護に違反すると判断した。この判決は、企業のアイデンティティによって言論関連支出に異なる制限を認めていた Austin v. Michigan Chamber of Commerce（1990年）、および選挙支援コミュニケーションに対する企業の支出を制限していたMcConnell v. FEC（2003年）の一部を覆したものであった[4]。

この判決により、労働組合、信託基金、企業が選挙広報活動に資金を支出し、候補者の当選や敗北を直接擁護することが自由になった。ジョン・ポール・スティーブンス準判事は反対意見を出した中で、この判決は『企業が自国の政府を弱体化させることを防ぐ必要性を認識していたアメリカ国民の常識を否定するもの』であると鋭く批判した。この判決は依然として大きな議論を呼んでおり、様々な団体から強い支持と反対を受けている。

ミッチ・マコーネル上院議員はこの判決を称賛し、『憲法修正第1条の権利を回復する方向への重要な一歩』であると主張した。一方、バラク・オバマ大統領は、この判決は『ワシントンにおける特別利益とそのロビイストにさらなる力を与える』と述べた。

この判決は選挙資金に関する転換点となり、企業と労働組合による選挙資金の無制限な使用を認め、スーパーPAC（2010,特別政治活動委員会）の台頭を促進させるものとなった。スーパーPACとは、非公開の手段で政党や候補者個人のために無制限の献金を許すという点で『スーパー』である。マッカチョン対FEC裁判（2014年）を含むロバーツ法廷によるその後の判決は、他の選挙資金規制をも打ち砕くことになる。この事件の長期的な影響力はまだわからないが、学者や政治学者は、「シチズンズ・ユナイテッド判決が共和党候補の選挙での成功に圧倒的に有利に働いたと結論付けている」[5]。ここに見るように、アメリカでは法人（会社）は、圧倒的資金力をもつにもかかわらず労組、NPOなどと同列化され、政治献金と政治的言論活動は憲法で保障されているわけである。

注目すべきは、私人を私企業に類比するアメリカ・リベラリズムの思考様式である。ここから帰結する市民権一辺倒の理解がまずあって、この法理を労組やＮＰＯにも適用するという理解である。しかし、政治的主体を自然人としての私人に限定し、法人も労組もＮＰＯも政治的主体としては認めないと論じる余地はあるのだから、アメリカの最高裁判決は反動的なものであると私は考える。だが、おそらく私のような主張はアメリカでは通用しない。ともあれ、市民の政治思想的な多様性が前提になっている現代社会で、法人や労組やNPOが特定政党へ企業・団体献金を行うこと自体に無理があり、自然人の政治活動だけを認める方向へ改革すべきであろう。この点で私は樋口の意見に限りなく近く、フランス革命の人権論の規範的基礎になっている個体的私的所有の論理で、法人人権説を批判する必要はなお消えていないと考える。

　ここで古典的名著とされるA.A.バーリー、G.C.ミーンズの『近代株式会社と私的所有』1932の論旨をこの文脈で扱うならば、彼らは所有からの経営（支配）の分離を論証した。だからといって取締役会（経営者）が株主（所有者）の制約から自由に政治献金をして良いと論じたわけではない。しかし、経営者が政治的主体になることを禁じるような論理をたてたわけでもなかった。この著作の古典的価値は認めるが経営者支配の政治的意味を認めるかどうかを扱わなかった点で、画竜点睛を欠くというべきかもしれない。

### 3　会社の自然人化

　会社は契約主体であるけれども、法人を自然人に類比することはあくまでも経済領域に限定して考えるべきである。ところが、事実としては、日本でもアメリカでも、会社はますます広い領域で自然人と同等の存在となり、「法人の自然人化」が進んでいる。「法人の自然人化」と呼ぶのは、無根拠におこなわれてきたのではなく、私人が私企業へ発展したという事実史を物質的な根拠にしている。私的労働が小経営に立脚する時代から、資本が成立して賃労働が組織される時代へ移行したとき、ことに株式会社が成立したとき、私人（自然人）と法人

をどう切り分けるかという理論的な問題が発生した。Oxford English Dictionary1989では、自然人と法人を区別した最初の使用法は1765年と記している。じっさい、このころから両者は区別されたのであった。しかし、この区別の理論的意義がはっきりしたわけではなかった。自然人と法人は、神によってつくられたものと人間がつくったものとの区別にすぎず、法人は自然人と同じ人権をもつのだというふうに同一化されたのであった。

21世紀は新自由主義の時代である。すると、「法人の自然人化」はますます強力にすすめられ、そればかりか、労働者もまた私人としての規定に一元化される。もともと自然人という概念は歴史的な概念である。ゆえにそこにはひとつの転倒が含まれている。すなわち、人の作為によって作られた人間類型が自然人とみなされるという転倒である。だがそれにもかかわらず、新自由主義のもとでは「法人の自然化」は最高度に高まると同時に「自然人の法人化」も発展する。

樋口のような問題提起が改めて新鮮になるのは、我々が新自由主義的な発展を前にして、自然人と法人の分化以前の自然人の在り方になんらかの健全さを感じるからである。

## 4　これからの課題：「自然人と法人の対立」から「私人と個体の対立」へ

しかしながら、法人出現以前の自然人へ帰れば事は解決するのだろうか。そうではあるまい。歴史的に分化が遂げられた以上、解決もまた歴史主義的になされるはずである。ではこれからどうするか。まず、自然人と法人の対立をクリアーにする課題がある。企業献金が最高裁によって合法化されているという問題状況から出発するとき、現代の対抗戦略は次の二段階になる。

第一段階は、富山庚吉と樋口陽一が示しているように、自然人と法人の対立を論理化することである。自然人と法人の対立という問題提起は、50年以上前からあるが、最高裁の同一性論によって阻まれてきた。しかし、理論は古くても実践は新しいということはできる。これが現代民主主義の第一の課題である。これは、体制の経済的基盤をた

ちきるものであり、ちょうどカトリックの免罪符が批判された時のように、現代のカトリック教会たる自由主義政党の経済的基盤はこれで相当弱体化するであろう。

　しかし、問題はこれに尽きない。なぜなら、自然人を基礎にした政治活動という規範は、いわばフランス革命的な民主主義まで時間を巻き戻すだけである。これは、企業献金など存在しなかった小経営者時代の古典的自由主義デモクラシーへ復帰するだけである。問題はおそらくそんなところにはない。もっと進んでいる。この限りで、樋口の個人論の理論的射程は意外に狭いように思う。そこで、

　第二段階は、分化に沿った現代民主主義の焦点移動についていくことである。それは、私人という意味の自然人を生身の個人に限定して考えるだけではなく、私人＝自然人そのものを超克することに求められる。すなわち、歴史的な範疇としての自然人＝私人を端的に乗り越えることつまり、個体の再建こそが次の課題になる。

## おわりに

　すでにその兆候はあちこちに姿を現している。たとえば、法人税を引き上げよという運動がある。企業の内部留保に課税せよという運動がある。ひるがえって、最低賃金を時給1500円に引き上げようという運動がある。働き方改革を真の働き方改革にしようとする運動がある。電通で起きた高橋まつりさん（当時24歳）過労死事件をふたたびださない社会をつくろうという運動もある[6]。これらは、剰余価値／賃金の境目の問題領域に直接間接に関わっていて、私人＝自然人としての企業と対峙しつつ、この地平を超えて「自由な個体性 freie Individualität」を樹立するための、もっともラディカルな切迫した問題提起である。

　樋口の言う「法人からの人権」は法人をコントロールする諸個体の力を要請する。ここにこそ、私人と個体の対立の具体的な現場があるといわねばならない。いまや私たちは、新しい歴史的ページに際会しており、したがって前人未到の私人＝自然人の超克の課題を前にしている。こうした斬新な歴史認識にたって、このことを学問的に理論化

することが望まれていると言えるだろう。

**注**
(1) 最高裁判所大法廷判決、1970年6月24日、民集24巻6号、625頁／判時596号3頁。
(2) 富山康吉『現代商法学の課題』成文堂、1975年。
(3) 樋口陽一、井上ひさし『「日本国憲法」を読み直す』岩波現代文庫、2014年。
(4) Citizens United v. FEC, 558 U.S. 310（2010）, Justia US Supreme Court Center
(5) Citizens United v. FEC – https://www.fec.gov>court-cases を参照。
(6) 川人博『過労死・ハラスメントのない社会を』日本評論社、2022年。

# 第8章 私人・兵営的規律・代議制

## はじめに

　公私二元論と労資二元論という二つの枠組をそれぞれ分節化し、より基礎的なものからより上層的なものへ並べると、私人（私法）・兵営的規律・代議制という三層を考えることができる。ふつう土台／上部構造と言われるものの特殊歴史的な形態は私人・兵営的規律／代議制というふうに組みなおすことができる。このことによって、現代を生きる私たちがいかに強く、また無意識のうちに西洋思想史の主題の内部で生きているかを、あらためて考えてみたい。

## 1　私法の支配

　一般に、近代社会を法的に体系づけるのは公私二元的な法である。公法とは私人と国家の関係を規制するのに対して、私法は私人間の関係を規制する。20世紀に広がった社会法は国家が私人間に介入するもので、これ自体が画期的な意味を持った。

　私法・社会法・公法と並べた場合、私法Privatgesetzは、憲法や社会法の介入を嫌う傾向がある。憲法や社会法は工場の門前で立ち止まると言われる。それどころか憲法を私法に従属させようとする傾向も生まれる。日本国憲法改正の試みは、私法一元論から動機づけられる。だが、これらの介入を排除することが難しくなると、資本は、できるだけそれらを与件として取り込み、「コンプライアンス」などと呼んで、計算合理性の内部で事案を処理しようとする。

　新自由主義のもとで強調される「法の支配」は、法の二元論的な構成の維持のために、私法のモメントを強化する。私法は所有権法を核とする私人（Privatmensch）による支配を正当化するものである。歴史の変化にともなって私人は、資本家と労働者と小経営者および地主などの諸階級を含むようになる。だから、私法の支配は内容的には資本

の他の階級に対する支配にほかならない。

　私人が多数を占める社会は、民間社会という意味の市民社会である。17世紀に人は私人たろうとしたが、21世紀に人は私人たらざるをえない。私人が労働力を販売するようになると、無個性で特別の売り（セールス・ポイント）を持たない人は、平均的な市場価格以上の高値で自分を売ることができない。だから、大多数の人々は少しでも個性的になろうとする。高校生になると文系とか理系に分かれるのは、資本が安いコストで人を作ろうとするからであるが、同時に大衆の側でも付加価値を増やそうという幻想を抱くからだ。大学はいっそう多くの枝分かれした学部編成となっているが、それは狭く、より細分化したコースを設定した方がコスパが安くなるからだ。現代人は「コスパ」や「タイパ」を強く意識するのだが、事物を処理するだけでなく、自分自身がそうした「コスト」感覚に縛られやすい。

　市民社会の成員は私人であるから、皆、利益と名誉を強制されるエゴイストたらざるをえない。それは、ホッブズが『リヴァイアサン』1651で語ったように、私人こそが近代の自由を切り開くからである。利益と名誉を求める私人の本性を誰も笑うことができないのは、それがたんなる心理的事実ではないからだ。分業の結果骨がらみで融通の効かぬ人間が大量に生産されると、タコツボに入って他人が見えなくなる。するとコミュニケーション的能力が衰退する。

　武者小路実篤は1941年に「この道より我を生かす道なし　この道を歩く」と色紙に書いた（『無車詩集』）。一人の作家が自分は小説の道で大成したいと考えるのは勝手である。だが、作家ばかりでなく、すべての職業人Berufsmenschが「なるほどそのとおりだ」と痛く感銘を受ける傾向は強い。いろいろなことがらに関心をもつ人間性はかえりみられないどころか、「中途半端」「ディレッタンティズム」「器用貧乏」などと言われてしまう。それは、スペシャリストが期待されるからである。より細い「我を生かす道」を探求していくということは、あれこれの政治イデオロギーなどよりもずっと強力である。左翼や右翼に関係なく、人はプロフェッショナリズムに感染してしまう。

　エリートも大衆も右も左も、「我が道」を子どもに誇りたがる。そ

の理由は、「労働力の商品化」である。資本主義社会では、できるだけコストをさげてよいものをつくることが鉄則だ。何もかも促成栽培でなければならない。人間も同一の法則でつくられる。分業の弊害といえばそれまでであるが、「我が道」主義が蔓延すればするほど、それだけ一層人は私人化するから「私法の支配」は容易になる。

## 2 兵営的規律

　私人化した労働者（個別的労働者）は仕事に情熱を持てば持つほど、それだけ一層「我が道」主義に陥る。個別的労働者は、資本の下に買い取られて、「結合された労働Kombination」へと編成されねばならない。資本主義の工場には、上中下の、監督労働と産業兵士との労働の分割があるから、その秩序をたもつために、工場就業規則Fabrik kodexを決めている。就業規則は、ひとつの兵営的規律eine kassemen massige Disziplinである。兵営的規律は、資本の工場内支配を指す。

　タイム・カードを入れ、一日の仕事を開始して、少し調子に乗ったところで昼休みに食事をして、終業まで精を出し、またタイム・カードを入れて退社する。40年これを続ける。途中で学び直したり、旅行したり、大学に進学（再入学）するチャンスはまずない。これもコストの論理から帰結する。

　もちろん、兵営的規律をそのまま社会運動の規律とすることはできない。レーニンは、工場の規律を「やすやすと身につけた労働者」がその組織性によって資本主義を変革する能力を持つかのように勘違いした。兵営的規律は、その本質上資本が労働者に押し付けたものである。お仕着せはお仕着せであり、自分で選んだ服ではない。ロシアで繰り返し専制主義despotismが出てくるのは、ソ連で兵営的規律を解体せず、かえって温存したからだ。すると、人々の権威主義的パーソナリティが再生産されるから、容易には民主化が進まない。ロシア通が言う通り、プーチンが死んだら別のプーチンが出てくるだけだ。100年河清を待つような話ではあるが、たえざるロシアの民主化が戦争を止める条件である。

## 3　代議制民主主義

　公私二元論のもとでは私人と公民の分離が起こる。その上で私人としての資本家は、私法で支配を固める。

　「就業規則のなかでは資本は自分の労働者にたいする自分の専制Autokratieを、よそではブルジョアジーがあんなに愛好する分権Teilung der Gewaltsもそれ以上に愛好する代議制Repräsentativ-systemもなしに、私法Privatgesetzとして自分がかってに定式化している」[1]。

　資本は私法に依拠して自己の専制（AutokratieまたはDespotism）を確立する。ここさえ守ることができれば、いわゆる政治社会civil societyの領域で三権分立をとり、また代表制民主主義を取ることは赤ん坊の手をひねるほど簡単なことだ。国民主権にもかかわらず、ではなく、国民主権ゆえに資本の専制は確立する。
　なぜ、人々は政治社会で投票voteするのか。それは人が私人であるからだ。私人は職業人であるから、ビジネス専従である。私事を追求する人が同時に公共事を追求することはできない。私事をそのまま国会に持ち込むことは個別利害の持ち込みであり、原則上排除される。丸山眞男は、「民主主義は・・・非政治的市民の政治的関心によって・・・はじめて支えられる」[2]と言った。だが、これは公私二元論の表現たる代議制民主主義については妥当するとしても、もっと進んだ民主主義、代議制を超えた代理制民主主義または直接民主主義には当てはまらない。なぜなら、ルソーもマルクスも私人と公民の分離をアウフヘーベンしようとするからだ。民間領域を私的所有と競争の領域から個体的所有にもとづくコミュニケーションの領域へ変えれば、この止揚は達成される。公私二元論が消えれば、政党も不要となる。
　私人が支配する近代社会は、公私二元論なので、私人から公民（政治家と公務員）を選抜しなくてはならない。そうでなければ、一人の人間が同時に私人でありかつ公民であることになり、公私二元論が崩壊する。投票は、非政治的人間としての私人が、私人であり続けなくてはならずまた同時に私人の中から公民を選ばねばならないという対

立の和解策である。代議制民主主義は近代的公私二元論の表現に過ぎないとマルクスは論じた。

　代議制システムの下での国民主権というのは、365日国民を私人として働かせて、投票日に5秒だけ他人の名前を書かせて、終わったらすぐに私人へ立ち返らせるということだ。このわずか5秒に、どの人の名前を書くかということが、近代の政治的行為である。

　ルソーやマルクスなど、近代を越えようとした思想家は決して「議会主義」を選ばない。代議制を最終的に廃棄しなければ人間解放は達成できない。会社の社長や管理職を選挙で選ぶどころか、それをも超えて、ふつうの人々が民間領域を自主管理できるようになれば（それはすでに私的所有の廃棄を意味するが）国会など無用である。

## おわりに

　人間がコスパの論理で作られる限り、人は私人である。私人であれば、工場でコンビネーションに組み込まれる。資本はコンビネーションを私法で統制できる。

　そうである限り労働者は自分たちで自分たちを自発的に関係づけることができない。資本は私法によって工場を所有するから、社員が会社の中で社長を選ぶ一票をもつことはできない。政治社会は国民の持ち物であるのに対して、会社は社長の持ち物であるからだ。社員は社長の付属物でしかない。社長の財産を保証するのが私法である。私法のもとでは社長の持ち物を傷つければ、器物損壊である。だが、個体的所有が実現されれば、会社は共同の使用物となり、「皆」の持ち物になる。

　私人―兵営的規律―代議制は有機的につながり合っている。だからこそブルジョアジーは、モンテスキュー以来の「法の精神」にしたがうことを愛するし、それ以上に代議制システムを好む。

　フェビアン主義以来、議会を通じて社会主義に移行できるという考え方がある。晩年のエンゲルスも同じようなことを言った。しかし、イギリス労働党が社会主義を達成したことは一度もないし、ドイツ社

会民主党はナチスに敗退した。にもか関わらず投票によって社会主義に移行できるというテーゼは消えない。それには理由がある。国家への武器の集中のためにますます暴力革命が困難になるがゆえに変革の唯一の可能性は議会を通じるものとなる。だが、その反面で、議会はそれ自体が公私二元論の表現なので、「議会主義」で近代を乗り越えうるかは大きな難問ともなる。代議制を直接民主主義で乗り越えるというのは近代から超近代への移行を象徴する論理である。だが、公私二元論を使って公私二元論を乗り越えることなど果たして可能なのか。もちろん、直接民主主義を導入すると言っても、ひとまずその導入の是非を代議制で決める以外に道はない。だが、国民代表はそれを喜ぶだろうか。ゆえに、近代＝公私二元論を乗り越える可能性はまだ社会科学で実証されていない。それでも歴史的にはまだ何の裏づけもないこの実験に挑むほかないのが現代人の実情だ。

　議会を利用する変革論が公私二元論に吸収される恐れは常にある。この轍を踏まぬためには、幅広い社会文化運動を伴う議会外運動が出てこないとダメであろう。自由な教育、労働者の自由な再教育、メディアの解放などが保障され、狭くて細い私人型労働者がますます解体されていかなければ、「分断」を受容する「無知」は生き続ける。

　労働者を私人にしたままで、わずかに4年のうち5秒の政治的行為に頼るのは、いかにも望みが薄い。ブルジョアジーは「議会制」と「法の精神」1745によってかれこれ300年以上の長期にわたって統治してきたのである。「党と国家の融合」（レーニン）よりも、まだしも三権分立の方が安心できる。立法権を徐々に直接民主主義へ置き換えれば良い（多党制から一人一党へ）。だが、司法と行政はどうするか。ブルジョアジーが愛好した支配の枠組みを超えるためにははるかな想像力がなければ設計できない。

　冒頭に武者小路実篤の言葉を考えた。「この道」の選択は重い課題である。しかも、人は若い時に「この道」を選ぶのではない。むしろ選ばされるのだ。そして、会社に入ると適当に配属先がきめられて、そこへ押し込まれて、最初はやりたくもなかったことがだんだん好きになる。そして10年もたてば、もうよその道へ転向する元気を失う。

妻子がいたらなおさらだ。他のことをやりたくなくなるのではない。やれなくなるのだ。社会的分業のふり幅が千も万もあるのに、そのなかで自己が身を置く場所はたった一箇所にすぎない。それが、現代の協業と分業の体系である。資本は労働力商品の養育費を徹底して削減する。そこにはめ込まれた人々は武者小路のようにものごとを捉える。資本は労働力商品の養育費を徹底して削減する。人はいやいやながらでは必ずしもなく、積極的に「我が道」を磨こうとするようになる。それこそが人間が私人であるという意味だ。

　私人を前提にして、労働力の商品化―兵営的規律―代議制システムはできている。近代社会の総体はこのように組み立てられている。三権分立や代議制民主制度は商品化と工場の支配を押し隠す葉っぱである。だからこそ、ブルジョアジーはそれらを愛好する。労働者が私人として、どこかの工場に納まり、四六時中仕事のことで精一杯になっておれば、大所高所から世界はこうあるべきだとか、日本は世界の中でこう発言すべきだとか、そういう意味での政策決定能力は身につかない。だから、中身がないので、誰か政治の玄人に任せる。会社の重要事項は上に任せる。投票日には、投票用紙に会ったこともない人の名前を書く。これが有権者の実態だ。国民主権とはもともとそういう制度である。

　「価値生産において多数はただ多数の個別者としてのみ数えられる In der Wertproduktion zählen viele immer nur als viele einzelne.」[3]。

　これが支配構造の核心である。まことにラディカルな真理である。対人、対物の関係はことごとく個別者（私人）から見た客体化された世界として現れるから、貨幣、言語、組織、意識はすべてこの基盤に乗っかっている。それほどにも強固な構築物がいったい、なぜどのように動揺し、崩れるかは創造的人間の立場からのみ把握される。個別者（私人）ならざる人間はどこから、どのように出てくるのだろうか。日常生活そのものがまったく生き生きとした新しい眼差しから見えてくることによってである。おそらくそれは、武者小路実篤の色紙を疑うと

第Ⅰ部●個体の覚醒

第8章　私人・兵営的規律・代議制　　95

ころから始まるのである。「我が道」を喜ばず、異種交配を楽しみ、横議横行を以って暮らすことが新しい感覚を準備する。政治と経済において「I」が「Me」との間の生産的循環をわがものにすること。先はとても長いが、喜びは日々新たにして持続的である。


注
(1) *MEW*、Bd.23,S.447、『資本論』大月書店、1968年、554頁。
(2) 丸山眞男『日本の思想』岩波新書、1961年、172頁。
(3) *Op.cit.*,S.341、訳423頁。

# 第Ⅱ部

## 世界システムの中から

# 第9章　帝国主義と宗教改革 ―問題史的考察―

　従来、宗教改革というと、ヨーロッパの精神革命が資本主義の萌芽であったというような、マックス・ウェーバー的な議論が主流であった。しかし、資本主義は、まったく別の、もっと野蛮なものに起源をもつのではなかろうか。しかも精神革命の中核をなすと思われてきた「資本主義の精神」は近代的野蛮のなかで成立したものであった。

## 1　ウェーバー・テーゼからウィリアムズ・テーゼへ

　日本の社会科学系の学部で大真面目に教えられているのは、相変わらずウェーバー（1864-1920）の学説だ。たとえば、ある標準的な社会学テキストは、「地上に授けられた使命としての職業労働に献身するプロテスタントの『世俗内的禁欲』という生活態度こそが、『資本主義の精神』を生み出すもととなったものである」[1]と論じている。さらにこう言う。「あらゆる欲望を肯定する資本主義が・・・あらゆる欲望を犠牲にしたプロテスタントたちの禁欲から生まれたという壮大な歴史のパラドクスを描いた」のがウェーバー・テーゼだったと。なるほど期末試験で「壮大なパラドクス」に言及すると満点が取れるにちがいない。村上春樹でなくても「やれやれ」とため息が出る。
　こういう説明では、16世紀に始まり18世紀に流布されるのは、B・フランクリンの資本主義の精神、つまり「勤勉、倹約、禁欲」の精神だったということになる。しかし、ヨーロッパ近代とはそんなものだろうか。16世紀は、1492年のコロンブスの新大陸「発見」が与えた巨大な歴史舞台を生きた時代だ。新大陸という強力な刺激は、それまでの生活を素朴なものに変えるほどだった。宗教改革は、この刺激に反応するヨーロッパの血塗られた歴史において出てくる。
　このことを考えるとき、トリニダード・トバゴ出身の歴史学者E・ウィリアムズ（1911-1981）の仕事を想起しないわけにはいかない。

彼は黒人奴隷の子孫だった。オックスフォード大学に留学して、非白人の視座から大きな問題を提起し、1930、40年代の歴史学を根底から変えてしまった。

ウィリアムズによれば、資本主義の淵源はヨーロッパが近代奴隷制をつくったことにある。彼は『資本主義と奴隷制』[2]で、資本主義は奴隷制を梃子にして始まった、というウィリアムズ・テーゼ（外因説）を提出した。これは、それまでのウェーバー的な精神革命説（内因説）に慣れてきたヨーロッパ歴史学界に衝撃を与えた。ウェーバー説は、カトリックかプロテスタントか、いずれがより資本主義に影響を与えたか、という議論である。それはどうしてもヨーロッパ中心主義の発想に終始しがちだ。だが、ウィリアムズはそれに対して「おまえたちヨーロッパ人は俺たち黒人奴隷を踏みつけにして資本主義を作ったのだ」と論証したのだから、これは一個の理論革命なのである。

こうした視点から見れば、ウェーバー・テーゼが届く範囲は限定されたものでしかない。ウィリアムズ登場以来論争は続いているようである。いったい資本主義の起源は、ウェーバー的な「資本主義の精神」か、それともウィリアムズの言う「奴隷制」なのか。

しかし、答えは、もはやあれかこれかではないだろう。ましてグローバル・ヒストリーをつくっていくべき時代である。だから、こう言うべきだろう。16世紀から始まる奴隷制を基調として、そのヨーロッパ内部に「資本主義の精神」が生まれてくる、それが16世紀だった、と。言い換えれば国際的な重商主義的奴隷貿易と国内の資本主義的生産様式を表裏一体でつかむことこそが、新しい時代の近代社会論であってしかるべきなのである。

### 2　ダ・ヴィンチとルター

これまでヨーロッパ近代はどういうふうに説明されてきただろうか。たとえば山川出版社の『もういちど読む山川世界史』[3]では、新大陸発見、ルネッサンス、宗教改革という要素があげられている。多くの教科書でも3つの要素はいつも列挙されている。だが、たいていはただ列挙されるにすぎない。その内的連関こそが重要なのだ。

一番大事なことは、15世紀末から16世紀初めという節目にこれらが起こり、3つの要素の間には時間的な前後関係があるということである。

　ルネッサンスを代表するのは、たとえばレオナルド・ダ・ヴィンチ（1452－1519）である。ルネッサンスは地中海貿易を背景とする都市の文化であった。宗教的にみても、ダ・ヴィンチは完全にカトリック内部で生きた人であって、その枠内で神を人間のように描いた。彼は芸術家であるばかりか、科学者でもあり、建築家でもあるような全面的な人であった。晩年の傑作は「モナ・リザ」(1507)である。彼はそれまで「受胎告知」や「最後の晩餐」など多くの宗教画を書いたが、「モナ・リザ」で普通の人を描いた。ここにも意味はあろう。近年「モナ・リザ」の背景絵が注目されるようになった。近代的な背景だというのだ。たしかに遠近法で岩山と入江が描かれている。しかし、それは決して大西洋の絵ではない。すなわち、ダ・ヴィンチには近代の胎動があるが地中海貿易の内部の人であって、新大陸発見以前の人なのだ。

　これにたいして宗教改革の創始者マルティン・ルター（1483－1546）は、本質的に新大陸「発見」以降の人間である。彼は、1517年に免罪符を批判した「95箇条の提題」を出した神学一筋の学者である。どういう意味で新大陸「発見」以降なのか次に見るが、近代への胎動と言っても、ルネッサンス人とプロテスタントではまったく違った志向が感じられる。

## 3　宗教改革と主権国家

　ローマ教皇は1506年にサン・ピエトロ大聖堂の建て替えを構想し、その資金を得るために免罪符を売った。カトリックは腐っていた。土地と建物と巨大な財政を擁する一種の封建的経営体を運営しなければならないという事実が観念を堕落させた。これに反発して、ルターは宗教改革を起こした。彼は専門人たらんとし、端緒では純粋神学的に考えたのだろう。

　だが、いかにルターといえども、単独で宗教改革をなしとげることはできない。学者は一人では無力なものだ。彼を保護する国家権力が

なければ、牢屋に閉じ込められたか、異端審問で殺されたか、国外追放にされたかであろう。では、いったい誰がルターを匿ったのか。

　ザクセン選帝侯（1463－1525）という王様だ。ザクセンという領邦国家は中部ヨーロッパで勢力を縮小しつつあった神聖ローマ帝国統治下の一国家であった。帝国の背後にはローマ教皇の指示がある。神聖ローマ帝国の王カール5世（1500－1558）は1521年、ヴォルムス帝国議会でルターに自説の撤回を求めた。カール5世は、同時にスペインの王様を兼ねており、当然カトリック教徒であった。勇気をもってルターはこれを拒否した。王はそれゆえルターを国外追放処分とした。ところがザクセン選帝侯は、カール5世の決定に反して「ルターを誘拐した」という名目で自分の居城であるヴァルトブルク城に匿ったのだ。

　形骸化しつつある神聖ローマ帝国という宗教国家にたいする諸侯の闘争は激化していた。オランダは、プロテスタントの力によって80年戦争を闘ったことで1648年に独立する。これもまた神聖ローマ帝国からの主権国家の離脱過程の一環である。

　ザクセン選帝侯はもともとカトリック教徒であった。しかし、死の直前、ルターに傾倒してプロテスタントに改宗した。つまり、プロテスタント国家として牙を剥いたのである。こういうことが様々な国で次々に起こった。それは、観念だけの問題ではない。物質的基盤があった。改宗したザクセン選帝侯の子孫はみなプロテスタントになった。これらの選帝侯は、カトリックの修道院を解散させ、財産を没収した。カトリックから奪った財産は、国家財産になり、あらためて民富のもとになっていくのである。

　ザクセン選帝侯の主権国家形成の動きによってはじめてルターは抵抗する宗教人として生き延びられたのであって、これなしには宗教改革はない。

　コロンブスの1492年の新大陸発見の後にルターの1517年の95箇条の提題があるということ、この前後関係が決定的に重要なのである。すなわち、ルネッサンスと宗教改革の間に新大陸の発見が介在するという構図なのである。

第9章　帝国主義と宗教改革　―問題史的考察―

同じことは、イギリスの宗教改革についても言える。ヘンリー8世（在位1509‐1547）が起こした宗教改革（イギリス国教会の成立）は離婚問題（1537年）を契機とする脱カトリックの動きだった。ヘンリー8世は、最初は熱心なカトリック信者であり、ルターを論駁する書を書いたことにより、教皇レオ10世から「信仰の擁護者」という称号をもらったほどであった。ところが、ヨーロッパ大陸の宗教改革はヘンリー8世に影響を与えた。近藤和彦によると、家臣であり学者であるトマス・クランマ（1489‐1556）は、ライン中流域でプロテスタントと交流し、トマス・クロムウェル（1485‐1540、オリヴァー・クロムウェルの遠縁）とともに1536年から「次つぎに修道院を収容して王領とし、これをまもなく民間に払い下げた」(4)。
　ところで旧東ベルリン側にあるテレビ塔に昇ったことはおありだろうか。展望台にはぐるりと円形の歴史解説のパネルが貼られている。そのなかにルターの宗教改革の解説がある。これは、ほぼ近藤と同じように、しかしもっとあけすけに、宗教改革は究極的にはカトリックの資産を狙った闘争だったという趣旨のことが書かれている。大塚史学を知っていたぼくは、これをみて、あまりにも観念的なそれまでの日本の通説と地元の歴史解釈の違いに驚いた。
　ザクセン選帝侯といい、ヘンリー8世といい、いずれも新大陸「発見」後の動きである。主権国家を確立するにあたって王自身が反カトリックを掲げて改宗した。彼らの宗教上の転向は、統治体制上の財産欲にもとづくものであった。ザクセン選帝侯が、あえてルターのような火中の栗を拾ったのには、こうした目的動機があったというべきなのである。しかし、反カトリックの動きには、根源においてもっと大きなベースがあった。それが教皇子午線の問題である。

## 4　教皇子午線とカトリックの誤算

　1492年コロンブスが新大陸を「発見」し、本格的な侵略が始まる1493年、カトリック教皇アレクサンダー6世（1431‐1503）は「教皇子午線」を発表し、世界をポルトガルとスペインというたった二つの国家に占領させるという約束をした。「教皇子午線 inter caetera」について

は＜資料＞として巻末に全訳を掲載しておく。

　教皇が「教皇子午線」を授けた動機は、両国と共謀して世界を取りたいと思ったからだ。両国の世界分割に伴ってその剰余が総本山に入る。ところが、こうした独占的帝国主義体制をつくろうとする野望は誤算を含んでいた。なぜなら、教皇対主権国家の闘争が激化する中「教皇子午線」がかえって藪蛇となって諸国に反カトリックの動機づけを与えたからだ。

　それまではカトリック帝国による世界独占が存在したが、ここから「プロテスタント帝国」[5]が生まれることになる。

　「教皇子午線」はポルトガルとスペインが世界を独占する許可を与えた。もしもこの協定を破って両国の領土に立ち入るものが出るならば、神に背くものだと脅した。しかしそれならばカトリックへの信仰を捨てて、プロテスタントという新しい信仰の枠組みを作ればよいということになる。これによって、新大陸であれアジアであれ、何の責めも感じることなく侵略することができる。これが宗教改革となって現れたのだ。マルクスは述べている。「原住民の取り扱いが最も狂暴だったのは、もちろん、西インドのように輸出貿易だけを使命とした栽培植民地であり、メキシコや東インドのように豊かな富と稠密な人口をもちながら強盗殺人の手に任されていた国々だった。とはいえ、本来の植民地でも、本源的蓄積のキリスト教的性格は争われないものがあった」「ヨーロッパの外で直接に略奪や奴隷化や強盗殺人によってぶんどられた財宝は、本国に流れこんで、そこで資本に転化した」[6]。宗教改革とは、帝国主義の反旧教的現象形態だったのだ。

　スペインとポルトガルの世界支配から離脱するなかでプロテスタント国家となったのは、オランダ、ドイツ、イギリス、北欧であった。これらの諸国の重商主義のもとでマニュファクチャが育ってくるとき、民衆は過重労働と貧困と抑圧のもとに巻き込まれた。それに耐えて行く「通俗道徳」[7]が「勤勉、倹約、禁欲」をもってする「プロテスタンティズムの倫理精神」だったのではなかろうか。そして、この忍耐は重商主義下の民衆があえぎながら産業資本の軌道をつくっていくために大きな効果をもったであろう。

第Ⅱ部　世界システムの中から

おわりに

　1588年アルマダの海戦でスペイン無敵艦隊は、イギリスに敗北し、制海権を失った。ヨーロッパ諸国はイギリスを先頭に次々に新大陸およびアジアへ殺到した。この年は言うまでもなく、トマス・ホッブズ (1588 – 1679) が生誕した年である。清教徒革命の理論家ホッブズはイギリス国教会派信徒であった。このことは彼が反「教皇子午線」闘争の延長上にあったことを示している。
　このころ、日本の豊臣秀吉 (1537 – 1598) は、スペインからの侵略に恐怖を感じて「バテレン追放令」(1587年) をだす。秀吉の生まれた年がヨーロッパの宗教改革の時代に対応することに注目してほしい。カトリックの日本人民への影響力は予想以上に巨大で、島原の乱 (1637 – 1638) において悲壮なクライマックスに達する。日本の宗教闘争はヨーロッパ宗教改革に時期的に重なるとはいえ、内容からすれば一回り遅れていた。天草四郎は政教一致の闘士であった。むしろ、プロテスタント帝国オランダが、徳川幕藩体制のもとで長崎出島に政教分離を持ち込んだのである。
　15世紀末から始まる重商主義的帝国主義は、鎖国に入っていく日本をその圏外におくものではなく、産業革命を介して、自由貿易帝国主義に転化することで、その包囲網を狭めていった。黒船をもって日本の鎖国の扉をたたいたのはプロテスタント帝国アメリカであり、日本は1854年に彼らの要求に屈した。開国である。
　世界を2か国で分割した教皇子午線のイデオロギーは、数を増やして、世界市場と主家国家というシステムの下で、今なお生きている。それは欧米に日本を加えた列強による世界支配である。中国がそこに加わろうとしている。G8プラス1という、偽の世界政府による世界分割の体制である。これは、スペインとポルトガルによる世界分割の構図となんら本質的に変わらない排他的な体制である。先進国首脳会談という偽の民主主義が、世界を法的いかなる根拠もなしに支配す

る現在、教皇子午線まで戻ってみることには大きな意義がある。しかしらば、21世紀の反「教皇子午線」闘争の口火を切る者、「我ここに立つ！」と喝破する現代のルターは誰か。これが問われているのである。

## ＜資料＞教皇子午線（インター・カエテラ）全訳[8]
スペインとポルトガルの間での未発見世界の分割
教皇アレクサンダー6世―1493年

　神のしもべである司教アレクサンダー（6世）から、キリストにおける最も親愛なる息子フェルディナンド（5世）王と、キリストにおける最も親愛なる娘イザベラ女王にたいし、健康と使徒的祝福を捧げたまえ。それは、現代において、特にカトリックの信仰とキリスト教の宗教が何よりも高く評価され、あらゆる場所で拡大し、魂の救いがもたらされ、野蛮な国々がキリスト教の信仰に服従し、減少することです。それゆえ、神の慈悲の恩恵によって、不相応にも、このペテロの椅子に召された私たちは、あなた方が常にそうであると私たちが知っているような真のカトリック王と王子として、また、すでにほとんど全世界に知られているあなた方の輝かしい業績が宣言しているように、あなた方が熱心に望んでいるだけでなく、あらゆる努力、熱意、勤勉さをもって、苦難、費用、危険を顧みず、血を流すことさえして、その目的のために働いていることを認識しております。また、あなた方が長い間、自分の全魂と全努力をこの目的のために捧げてきたことを認識しています。このことは、あなた方がこの時代に、サラセン人のくびきからグラナダ王国を回復し、神の名に大きな栄光をもたらしたことで証明されました。ですから私たちは、あなた方が神聖で賞賛に値する、不滅の神に受け入れられるこのような目的を、神の名誉とキリスト教帝国の伝播のために、これまで以上に熱心な精神で追求できるように、自発的かつ好意的にあなた方に与えるべきと当然ながら判断するものです。
　私たちは、あなた方と同様に、あなた方がずっと長い間、誰も発見していない未知の島や土地を探し、発見することを意図していたこと

を知っております。その目的は、我々の救世主を崇拝し、カトリック信仰の告白をするために、その住民や居住者を導くことでした。現在までグラナダ王国の包囲と回復に全力で従事していたため、この神聖で賞賛に値する目的を達成することができませんでした。しかし、前記王国が神に喜ばれるようにようやく回復したので、あなた方はその望みを叶えようと、我々の最愛の息子であるクリストファー・コロンブスを抜擢しました。この人物は、このような大事業にふさわしい、最高の推薦を受けた人物であり、あなた方はこの人物に、同様の目的のために装備された船と人員を提供し、最大の苦難と危険と出費を伴うことなく、これまで誰も航海したことのない海を渡って、これらの遠く離れた未知の土地と島々を熱心に探索するように遣わしました。そして彼らはついに、神の助けを得て、最大限の努力をもって大海原を航海し、これまで他の人が発見していなかったある非常に遠い島々、さらには固い土地を発見しました。そこには非常に多くの人々が平和に暮らし、裸で歩いていると言われています。さらに、前記特使の意見によれば、前述の島々や土地に住むこれらの人々は、天上にいる創造主である唯一の神を信じ、カトリックの信仰を受け入れ、善良な道徳を身につけることに十分な意欲を持っているようです。

　もし彼らが指導されれば、救世主である主イエス・キリストの名が前記の国や島々に容易に導入されることが期待されます。前述のクリストファーは、前記の島々のうちの主要な島の一つに、すでに十分な設備を備えた要塞を建設し、そこに、他の遠隔地の未知の島々や本土を探索するために、彼の仲間である数人のキリスト教徒を駐屯させています。すでに発見された島や国では、金、香辛料、その他さまざまな種類や品質の非常に多くの貴重なものが発見されています。

　そこで、カトリック王と王子にふさわしく、あらゆる事柄、特にカトリック信仰の勃興と普及について真剣に検討した結果、あなた方の先祖である名高い王たちの流儀に倣って、神の寛容の恩恵を受けて、前術の土地と島々をその住民と居住者とともにあなた方の支配下に置き、彼らをカトリック信仰に導くことを目的とすることにいたしました。それゆえ、主にあって、この聖なる賞賛すべき目的を心から称賛

し、それが正しく達成され、救世主の名がこれらの地域に伝えられることを望みます。私たちは、使途の命にあなた方を拘束した聖なる洗礼によって、そして慈悲の心によって、強くあなた方に懇願し、愛情をもってあなた方にお願いします。あなた方が、主イエス・キリストの慈悲のおぼしめしにより、真の信仰に対する熱心な熱意をもって、この遠征隊を装備し、派遣することを計画したならば、これらの島々や国々に住む人々をキリスト教の宗教を受け入れるように導くことができるし、そうしなければなりません。全能の神があなたの事業を促進してくださるという強い希望と信頼を心に抱いておれば、いかなるときも危険や困難があなた方をこの目的から遠ざけることはありません。

　そして、あなた方が私たちの使徒的な好意の恩恵を受けて、より大きな覚悟と心構えでこの偉大な事業に取り組むことができるように、私たちは、あなた方のためでもなく、あなた方に関係する誰かの要請でもなく、私たち自身の大いなる力と確かな知識、そして私たちの使徒的な力の完全さから、自らの意思でこの事業に取り組みます。聖ペテロにおいて私たちに与えられた全能の神の権威と、私たちが地上で代表するイエス・キリストの総督の権威により、あなた方の使節と艦長によって前記の島々が発見された場合、本状によって、カスティーリャとレオンの王であるあなたとあなたの相続人と後継者にそれらを与え、付与し、譲渡するものであります。私たちは、北極から南極まで線を引いて、西と南に向かって発見され、発見される予定のすべての島と土地を、そのすべての領地、都市、キャンプ、場所、村、およびすべての権利、管轄権、付属物とともに、永遠に与え、割り当てるものであります。この線は、アゾレスおよびカーボベルデとして一般に知られている島々のいずれからも西および南に向かって100リーグ離れているものとします。

　ただし西と南に向かって前記線を越えて、すでに発見され、あるいは発見される予定の島々および土地は、我々の主イエス・キリストの直前の誕生日まで、いかなるキリスト教の王または王子の実際の所有物でもなく、現在の1493年に始まるいくつかの前記島々は、あなた

方の使者と船長が、都市、要塞、場所と町、権利、管轄とそのすべての所有権を見出すものとします。われわれは、あなた方およびあなた方の前記相続人および後継者を、あらゆる種類の完全かつ自由な権力、権限および管轄権を有するそれらの領主とし、構成し、任命する。ただし、そのような贈与、許可および譲渡によって、主イエス・キリストの前記誕生日以前に前記島々および土地を実際に所有していたキリスト教の王子が獲得したいかなる権利も、ここに撤回または除去されたと理解されるものとします。

さらに私たちは、聖なる従順のもとに、あなた方が約束したように、その前提であらゆる努力を払い、あなた方の忠誠心と王の偉大な精神に従って、その遵守を疑うことなく、上述の住民と居住者にカトリックの信仰を教え、善良な道徳を身につけさせるために、立派な、神を敬う、学識のある、技術のある、経験豊かな人物を上述の土地と島々に任命すると命じるものです。さらに、これに反した者がいた場合、事実上の破門の罰則により、我々は、いかなる階級の者であっても、皇族や王族であっても、またいかなる財産、程度、秩序、状態の者であっても、あなたの特別な許可、あるいはあなたの前述の相続人や後継者の許可なしに、あえて貿易やその他の理由で発見され、あるいは発見される予定の島々や土地に行くことを厳禁する。また、発見された島および発見される予定の島を、西および南に向かって、北極から南極までの線を引いて確立し、発見された島および発見される予定の島がインドの方向にあるか、または他の地域に向かっているかにかかわらず、前記のとおり西および南に向かって100リーグ離れたところにあるアゾレスおよびカーボベルデとして一般に知られている島のいずれかから、たとえ使徒憲章、条例、その他の命令がこれに反していても、前記のとおりの線を引くものとします。

私たちは、帝国と政府とすべての善きものの源である神を信頼しています。あなた方が主の導きによって、この神聖で賞賛に値する事業を追求するならば、あなた方の苦難と努力は、すべてのキリスト教の幸福と栄光のために、まもなく最も幸先のよい結果を得るでしょう。しかし、これらの手紙を望ましい場所すべてに送ることは困難である

ため、私たちは希望し、同様の合意と知識をもって、これらの手紙のコピーに、そのために任命された公証人の手で署名され、任意の教会役員または教会裁判所の印章で封印されたものに対しては、これらのプレゼントがこのようにして展示または提示された場合に与えられるのと同様の敬意が、法廷および外でもどこでも示されるべきであると決定します。したがって、何人も、この我々の推薦、勧告、要求、贈与、付与、譲渡、憲法、使節、命令、委任、禁止、および意志を侵害したり、軽率な大胆さで反したりしてはなりません。これを試みる者があれば、全能の神と祝福された使徒ペテロとパウロの怒りを受けることを知るべし。

　キリスト教暦1493年5月4日、教皇職の最初の年に、ローマ、サン・ピエトロで授けられる。

私たちの最も聖なる主である教皇の命により。

アレクサンダー6世

1493年5月4日

　6月。教会権威のために、J.ブフォリヌスのために、A.デ・ムッチャレリス.A.サントセベリノ.L.ポドカサルスのために。

## 注

(1) 長谷川公一、浜日出夫、藤村正之、町村敬志『社会学』有斐閣、2007年、181頁。
(2) E・ウィリアムズ、山本伸監訳『資本主義と奴隷制』原著は1944年、明石書店、2004年。
(3) 『もう一度読む山川世界史』山川出版社、2009年。
(4) 近藤和彦『イギリス史10講』岩波新書、2013年、87頁。
(5) D・アーミテージ、平田雅博他訳『帝国の誕生 ブリテン帝国のイデオロギー的起源』日本経済評論社、2005年、89頁。
(6) Marx,K,*MEW*,Bd.23,S.781,K・マルクス、マルクス＝エンゲルス全集刊行委員会訳『資本論』大月書店、1968年、983頁。
(7) 安丸良夫『日本の近代化と民衆思想』青木書店、1974年、4頁。
(8) Inter Caetera,bulas papales,Estelibro le es ofrecido por Feedbooks,1493.

# 第10章　インカ帝国滅亡と戦国時代の同時代性

「マルティン・デ・ロヨラとベアトリス・ニュスタの婚姻図」（植民地インカ文化17世紀、クスコ・イエスズ会所蔵）出典『マチュピチュ「発見」100年インカ帝国展』（TBSテレビ）

　一枚の絵がある。ある結婚式の絵である。「マルティン・デ・ロヨラとベアトリス・ニュスタの婚姻図」（植民地インカ文化17世紀、クスコ・イエスズ会所蔵）である。新郎マルティン・デ・ロヨラは新婦ベアトリス・ニュスタの手を握っている。　スペイン人ピサロがインカ帝国を征服した1533年の3年後、残されたインカ軍は古都クスコから500kmも離れたアマゾン密林のビルカバンバへ逃げるように撤退し、新皇帝を擁立してネオ＝インカ国家を樹立し、約35年間抵抗運動を続けた。ビルカバンバのネオ＝インカ国家の4代目王に就いたのがトゥパク・アマル（1545-1572）であった。　彼はスペインの意向に抵抗し続けたために、ついにスペイン軍に捕縛された。　このとき王を捕縛した功労者がマルティンであった。新婦はネオ＝インカ国家ビルカバンバ朝第二代王サイリ・トゥパックの娘である。　絵に描かれたカップルの左奥にサイリ王（在位1545-1560）とトゥパク・アマルらインカの王族が

並び、右奥にスペイン宮廷の貴族が列席している。この結婚式は、おそらくサイリ王がスペインに下ったとされる1555または1556年に挙行されただろう。つまりこの絵は、侵略者スペイン帝国がネオ＝インカ国家を滅亡させる途上で結婚式を演出し、インカ王族の末裔を懐柔していく過程を象徴するものなのである。絵の左右の、ちょうど中間に大西洋と思われる海を挟み、そこにイエズス会のIHSのマークがスポットを当てられて白く輝いている。特別に興味深いのは、絵の中央で、結婚式を取り仕切っている人物（本を持っている）が、イグナティウス・デ・ロヨラ（1491-1556）であるということである。イグナティウスはイエズス会（1540～現会員数は約2万人とされる）の創立者であり初代総長、フランシスコ・ザビエルの先輩にあたる反宗教改革最大の指導者である。マルティンはイグナティウスの甥であった。この結婚式からやや時間がたってトゥパク・アマルは兄ティトゥ・クシ王（在位1560—1571）にかわって1571年に4代目王となる。しかしトゥパク王は、最後まで抵抗をつづけたため1572年スペイン軍によってクスコ大広場で断首刑に処せられ、ネオ＝インカ国家もまた滅亡した。 教皇による世界分割線（1493）は、ヨーロッパ植民地主義を宗教的に合理化したものであった。イエズス会は、一方ではインカ帝国にたいして、骨肉のからんだ宗教的な侵略を遂行しつつ、他方で日本に向けてはポルトガルの協力を取り付けて、ザビエルを遣わせていたのである。16世紀後半の日本の戦国武士たちはヨーロッパの強さを知っていた。長篠の合戦（1575）での織田・徳川連合軍の武田軍にたいする勝利は、日本の天下統一過程で鉄砲というヨーロッパ技術を利用することがいかに生死を決する重大事になったかを教えた。秀吉が中国や朝鮮での鉄砲の生産の遅れに目をつけて、朝鮮侵略（文禄・慶長の役1592、1596）に踏み切ったのも、ウェスタン・インパクトに極東の周辺国が便乗する様子をうかがわせる。キリシタン大名たちは必ずしも純粋な信者とは言えないかもしれない。なぜなら信長のキリスト教保護や秀吉のバテレン追放令1587までの宗教政策の下では、九州の大名は信者になった方が後ろ盾を得て強い領主になることができたからである。16世紀以降の近世日本史をあまりにも一国史的に考えない方が良い。 世界史が、コロンブ

第10章　インカ帝国滅亡と戦国時代の同時代性　　111

スの新大陸「発見」1492によって本格的に始動する過程で、宗教改革が起こった。私はこれが大航海時代に対する宗教がらみの国家的反応だった可能性が高いと考えるものだが、17世紀になるとスペインやポルトガルは衰退し、代わってオランダ、イギリスが台頭する。もはや教皇子午線など存在せずとも、ヨーロッパ勢力の世界支配は中核国を変えながら連続していく。長期的な過程として見るならば、イエズス会の南米・アジア侵略、南米およびカリブ海での原住民の反ヨーロッパ巻き返しと独立闘争、1804年ハイチ革命、19世紀南米諸国のスペインやポルトガルからの国家的独立、リベリアの傀儡的独立国家化（1847）など、ヨーロッパによる非ヨーロッパ侵略と、それにたいする世界史的闘争がダイナミックにうねり始めていたからこそ、極東の日本は、時にはこの世界史的激動の波に上手に便乗することができたし、またぎゃくに鎖国で時を稼ぐことができたというべきであろう。鎖国は、それじたいヨーロッパの世界支配とそれにたいする被侵略側原住民の世界史的闘争のなかで、アジア諸国の支配階級がとった一種の息継ぎのようなものであった。東洋の島国である日本にとって、インカ帝国の滅亡1553とネオ＝インカ国家の終焉1572は遠いこだまのようにかすかだったであろう。しかし、本当はそうではない。インディオの激しい抵抗、インディオ激減への対応策としてアフリカから輸入された黒人奴隷の抵抗と逃亡、南北アメリカおよびアフリカの人民が試みた、ヨーロッパ列強にたいする公然、隠然の闘争は、互いを意識せぬままつながりあっていた。つまりこれらは世界規模における人民の反ヨーロッパ運動を構成していたのであった。この巨大なうねりこそ、北米では南北戦争1860の舞台を提供し、日本に被植民地化を免れさせ、幕末の志士をして「開国」1854と「近代日本」1868の可能性を与えた、根源の力であったのである。それだけに、近代日本のアジア侵略（1874-1945）は、世界の原住民の反ヨーロッパ闘争が日本にあたえた幸運を、こともあろうにアジア人民への抑圧に逆転させるという巨大な背信行為であったというべきであろう。

# 第11章 モア・エラスムス・ルター

## はじめに

　15世紀末から16世紀はじめのヨーロッパに3人の際立った思想家が現れる。T・モア、D・エラスムス、M・ルターである。彼らはコロンブス以降のヨーロッパ、すなわち近代世界システムの端緒を生きた。むろん、彼らはそのことを知らなかった。世界は三人にとってトンネルの先が見えないカオスのように見えただろう。それゆえに彼らはただ全身全霊をもって自己の善を生きるほかなかった。善の中身は、集めた情報をどう切り取るかによって、三者三様に変化した。簡単に言えば、いずれの気持ちも命がけであったが、路線が違った。始原に帰るか、和解を求めるか、前進するか。これらの分岐は避け難い。

　いま、私たちは近代世界システムの終焉に臨んでいる。三人はシステムを生み出す上り坂にあり、私たちはその下り坂にいる。この事実は、彼らと私たちの間の「親密な隔たりintimate distance」を示唆する。このことが私たちをしてあらためて彼らへの注意を喚起させる。

### 1　トマス・モアの思想

　トマス・モア（1478〜1535）は、イギリスの役人である。『ユートピア』1516を書くにあたって、畏友エラスムスの『痴愚神礼賛』1511に触発されたという。モアは真面目なカトリック教徒であり、アメリゴ・ヴェスプッチ（1454〜1512）の『新世界』1503に関心を持った。『ユートピア』第1巻で、ヴェスプッチに同行したラファエル・ヒスロディという人物を造形し、ラファエルがアメリカ大陸に私有財産のない共同体があることを聞いたとしている。一般に中世カトリックは私有共用の世界観をもつ。一つのユニットとしての教会は財産を私的に所有するが、その内部では衣食住が共同化されていた。私有へ純化するか、それとも共用のモメントを拡大して原始キリスト教の財産共同体へ戻

るか、モアはこの問いを前にして私的所有以前の共同体へ帰るべきなのだと考えたのだ。

おりしもモアの生きた英国は、ヘンリー8世（1491—1547）の在任期であった。王は、ローマ教皇の反対に抗して妻と離婚し、イギリス国教会を樹立するとともに、カトリック教会領を没収して国家の土地に変えた。その後国家の土地を民富形成のために売却し、イギリスの資本主義化を後押しした。

モアは、王の治世化で土地囲い込み運動がすすむことに反発し、『ユートピア』中に「羊が人間さえもさかんに食い殺している」[1]という有名な記述を遺した。むろんこれはヘンリー8世による資本の本源的蓄積過程に逆らい、共同体を維持しようとするものであった。モアは「財産の私有が認められ、金銭が絶大な権力をふるうところでは、国家の正しい政治と繁栄は望むべくもない」[2]というのだから、理想は土地の共同所有である。だから、モアが共産主義の先駆であるという場合、注意が必要なのは、アメリカ先住民を文明以前の野蛮とみなすのではなく、反対にあるべき社会の始原として高く評価したことを意味する。J・J・ルソー（1712 - 1778）はカリビアンを自然人の原型とみなしていたが、モアはそれよりも250年以上前に同様のことを構想したのだから、慧眼に驚く。

しかし、こうした反時代的な思想は現実に受け容れられる余地はなく、モアは王の方針と相いれず、処刑され、彼の首はロンドン橋に晒された。

モアは英国の宗教改革が財産目当てであることを見抜いていた。入会地が奪われ、小農民が農地から追い立てられることにたいして疑惑と憎しみをもっていたのであるから、ユートピア国の宗教の在り方には当然彼の態度を伺うことができる。ユートピアの宗教は何かというと、ミスラという一神教でまとまっているという。ミスラ教はどういう宗教か。訪問者が「キリストは自分に従う者の間における一切のものの共有制を認めたもうたこと、およびこのような共有制が真正なキリスト教徒の間では今日でもなお依然として残っていることなど」[3]をユートピア人に聞かせたところ、かれらは深い関心を示し、喜ん

で賛成したという。ユートピアは一種の前近代的な宗教共同体なのであった。カトリック教の古さを徹底して突き詰めることによって、眼前の本源的蓄積と宗教改革に対決するという思想は単純な反動的思想ではない。逆に旧共同体を踏み台にして近代を越えようという衝撃力がそこにあった。

### 2 エラスムスの思想

デシデリウス・エラスムス（1466〜1536）はオランダの「徹頭徹尾教養貴族の立場」[4]に立つヒューマニストである。彼はギリシア語やラテン語に通じた大知識人であり、西洋の知識人に何千通もの手紙を書いて人文学をリードした。5度イギリスを訪れ、1509年モアの邸宅にいるときに『痴愚神礼賛』1511をたった一週間で書いた。

オランダの貴族は、独立前のオランダが神聖ローマ帝国の一部であり、15世紀末からスペイン領の一部であったことを基盤としていた。エラスムスがカトリック側であったばかりか、スペイン王カール5世（1500-1558）の顧問を務めていたのは、不思議なことではない。

だがコロンブスが新大陸を発見した後になると、地中海商業圏からオランダを中心とする北海商業圏に世界貿易の中心が移動した。その原因は、スペインが南米から銀を大量に持ち帰り、インフレを引き起こしたために実質賃金が下がってヨーロッパ経済が活性化したことと繋がっている。加えてスペインの支配下にあったがゆえに、スペイン人は西インドの商品をアントウェルペンでオランダ産の毛織物と交換した。原料である羊毛は本源的蓄積の進行中のイギリスから輸入され、オランダのマニュファクチャで製造された。ポルトガルもオランダ南部のブラバントに貿易市場を設け、カルカッタの香料を陳列した。

劇作家F・シラー（1759-1805）は16世紀のオランダが「造物主と人間の製作物の豪奢な大博覧会場」であったとその繁栄ぶりを絶賛した[4]。シラーは、オランダ人が、遠隔地貿易に頼って怠け者化したスペインの支配下で、とても勤勉に働き、「自由の建設」を望んだことを「最も輝かしい国家的事件」と呼んだ。80年戦争（1568-1648）によってオランダはスペインからの独立を達成した。近代は専制と自由の攻

第11章 モア・エラスムス・ルター　115

防なのである。

　とはいえ、オランダの独立宣言（1581）はエラスムスの死後30年後のことであってエラスムス自身は、スペインの封建的絶対主義（政教一致）とオランダの商業資本主義（政教分離）の相剋を感じていなかった。

　確かに『痴愚神礼讃』は鋭いカトリック批判を展開している。「教皇様がたは、ペテロのためと称して、領地や町や貢物や税などという財産を、まさに一王国を作りあげているのです。これらいっさいを維持するために、キリストにたいする愛に熱狂した彼らは、剣と火をもって抗争し、キリスト教徒の血を流させている」[5]。それは「牽強付会の解釈でその教えをゆがめ、自分らの醜怪な行動でキリストを暗殺している不敬不信の教皇たち」[6]の責任だというのだから、非常に手厳しい。『天国から締め出されたローマ法王』という著作があるほどだ。

　カトリック批判の鋭さは、ローマ教皇への絶対服従を貫いたモアよりもずっと近代的に見える。けれども、モアが私的所有の否定にまで辿り着いたのと比べると、エラスムスは教皇個人の財産欲と信心の歪みを罵ったにとどまる。まして教皇や王から自由な経済活動を確立するという思想もなかった。

　カトリックの財産欲が封建制末期の一部分であると認めないエラスムスの中途半端さこそ、宗教改革の扉を開けたとも言える。「エラスムスが産んだ卵をルターがかえした」というのは、卵をかえすだけの肚をエラスムスがもっていないということであった。

　『痴愚神礼賛』はこのようにルターに連なる道筋に位置するとはいえ、エラスムスの立ち位置は、いわば近代国家以前の汎ヨーロッパ的な学者共同体の立場である。つまり、神聖ローマ帝国のような広域性のもとで知識人が共同体を纏めればヨーロッパは平和にやっていけると考えたわけであった。だが問題はもはや教皇の改心ではなく、汎ヨーロッパ的平和でもなかった。時代は政教分離の近代国家の独立を求めていた。

　トレルチは「たとえば彼（エラスムス）が諸侯に対してへつらい的に著書献呈をおこなったのも支配権力の担い手に対する倫理的な勧めの

類と軌を一にすることがらなのである」(7) といい、「けっきょく生成しつつある絶対主義と抱き合うにいたり、この絶対主義国家の理論をたすけ、その王室と宮廷の後光となる」(8) という厳しい評価を与えている。

原始キリスト教に戻るわけではなく、また、近代主権国家へ進むわけでもない。エラスムスが1517年に『校訂版ギリシア語新約聖書』を出版したのは、正しいキリスト教が人に伝わればヨーロッパの平和が可能になるとの展望のもとにおいてであった。

しかし、ルターはエラスムスの汎ヨーロッパ主義に飽き足らず、エラスムス版『新約聖書』を底本にしてドイツ語版聖書1522を出版した。それはヨーロッパ各地の反ローマ、主権国家への動きとつながり合っており、エラスムスの『平和の訴え』(9) をますます無力なものとした。

### 3　ルターの思想

マルティン・ルター（1483〜1546）はドイツの宗教改革者である。彼は1516年のモア『ユートピア』とエラスムスの『新約聖書』に注目していたということである。だが、ルターは、カトリックの立場に命をかけて殉じたモアや旧教側からプロテスタントとの平和を調停しようとするエラスムスの折衷主義を踏み越えて、ついにカトリック教会体制の根源的批判にまで到達した。1517年『95箇条の論題』はそのマニュフェストであって、その中心的論点は免罪符販売の批判であった(10)。

エラスムスは最初ルターに同情的であったと言われるが、『自由意志論』1524を書き、ルターは翌年反論した。エラスムスはルターの『95箇条の論題』を1518年にモアに送っている(11)。モアもまたルターの福音主義を批判した。

ルターは、1521年カトリック勢力から神聖ローマ帝国のウォルムス国会に呼びだされ、異端審問にかけられた。カール5世（1500-1558）の面前で「我ここ（信仰）に立つ！」と抗弁したことは有名である。審問の結果神聖ローマ帝国から追放されたが、ザクセン選帝侯フリードリッヒ3世に匿われて助かった。フリードリッヒ3世はすでに1502年にヴィッテンベルク大学で宗教改革の講義を始めた時にルターを支持

し、保護していたその人でもあった。フリードリッヒ3世は、自身カトリックからプロテスタントに改宗した。これによって、領内のカトリック寺院は没収されたから、侯国は近代化した。

『キリスト者の自由』1520は、人間の自由を魂の自由と身体の自由の両面で捉え、特に魂の自由にとって聖衣を着飾ることは、何の意味も持たないとする[12]。これは信仰義認論に立って、カトリックの儀礼主義を批判するものであり、ふつうの市民の平服、労働を尊ぶものである。また『現世の主権について』1523では、「現世の権力が僭越にも霊魂に掟を課そうと企てるなら、それは神の統治を侵害する仕業だ」と言い、明確に公私二元論を主張した[13]。

ルターやカルヴィンに影響されたフランスのプロテスタントをユグノーと呼ぶが、彼らはフランスで迫害され、イギリスに流入し、清教徒革命（1642-49年）の種を蒔いた。ルター（およびカルヴィン）の宗教改革は、クロムウェルとアメリカ独立戦争に姿を変えて、19世紀および20世紀を英米が支配する近代世界システム（世界市場と間主権国家）に導く遠因となった。

### おわりに

まとめよう。ヨーロッパを代表する3人の知識人のやり取りの背景に新大陸「発見」と本源的蓄積と近代主権国家の形成過程があるということである。

3人を対比的に見ると、モアは重商主義時代の官僚だったが、重商主義は共同体と近代の並存であるから、どちらへも行けた。モアは共同体維持に固執し、近代化するイギリスを嫌った。だから、ヘンリー8世の恨みを買い、処刑された。それだけにカトリックへの信仰は最も徹底していた。モアの激しい私的所有批判からはいかなる宗教改革も起こりえない。

エラスムスは、3人の中で最も折衷的であった。エラスムスは、新大陸発見の成果を組み込んだ『プトレマイオス地理書』1533を出版しており、新大陸に強い関心をもっていた。本源的蓄積への態度ははっ

|  | 新大陸発見への関心 | 本源的蓄積への態度 | 近代国家形成の野心 | 宗教的ベース |
|---|---|---|---|---|
| モア | 大きい<br>私的所有以前の共同体に共感した | 拒否<br>共同体の維持と近代化批判 | 否定<br>宗教共同体への回帰を願望 | カトリック原始キリスト教 |
| エラスムス | 大きい<br>プトレマイオス地理書への関心 | 不透明<br>分析が所有論へ届いていない | 近代国家以前のラテン語的世界市民であろうとした | カトリック |
| ルター | 大きい<br>カトリックによる世界独占にたいする懐疑 | ブルジョア的穏健派<br>農民共同体と絶縁し、農民保有地を没収する側 | 神聖ローマ帝国を壊す領邦国家に味方し、ドイツ語聖書によって統一国家の準備をした | プロテスタント |

きりしないけれども、ギリシア語とラテン語に通じており、汎ヨーロッパ的に行動することを誇りにするような世界市民的な人物であった。だから、モアほどにはカトリックに固執することはなく、カトリックの枠内でカトリック批判をおこうことができた、それが『痴愚神礼賛』である。その度量は大きいから、モアとルターを仲直りさせようと試みることもできた。

　最後にルターは、三人の中では最もラディカルな近代派である。神学に内在する立場から、カトリック教会の体制のみならず市民の生活倫理を作り出す宗教改革者であった。

　1493年の教皇子午線はスペインとポルトガルに世界分割の独占権を付与したが、カトリックによる貿易独占こそが、オランダ、イギリス、ドイツの商工業の発展を促し、ついにはスペイン、ポルトガルの独占を打ち倒す要素を育てた。つまり、近代世界システムを樹立しようとする経済的、貿易的利害関心が宗教改革を引き起こしたのである[14]。

　三人は15世紀末から16世紀初頭のヨーロッパの激動の中で、近代化をめぐって互いに袂を分かち、三者三様の生きざまを、命がけで選んだ。これは、非ヨーロッパにおいても同じパターンで繰り返される。

アジア、南北アメリカやアフリカで、古い共同体に固執するモアのタイプ、何とか人々をまとめようとして既成権力に取り込まれるエラスムスのタイプ、そして近代化の旗を振るルターのタイプが出現した。

　三人から500年経った後、われわれはいま、近代世界システムを超えて行く筋道の中で、3人のうちのいずれのタイプの人間になるかを問われている。この収束は決して容易ではない。だからある程度の分岐は避けられない。しかし、いずれを選ぶにせよ、近代世界システムの終焉にあたっては、モアの私的所有批判、エラスムスの平和主義、ルターの「我ここに立つ！」の意思を繰り返し想起しなければならないであろう。


**注**

(1) モア、T、平井正穂訳『ユートピア』岩波文庫、1957年、26頁。
(2) 同、61頁。
(3) 同、159頁。
(4) シラー、F、丸山武夫訳『オランダ独立史　上』岩波文庫、1949年、57頁。
(5) トレルチ、E、内田芳明訳『ルネサンスと宗教改革』岩波文庫、60頁。
(6) エラスムス、渡辺一夫訳「痴愚神礼讃」『世界の名著17　エラスムス　トマス・モア』中央公論社、1969年、162頁。
(7) トレルチ、前掲書、60頁。
(8) 同、25頁。
(9) エラスムス、箕輪三郎訳『平和の訴え』岩波文庫、1961年（原著は1517年）。この平和論の基本的な構えは、キリスト教的平和主義（「人もし汝の右の頬を打たば左をも向けよ」）を教皇に正しく理解させ、ひいては各地の君主を説得することであった。「人間界では、一人の人間だけで事が足りるというものではない」のに何ゆえに戦争が起こるか、という問いは鋭いが、答えは無知、無理解に求められた。訳注を執筆した二宮敬氏は「エラスムスの政治論上の弱点は、民衆の利益を重視しながら、倫理的観点を重視するあまり、・・・相続権問題を不当に軽視した点に認められる」（同、112頁）と指摘している。モアの私的所有批判と対照させるとエラスムスの人文主義は全般に所有論への掘り下げが弱い。
(10) ルター、M、深井智朗訳『宗教改革三大文書』講談社学術文庫、2017年。
(11) 『エラスムス＝トマス・モア往復書簡』岩波文庫、2015年、書簡29を参照。
(12) ルター、M、石原謙訳『キリスト者の自由　聖書への序言』岩波文庫、1955年、14－15頁。
(13) ルター、M、吉村善夫訳『現世の主権について』岩波文庫、1954年、51頁。なお、ルターは、みずからの身の安全のために領邦国家を支持し、また領邦国家もルター神学を利用したので、「ドイツ東部のグーツヘルシャフト（貴族の農場）の地域において

は16世紀なかばから、貴族による計画的な農民保有地没収がはじまった」。ペーター・ブリックレ、服部良久訳『ドイツの臣民』ミネルヴァ書房、1990年、140頁。
(14) 本章はF・エンゲルス、大内力訳『ドイツ農民戦争』岩波文庫、1950年（原著1850年）に大きな示唆を得ている。「16世紀の宗教戦争は・・・やはり階級闘争であった」（同、61頁）という視点はなお正当である。しかしエンゲルスは宗教改革が、コロンブス以降に作られ、教皇子午線が許可したカトリック世界帝国に対する近代世界システムの反逆である点を見逃している。それゆえ私は、エンゲルスとは違って、T・ミュンツァーの共産主義よりもルターの公私二元論が近代世界システムをつくることに寄与したという相対的進歩性を評価する。

## 第12章 原発問題の思想史的文脈
―湯川秀樹、丸山眞男、高木仁三郎―

### はじめに

福島第一原発の2011年3・11事故には、その背景となる思想史的な文脈がある。

もとより、直接間接の技術上および組織上の問題（格納容器や東電や被害者補償など）は極めて重要であって、そこにメスを入れることなしに復興は望みえない。しかし、仮にこうした問題に一定の目途が立って復興が進んだとしても、安全で豊かな生活を得られるような社会を創造するための私たち自身の思想的準備が仕上がるわけでは必ずしもない。なぜならば、安全で豊かな暮らしを保障するに足る社会をつくるためには、事故原因を究明し、思想的根源にまで降りて、このレベルから私たちの未来の生活のあり方をデザインする必要があるからだ。

原発は、もともとの起源からすれば、物理学者の頭の中から生まれたものである。1939年、中性子を原子核に衝突させることで複数の中性子が飛び出し、連続的に核分裂を起こせるという理論仮説が実験によって検証された。これが種となって、6年で原爆の製造まで達した。アメリカはそれを日本で使用した。同時期に、成功はしなかったが、日本も核兵器開発をおこなっていた。後で触れる湯川秀樹らはこの開発研究に従事していた。国家による物理学者の組織化は各国で第二次大戦中に進行していた。

戦後、核兵器を使用する恐れは、朝鮮戦争、台湾海峡、キューバ危機、ヴェトナム戦争など何度もあったものの、ぎりぎりのところで回避された。しかし、使われなかったことは核兵器の無用を意味するものではない。いわゆる核抑止論のもとでは、ヒロシマの記憶とともに攻撃を抑止する脅威となりうることが承認され、外交上の切り札になると考えられてきた。抑止論のもとで大国の核兵器保有数が垂直的に

拡散するとともに水平的にも拡散し、2011年現在では5大国以外にも、イスラエル、パキスタン、北朝鮮、インドも持つようになり、いまやイランがそれに加わろうとしている。

　日本は1967年以降非核3原則を保持するといっても、核保有国の発想と無縁であるわけではない。岸信介元首相は後年「日本は核兵器を持たないが、(核兵器保有の)潜在的可能性を高めることによって・・・発言力を高めることができる」と1958年当時考えていたと回顧している[1]。その後、非核三原則は、佐藤内閣の国会答弁以来慣習化したが、要点は「あえて」持たずという点にある。すなわち、核兵器製造に不可欠のプルトニウムを「副産物」として排出する原子力発電所を手元におき、決意次第でいつでも核兵器を製造し、NPT核拡散防止条約を脱退する可能性を考慮したうえで、いまは「あえて」持たないと主張するのがこの原則の真意なのである。あえて持たないという原則自体が、持ちうるという潜在的能力を前提とし、このことが近隣諸国に脅威を与えうるはずだという政治力学を岸から継承したものなのであった。

　この見地から日本政府は、核なき世界を求める唯一の被爆国民の世論に対しては、それが究極的な目標であることを否定せず、しかし現時点では「あえて」持たず、持たない期間中はアメリカの核の傘に全面的に依存する立場を採用してきた。究極目標における核廃絶と現在の核依存とがどのように論理的に整合するのかは不問とされる。

　「あえて」持たずの立場が国策であるがゆえに、原発開発もまた国策とされた。現在すでに核兵器を100発以上製造するに足るプルトニウムが日本に貯蔵されているといわれる。すなわち、核軍拡競争は、冷戦期の米ソのそれのように文字通り核兵器の数を増やす形をとらない場合でも、ことに日本の場合のようにアメリカによって核武装が禁圧されている場合には、核の傘への忠誠を表明しつつ、原発を増やしていく方向をとりうる。

　原発の国際化を解禁したのは1953年のアイゼンハワー国連演説以降のアメリカ政府であったから、米政府としては核兵器製造の可能性を与える原発を日本に売ることにはリスクがある。しかし、それは、がんらい核の傘／原発の二層構造そのもののはらむ矛盾である。だか

第12章　原発問題の思想史的文脈 ─湯川秀樹、丸山眞男、高木仁三郎─　　123

らこそ、潜在的な核武装の脅威を絶えず管理する必要がある。このための監視機構が核拡散防止条約NPT／国際原子力機関IAEAという国際体制である[3]。

NPT／IAEAの国際体制のもとで、核抑止力論に依拠して原発をふやし54基の原発をもつに到った日本は、しかし、地質学上4枚のプレートの交差する無数の活断層を抱えた地震大国である。だが、被爆国が地震大国であるにもかかわらずなぜそれを受け容れたのかという大きな謎は、被爆国がこれをクリアーしてこそ原発の世界販売が可能となるという商戦論から説明可能であろう。ともあれ、戦後世界史における核抑止論というまことに人工的な幻想が地殻変動の最も激しい日本列島を覆うという白昼夢の中で原発事故は発生したのである。

本稿は、この歴史的構造の展開に様々な形態で介入をこころみた自然科学者および社会科学者の思想に焦点を当て、原発問題を思想史的な文脈から照らし出してみたい。

## 1 原爆から原発へ 1960年代における 核の傘／原発の二層構造の成立

原発が世界中に拡散するについては、何よりもまず世界大戦の終結と冷戦下での経済成長が注目されねばならない。第二次大戦は、アメリカによる広島、長崎における原爆投下によって日本の無条件降伏が達成され、終結した。ほどなく戦後、ソ連がアメリカの強敵となって登場し、冷戦構造のもとでの核軍拡競争がはじまる。

これに先立って、1945年11月にアインシュタインは卓抜なアイデアを発表して、核兵器の世界的管理の必要を提起していたが、それは大国の思惑によってまったく黙殺された。

1948年6月アメリカのヴァンデンバーグ決議は、国連による国家主権の制限の可能性を排除し、主権国家を機軸とする軍事同盟形成の理論的な基礎を固めた[2]。これこそ、核兵器を世界政府によって管理するというアインシュタインの卓抜な構想を正面から打ち破る思想的な敵対物である。

およそ冷戦構造が発生しうるためには、米ソが主権国家として自在

に核を管理することが前提されている。ヴァンデンバーグ決議とは、国家主権の国連からのフリーハンドを保証するための装置である。これをよりどころにしてNATO・日米安保は結成され、遅れてワルシャワ条約機構も結成され、二国間または国家群による軍事同盟やむなしとする流れができあがった。

　ヴァンデンバーグ決議の論理は、主権国家が自助の原理で軍拡をおこないつつ、しかも相互に軍事援助をおこなう構造を自明視している。アイゼンハワー大統領が1953年の国連演説で提唱した国際原子力機関IAEAが1957年に設置されてからは、ヴァンデンバーグ決議がたんに軍事面で作用するのみならず、各国の経済成長にたいして核技術を経済的に転用して電力開発をおこなう原発拡散が可能となったために、経済面でも貫徹するに至った。つまり、軍事面では核の傘、経済面では原発という二層構造が形成されたわけである。これは、より根源的な見取り図からいえば、近代世界システムが、単一の世界市場と200カ国あまりの主権国家から構成されていること、すなわち市場と国家の二元的分離構造を核時代にあわせて再建するものなのであった。それを本稿ではとくに核の傘／原発の二層構造と呼ぶことにしたい。

　この二層構造は、まず原爆が開発され、しかるのちに原発が商品化されるという、時間的な因果連関を共時的に並存させたものである。すなわち、原爆が核保有国の抑止力として広がっていくことに対応して、原爆製造を下支えするプルトニウム供給源としての原発を世界に拡散させることで、二層構造は市場と国家の分離構造に合致するように編成されたのである。

　これにもとづいて、1955年に中国と台湾が緊張した際、アイゼンハワー大統領は核使用を公言して脅威を煽ったし、ヴェトナム戦争の際も同様の核使用論は敵を脅すために使われた。アイゼンハワー大統領の1953年の「原子力の平和利用論」は、こうした核兵器使用の脅しと矛盾するものではなく、アメリカによる核の軍事利用に影のように伴走するパラレル・ワールドであるにすぎない。言い換えると、「原子力の平和利用」とは、軍事利用をキープした上での、経済成長向け利用という意味にほかならず、核兵器と経済成長は始原からして世界戦

略の両輪にほかならなかった。

核の傘／原発の二層構造は、法的・制度的に完成するのは1957年に国際原子力委員会が設置され、1968年に核拡散防止条約が成立することによってであったとはいえ、以上のように、核保有国のフリーハンドとNATOおよび安保体制を背景に1953年には事実上できあがっていた。

## 2　科学における市場と国家
### …原子物理学者の国家的囲い込みと市場開放

「原子力の平和利用 atoms for peace」論の初心をチェックしておこう。これが平和目的のための原子利用を謳ったものでなかったことを明確にしておくためである。アイゼンハワー演説の翌年にあたる1954年、ビキニ環礁における核実験によってアメリカの行動が証明したように、「原子力の平和利用」は「核の軍事利用」をキープしながら並行して原発を商売にするということであった。こうした軍産両面の複合化はもともと第一次大戦のアメリカ参戦以来の構造的要因である。アメリカの政治は死の商人バーナード・バルーク（1870-1965）によって長期間コントロールされていた。彼は大統領顧問としてウイルソン大統領からケネディ大統領まで仕えた。とくに重要なのは1946年、国連原子力委員会UNAECの米国代表としてバルークプランを提案したことである。このプランは、ソ連が核兵器を持たない時点で米以外の諸国が核兵器を製造せぬことを誓う、核兵器の国際的管理を訴えるものであった。すでにプランの中で原発の国際管理を提言していた。アイゼンハワーの1953年の「原子力の平和利用」演説はバルークプランの焼き直しにすぎないものだった。

多くの物理学者が指摘しているように、原爆の核分裂の物理学的本質は原発と同一である。だから、福島事故によって排出したセシウムの量は2011年9月時点で広島原爆の約168個分であるという比較が可能になる。「原子力の平和利用」というのは、すなわち、直接の殺傷目的ではない平時の利用可能性という意味にすぎなかった。

よってこの概念には医療行為などが含まれているが、主として「経

済成長に役立つ」利用という意味であった。「核の普遍的、効率的、経済的利用への転換」がそれを示している。平和利用の「特別な目的は、世界における電力不足の諸国に豊富な電力エネルギーを提供するというものになるだろう」[(4)]というのだから、原発は経済成長政策の中で特別な役割をえたのである。

　一般に近代社会は、公私二元論、すなわち一方に私的な市場の領域を設定し、他方にこの市場領域を調整するための国家領域を設定するという構図でつくられている。この基本構図で数世紀マネージされてきたわけであるが、核時代に突入すると、基本構図を貫徹しながら、核が処理されるようになる。すなわち核を二分割し、国家が軍事面で管理する領域と核を市場化する領域とに二層化されるのである。

　こうして、核という新技術は、市場／国家の分離構造を維持する力として適合化されるに至った。具体的には、アメリカなど核大国が軍事的支配を担保しつつ、保有国の企図する成長政策の大枠の中へ全世界を巻き込んでいこうとするわけである。

　核の傘／原発の二層構造というものは、この意味でまさしく、近代の基本構図に核技術を適合的に組み込んだところのものであり、きわめて特異な前提をもつとはいえ、ひとたびここに組み込まれれば、基本構図はこの新装置によって強力に支えられるようになる。アイゼンハワーの美しい言葉の魔術によって全世界が騙された。

　一国規模で見れば、一般に電力会社と政府は、民間企業と国家の官民分離関係にある。原発が日本のような国策民営で経営される場合とスウェーデンのように純然たる民間企業とされる場合の違いはあるが、このような差異を含みながら、各国の原発は全体としてはNPT核拡散防止条約／IAEA国際原子力機関という国際体制に組み込まれる。この国際体制は、国家による原発の軍事管理領域と市場による商業原発の領域からなる二層構造を主権国家間で連携させるものである。

　NPT／IAEAの国際体制の理論的対立物は、世界政府による、主権国家の恣意的管理を廃絶する民主的な核エネルギー管理（および廃止）である。これは近代世界システムそのものの、少なくとも部分的な廃絶を意味するものであって、アインシュタインと彼の主張を継承

第12章　原発問題の思想史的文脈 ―湯川秀樹、丸山眞男、高木仁三郎―

する湯川の連邦政府論の主張は、核時代が近代の基本構図における核エネルギーの核大国による管理でしかない点を、物理学者の学知的合理主義の立場から鋭く見抜き、批判している点に大きな意味をもつ[5]。

### 3　アインシュタインの世界政府論

　核の傘/原発の二層構造が国際的によりどころとしているNPT/IAEAの体制が成立するのに先行して、A・アインシュタインは真っ向から対抗する構想を打ち出していた。彼は、1939年にルーズヴェルト大統領に手紙を書いて、アメリカの原爆開発に一定の影響を与えたとはいえ、日本への原爆投下に大きな衝撃うけた。彼が日本人に対して泣いて詫びたという逸話はなまなましい。

　しかし、後悔を後悔にとどめないのが天才のゆえんである。アインシュタインは、1945年末には核兵器の管理のための世界政府論を提起した。ナチス政権を憎んだアインシュタインは、一時アメリカ政府に頼ったが、思いがけない原爆投下の悲劇を見て、主権国家そのものの限界を鋭くみつめた。核時代と主権国家の非両立性というテーゼから帰結する唯一の結論が「世界政府」にほかならない。

　アインシュタインは物理学者であって、社会科学的造詣についてはより詳細な検討が待たれるが、学知的合理主義で、社会科学者の肺腑をえぐるようなクリアーな議論を投げかけたわけである。加害責任を問われた一人の自然科学者として、世界政府論は、学問の政治的利用に歯止めをかける工夫であったとも言えるだろう。

　ナチスの核開発の懸念をアインシュタインからききつけたアメリカ政府は、ただちにドイツでの核開発の技術的可能性を調査したが、ほどなくその水準に達していないことをつきとめた。しかし、マンハッタン計画に組織された物理学者たちにはこの点を伏せて核兵器製造を急がせたと言われている。原爆が完成した1945年7月14日の時点ではヨーロッパ戦線はすでに終結していたからドイツへの核使用の必要はなかった。しかし枢軸国中唯一残された敵である日本は、国体問題を条件にポツダム宣言受諾を先送りにしていた。アメリカは対日支配を見越して、原爆を使う。広島と長崎は壊滅した。

アインシュタインはユーモアを解する戦闘的平和主義者である。彼は、大量殺人の間接的な加害者とされたことに耐えがたい苦痛を経験した。持ち前の学知的合理主義は、この苦痛に、ある回答を出した。彼は、ヒットラーよりもアメリカ大統領を信用できると考えた誤りを越えて、主権国家自体に限界があることを認めた。およそ世界に複数の国家が存在し、強弱があることから戦争は起こる。国家は所詮人類全体を考える能力をもたない。そうであれば、核エネルギーをあれこれの主権国家に委ねることほど危険なことはない。まして核エネルギーの制御は物理学的に困難であるから、一層不確かな政治的利害の混入を招くことは賢明ではない。こうして、国家主権を厳しく制限し、核エネルギーを世界政府の管理に委ねることがアインシュタインの結論となった。これは、核の国際的管理ではなく、単一の世界政府への国家主権の従属を求めるものである。

　20世紀の相対性理論的世界像のもと、物質の基礎構造の本質が解明されるにつれて、理論物理学が影響を与える自然支配の範囲はとてつもなく大きくなった。物質の構造の解明は、使い方次第で、まさによき生活のための使用可能性とともに一歩間違えば巨大な破壊力をもたらす諸刃の刃となった。つまり、自然支配力から生まれる生産力／破壊力の両義性が恐るべき高さへと亢進したのである。

　アインシュタインの世界政府論は、この生産力／破壊力の、破壊力の側面を押さえ込むための、考えうる限り唯一のアイデアであった。アインシュタインは、アイゼンハワーが打ち出した「原子力の平和利用」にたいしても、きわめて慎重な態度を崩さなかった。彼は、「核は脅威である」と繰り返した。平和利用の評価という点で、アインシュタインの平和思想をかなり忠実に継承していると思われる湯川秀樹よりもいくぶんか徹底していたように思われる。

　たとえば「人間が開発した核をなぜコントロールできないか」との質問に対して、アインシュタインは「物理学よりも政治が複雑であるから」と応えた[6]。ここには彼一流の政治との距離のとりかたがある。物理学者の研究成果が政治家に悪用されうること、学知の明晰判明に対する政治の複雑という対照で、政治の複雑を身に染みて学習させら

第12章　原発問題の思想史的文脈 ―湯川秀樹、丸山眞男、高木仁三郎―　　129

れた後のアインシュタインは、政治の複雑性を現実として認めること自体を拒否しうる世界政府という制度を構想したものであろう。

すなわち複雑な政治とは様々な国益の乱立する国際政治のことにほかならない。物理学がこれに巻き込まれないためには、一切の国益に引きずられる可能性のない世界政府を構築して、あらかじめ政治の複雑さを取り除くほかはない。これは、カントの永久平和論を核時代において再建するものである。カントがニュートンの力学的自然観のうえに世界共和制を構想したのだとすれば、アインシュタインは相対性理論的自然観のうえに、それに似つかわしい世界政府論をリニューアルさせたのである。

世界政府論が提起された後、力づくでつくられた現実は、周知の通り、冷戦構造であった。しかし、思想史的に見ると、冷戦構造は、まさに彼の「世界政府論」を両陣営が完全に無視することによってであったことを忘れてはならない。力といえども、一つの思想であるからだ。

アメリカはアインシュタインの意見に全く耳を貸さなかった。同様にソ連も猛反対の立場を取った。アインシュタイは1945年12月18日付けでこの問題を全世界の物理学者に対して発信した。モスクワ学士院は容易に態度を明らかにしなかったが、だいぶ後になってS・ヴィヴィロフ、A.N.フルーミン、A・F・ヨッフェ、およびN・N・セミヨノフ4人は、アインシュタインに対して「世界政府の唱導は、・・・資本主義的独占体が自国の国境を狭すぎると考えている事実を反映したものでしかない」「世界的超国家の発議者たちは、・・・独立を自発的に放棄するように、と我々に要請している」[7]と批判した。ソ連の立場についてアインシュタインは、47年11月の時点で「彼（グロムイコ外相）は、ソヴィエト連邦はこのような命題（原子エネルギー分野での超国家政府）を受け容れないと明言している。彼が与えた理由は曖昧である。というのは、それらは全く明瞭に口実であるからである。しかし、ソヴィエトの指導者達が、ソヴィエト国家の社会構造を超国家政体の構成の内では保持しえないと信じていることは、本当のようである」[8]と事態を把握している。社会主義ソ連が世界政府論に敵意をもち、「ロシア人が超国家安全保障の形成を阻止しようと努めている」[9]とアイン

シュタインは特徴づけている。

ソ連の物理学者の意見はアメリカ資本主義に事よせて国家主権を守ろうとする点で、ソ連政府の態度と合致したものであった。アメリカは、1947年のソ連の動きを計算に入れて翌年にヴァンデンバーグ決議を可決し、これにもとづいて国連から主権国家の自由を防衛することを鮮明に打ち出した。つまり国連から主権国家のフリーハンドを守ろうとしたのは、米ソ合作であったわけだ。

アインシュタイの世界政府論が反社会主義的なものであるというソ連の言い分は、的を射ていない。というのは、アインシュタインは、1949年のマンスリーレビュー誌に書いた論文「なぜ社会主義か？」で明確に非官僚主義的社会主義への支持を表明し、世界政府論との関係を示唆しているからである。もし現代の生産力／破壊力を合理的に認識し、国家主権が原子力時代と両立しえないという認識を正論と見るならば、冷戦期の両陣営は1947年頃から「反動勢力」であったと診断可能である。

これと関連して、平和運動の論理にも大きな反省が避けられない。1963年の日本原水禁運動における「いかなる国」の問題には、少なからぬ知識人が参加したが、冷戦期の両陣営の核を攻撃的／防衛的な布置状況にあるものと見なす議論をおこなっていた。ありていに言えば、資本主義の核兵器は悪だが、社会主義の核兵器は善か、そうでないとしても必要悪だという捉え方である。上田耕一郎やサルトルらはこのような主張をした。ソ連や中国の防衛的核との評価がもし幾分か真実だったとしても、核の世界政府的な管理を受け容れる理論的準備は両国に皆無であった。社会体制の違いに由来する核兵器の位置づけの違いを強調することによって「いかなる国の核にも反対する」という議論を同列視だとする理屈が国内に存在したことを記しておく。こうした議論の結果、原水禁運動はやむなく分裂するに至ったのだが、これらの議論に欠けているのは、アインシュタインや湯川の世界政府論との関係で社会主義の核の持つ意味とその後の展望をどうみていたかである。再検討する余地を残しているように思われる。

核時代と主権国家の両立不可能というアインシュタイの診断には、

主権国家を前提にしておいて体制の優劣を論じる余地はない。冷戦的思考の呪縛が崩壊してゆく今日、我々は冷戦以前のアインシュタインの思想のずば抜けた構想力に驚くほかはない。

### 4　「ラッセル＝アインシュタイン宣言」（1955年）の論理

　それでも、1955年にだされた「ラッセル＝アインシュタイン宣言」[10]は、学者の良心の結晶であると言われ、国際世論に対しても一定のインパクトを与えた。

　宣言は、まず状況を診断して、冷戦構造が人類を死に追い詰めていることを述べ、これを回避するために国家主権を制限する必要があることを論じ、最後に東西双方からの軍縮を進めるよう勧告する、という論理構成をとっている。

　3・11後の視点からこれを再検討する場合、おそらく一定の留保が必要になってくる。というのも宣言は、新しい人類的な思考様式を促す点で大きな意義を持つものであるとはいえ、いくつかの弱点をもっているからだ。

　第一に、宣言は核の軍事利用への批判はおこなうが、「原子力の平和利用」論に触れておらず、十分な批判的言及がされてない弱点をもっている。IAEAが管轄することになる世界の経済成長のインフラ論についても触れていない。このことは、核軍縮の主張が、原発を含む核兵器製造のインフラ構造を不問に付した上での、上部構造としての核兵器そのものの縮減だけにとどまることになり、軍縮の全体構造を扱いにくい論理にとどまっている。この限りで核兵器批判の論理はいくぶん弱体化した。

　第二に、アインシュタインの世界政府論は、国家主権の限定という最小限の記述にとどめられている。このために、世界政府の構築という遠大な目標は影を潜め、主権国家の論理の地平で運動している東西両陣営が、それぞれの国家主権の立場から人類の危機を創造するように嘆願するという論理になっている。

　総じて宣言は、国家主権の制限を軍事的な核使用のレベルに限定するから、「核の平和利用」の独自に経済的な次元まで降りていくこと

がない。それだけ世界核戦略の再生産構造に対する評価が甘くなっていた。言い換えると、核の傘／原発の二層構造をトータルにつかみえないということになった。

3・11から見ると危機は、傘の下にまで広がっている。それゆえ、事態に対応して、国家主権の制限に関しても、軍事行動次元のみならず、傘の下の原発稼動にまで引き降ろさなくてはならない。日本政府がトルコやヴェトナムへの原発輸出を公言している点とも関わって、商業用の原発の商品としての国際取引は、3・11以降とくにきびしい再検討を要するはずである。

このように、「ラッセル＝アインシュタイン宣言」の記念碑的な価値を十分に認めた上で、核の傘／原発の二層構造を強調する視点は、既存の平和運動をチェックする有効性をある程度もつだろう。

## 5 湯川秀樹（1907〜1981）の平和思想

### (1)『世界文化』と湯川

湯川秀樹は、戦時中に日本の核兵器開発の研究者として組織されていたが、彼自身の思想傾向はもっと複雑であった。有名なレジスタンス雑誌『世界文化』の購読者リストに湯川の名前があった。公安当局は1938年段階で大阪大助教授の中間子論執筆中の湯川を監視していたという[11]。

では湯川が自覚的なレジスタンスであったかといえば、さほどでもなく、たとえば「国に捧ぐいのち尚ありて今日も行く一筋の道限りなき道」[12]といった通俗的な報国の気概を歌っている。要約すれば、戦時期の湯川は、一種の科学至上主義と帝国臣民の微妙な関係を抱えた、それでいて『世界文化』を読めるだけのふり幅のある人間であっただろう。

### (2) 敗戦後の湯川

敗戦直後湯川は自己を帝国臣民から切り離すようになる。「民族の特殊性は確かに大切なものであるが、それは結局中間的なものであって、各人の個性と人類全体の普遍性の両極に、段々と自己を解消していくべき運命にある。原子力の発見はこの傾向を促し、各民族の隔たり、

各国家間の境界をなくしつつある。・・・現実の世界においても・・・国際連合を経て、世界連邦の如きものへの発展が次第に実現されんとする形勢にある」。[13] ここには、特定の国家に奉仕するという帝国臣民的なものはもうない。科学主義を保持しながら、国家への奉仕を世界連邦へのそれへと付け替えていく傾向が強まる。

湯川は科学の全人類的な進歩への確信からこう述べる。「万一原子爆弾が人間を戦争にかり立て破壊─自壊へと導くことになったならば、それは物理学のうちたてた高度の文明世界に生物としての人類が適応しなかった証拠になるといえるかも知れぬ」[14]。これは、物理学の発展、ないし科学の進歩を大前提において、そのうえで、物理学のもたらしうる「高度の文明世界」を政治が捻じ曲げて戦争に持ち込むことへの警戒心を露にする。一種の科学至上主義を前提に、自分を学知の側に位置づけ、反対側に学知の可能性を狭めたり、悪用する政治を布置する。特定の国家に対する警戒心は、一切の冷戦構造のモメントとなっている国家に向けられている。

(3) 湯川は1948年、プリンストン研究所に招かれ、約1年間じかにアインシュタインに出会う機会を得た。このとき、もともと湯川の中にある程度まであった科学論と世界連邦論は一層磨きをかけられた。中でも「アインシュタインの平和原則」(1948年) に強く触発された。プリンストン滞在で、アインシュタインとは多くの時間を割いて議論をすることができたが、その多くを世界平和論に割いたと言われる。1955年にアインシュタインが死ぬ際に、湯川夫妻に遺言を残したこともあって、世界政府論は湯川の中に一層強力なドクトリンとなった。

### (4) 初代原子力委員会委員

アイゼンハワーの国連演説の翌年にあたる1954年、日本への原発の販売を追求するアメリカの動きは急で、正力松太郎を初代原子力委員会委員長とする国策が展開し始めた。1955年、正力は湯川を委員に招いた。しかし、就任後1年余りで翌年1月に湯川は辞任している。この辞任の理由は検討すべき問題であるが、湯川は「原子力の平和利用という建設的な側面」[15] があると明言しており、平和利用そのものに原理的に反対であったために辞任したわけではないようである。だが

豊田利幸は、湯川が平和利用についてきわめて慎重であった点を証言しているので、湯川を平和利用の楽観的推進論者であったということも間違いであろう。平和利用の内部構造を湯川がどう認識していたかさらなる解明が待たれる。

### (5) 晩年の湯川

1970年、湯川は、核物理学のみならず科学全般が人間の幸不幸に関係するようになってきつつあるため、科学中立論はますます維持しがたくなることを強調した[16]。これは、科学至上主義に近かった湯川の科学観に反省が生まれたことを意味する。それは核ばかりか生命科学の動向にもかかわっていた。湯川は、若い頃科学は中立であると考えていたという。だが原爆が落とされた後科学が中立とは言い切れない要素を科学の中に認めざるをえなくなった。

このために、湯川は科学中立論から徐々に離れて科学の脱中立論を批判するようになっていった。第一に、湯川によると、科学は発展するにつれ、ますます人間の幸福に直接間接の影響を与えるようになるという意味で、人間の幸福から中立であるとはいえなくなっている。第二に、それゆえ、科学の様々な発展可能性の中から、人間の幸福に役立つ部分は伸ばし、切るべき枝を分けて剪定をおこなう必要が出てくるのだと主張する。人類の幸福という価値で限定された科学の枝を育てるというのである。第三に、しかし、この剪定を行う場合に、一体誰が判断するのかということが問題になってくると湯川は明言を避けている。おそらく国家がおこなうことに対して湯川は最も恐れていたはずである。だが、科学者にすべてその判断をまかせてよいかどうか、言い換えると国民や市民は除外されるべきであると考えていたかというとそうとも思えない。未解明の点を含んでいる。晩年の湯川は、ラッセル＝アインシュタイン宣言やパグウォッシュ会議をへて科学者京都会議などに大きな精力を注ぐのだが、これは科学者が専門性にもとづいて価値の問題を提起する運動として位置づけられうるのではなかろうか。

以上のような未解決問題をかかえながら、湯川は科学と世界政府の関連付けにさらなる努力を傾注していった。第一に、国家権力による

科学の恣意的使用を退けるために世界政府を請求してゆかねばならないという方向である。湯川の用語では世界連邦というのであるが、これはアインシュタインの遺言から彼が受け取ったものである。科学者の社会的責任論として位置づけられた平和論であった。第二に、先の科学中立論からの離脱の過程で、人類の幸福そのものを目的とするところ価値を体現した科学への希求である。

　新しい科学論と世界連邦論の接するところは点から面になっていきつつある。つまり、新しい科学論は、原子物理学だけでなく、生物学などを含む幅広い面でつかまれている。だから科学は広い範囲で世界連邦を請求すると想定されていたように思われる。本稿では、ここに指摘した科学論と世界連邦論の収斂度を検討課題として指摘するに留めたい。

　ともあれ、湯川が提出した、科学の価値との関係づけの問題は、社会科学との協同を再考させるものである。これを視野に入れて、2点だけ書きとめておきたい。

　それは第一に、科学そのものが価値中立か、それとも価値選択にもとづくものであるかという科学観における問題である。湯川は、経験的に自己の科学観の変化を語っているので、近代科学は17世紀から20世紀までは中立であったが、20世紀に原子物理学が登場して以降中立でありえなくなった、と言っているように聞こえる。ここには、さらに様々な細かい科学観のバリエーションが入り込む余地がある。たとえば、科学はそれ自体としては中立であるが、科学を現実に利用する段階で、国家や企業がその具体的な使途を限定してくるので、利用段階で中立ではなくなる（利潤や国益で科学は捻じ曲げられたり、悪用される）、という見解もありうるだろう。

　しかし、私見では、湯川は、研究目的、研究過程、研究結果の利用といった全過程のあらゆる段階で価値観が入ってくることを承認していると思われる。そして湯川は、明示しているわけではないが、科学への価値観の混入は、けっして、20世紀に突如始まったというわけではなく、近代科学の画期とされる17世紀にも、またさかのぼってギリシア時代からも、つねに科学は価値拘束的であったというふうに

考える可能性を否定しているわけでもなさそうである。こう考えると湯川は自然科学の側から、ウェーバーの価値関係性論と同義のテーマを出してきていると言えるだろう。

　第二に、社会の権力の問題である。科学に価値が混入してくるということを認めた場合、この価値を牛耳っているのは、科学者個々人である以上に世俗の様々な権力である。とりわけ研究開発に従事する研究者を雇用するためには財政的裏づけが必要であり、そうであれば、あるべき科学もまた財政基盤を持つ権力的な社会的アクターの価値に従属せざるをえない。人類的価値を常に国家や企業が与えてくれるという保障はない。とすれば、誰がどのようにして科学全体の望ましい方向を価値選択することができるのだろうか。剪定という湯川の問題提起は理解しやすいが、誰が剪定の範囲を決めるのか。この問題は湯川の議論において未完のまま残されている。この問題はハーバーマス的に言い換えると、科学技術がシステムを経由して生活世界の中に侵入してくる問題である。生活世界をシステムを介した科学技術の破壊力から防衛するためには、生活する当事者たる市民が、どういう科学技術を育てるべきか価値選択しなくてはならないという主張に繋がっていきうるであろう。湯川には、ハーバーマスほどの大きな認識枠組みはなかったが、科学者運動を熱心に組織して、最晩年まで、科学者相互の協力によって、世論にあるべき科学の方向を価値選択させる基盤をつくる実践をおこなったことの意味は貴重である。

## 6　科学者京都会議における諸科学の協同

　湯川や朝永ら自然科学者の呼びかけに呼応して、一定の社会科学者たちも平和運動に参加した。江口朴郎、大内兵衛、大河内一男、久野収、坂本義和、末川博、田畑茂二郎、都留重人、恒藤恭、南原繁、丸山眞男、宮沢俊義、我妻栄といった人々であった。

　この集まりにおいてはアインシュタインから湯川に継承された論点がある程度まで共有されていただろう。1950年の「平和問題懇談会」報告を書いた丸山眞男らの仕事を考慮に入れても、東西両陣営の片方の陣営に与するという傾向は慎重に回避されている。彼らは、「ラッ

セル=アインシュタイン宣言」の思想に沿って、積極的な平和共存を模索する立場を懸命に追求した。それゆえ、科学者京都会議の提唱のもとに参集した自然科学者と社会科学者の協同もかなりの程度まで進んだ。

協同の進行の中で、ラッセル=アインシュタイン宣言、パグウォッシュ会議、科学者京都会議などに湯川とともに熱心に参加し、科学の社会的責任論に鋭い論陣を張った坂田昌一は社会科学者にたいして、次のような重要な課題提起していた。

「(1962年ごろから) パグウォッシュ会議を堕落させた原因は、参加者のなかに大国の政府と密着した人々が多くなったせいだけではない。もっと本質的な原因が深いところに横たわっている。パグウォッシュ会議は、ラッセルのよびかけに応えてひらかれたものであるが、その参加者は大部分原子科学者であった。原子科学者は、核戦争の実態を明らかにし、戦争の論理の破綻を指摘する面においては、たしかに大きな役割を演ずることができた。ところが、いかにして戦争の論理を廃絶し、平和の論理を創造するかという問題は本来社会科学の分野に属するものであり、この場面においては社会科学者が主役を演じなければならない。この仕事は、社会科学的にも全く新しい問題であるから、自然科学者の素人談義が案外役立つかもしれない。しかし、大切なのは、人文社会科学をふくむ全分野の科学者が協力せねばならないということである。・・・平和の論理を創造するには、なによりもまず、自然と社会の全域を広く、深く透視しうるような観点に立たねばならない。ところが、自然科学者だけでは、いかにすぐれた原子科学者が集まろうとも、このような能力をもつことはむずかしい。」[17]

坂田は、1954年当時から日米両政府に原子力政策の「障害」になる原子研究者とレッテルを貼られていたと言われる[18]。それはもっとも問題の核心に迫っていたということの裏返しでもあろう。坂田は上の文章で率直に自然科学者の弱点を告白し、社会科学者の助力を求めている。そのポイントは、国益の影響を受けた学者がたとえ多くなっても、そうした利害関係に影響を受け付けないだけの訓練を経た社会

科学者が自然科学者を援護することができれば、パグウォッシュ会議の堕落は避けうる、ということであろう。

　坂田の提唱した自然科学者と社会科学者の協同はある程度進んだ。たとえば国際政治学者の坂本義和が自然科学者に対して応答していった一連の仕事はその最良の成果の一つであろう[19]。では、坂田が請求したように、社会科学者の寄与によって、自然科学者の素朴な問いに答えが出され、ついに戦争の論理と対決し平和の論理が創造されるところまで到達したのであろうか。ここで社会科学者の議論を少しく検討してみよう。

## 7　丸山眞男の近代学問論

　上記の課題に直接答える前に、社会科学者の学問論を検討しておこう。戦後日本の学問が、大日本帝国による弾圧から解放されて、一定の自己認識に達したときの記録として「検討会　新学問論」(1947年『学問の思想』筑摩書房に再録、1971年) がある。出席者は、丸山眞男、飯塚浩二、川島武宜、大塚久雄、中村哲、野田良之に司会者として瓜生忠夫であった[20]。

　なかでも最も精彩を放つのが丸山の議論である。本稿のテーマと遠からず関係するので、丸山の学問論から素材を引き出してみよう。丸山は近代以前の学問意識と近代以降の学問意識を対比して次のように特徴づけた。

　(1) 近代以前の学問と近代以降の学問を対比すると、次のような二項対立がえられる。自己意識の欠如／自己意識の存在、環境との乖離の不在／乖離、環境と自己の連続／断絶、主体と客体の同一／主体と客体の分裂、自然と社会の所与性／自然と社会の改変、順応／主体性、倫理学中心／数学と物理学中心。

　日本の戦後の学問をこの対比のなかから描くとすれば、次のようになるという。

　(2) 新しい学問の課題：前近代から近代への徹底を求める。政治の自然視をやめた後、経済の自然視が残っている、言い換えると政治

と経済のズレがある、ここに近代的主体性の不徹底がある。だからと、丸山は指摘し、「社会に対して人間が完全に主体的な意識をもつに至るというのは、矢張り資本主義の次の社会というものの構造というものが熟してきて、はじめて経済に対する計画性ということが問題になってくる・・・そういう風にして・・・近代と近代以前の学問を、最も区別する一つの象徴というものが、自然と対立した意味に於いて、自然と対立した人間の自己意識じゃないかといわれると思う」[21]と指摘した。

　丸山眞男によって提出されかつ残された課題は、「資本主義の次の社会」を射程に入れて、近代または「人間の主体的な自己意識の過程」の徹底として把握する必要があることである。丸山の用語で言えば「人間が自然を従属させて行く」ところの「主体的な自己意識」の立場に立つことである。「資本主義の次の社会」についても丸山は独自の位置づけをもっており、自然にたいするこうした人間の主体性を社会や経済にまで徹底するものが＜資本主義の次の社会＞の学問なのである。ここで「主体性な自己意識」によって「資本主義の次の社会」を規定してよいものかどうかという問題はさておいても、注目すべきなのは、近代とは自然と社会からの自己の乖離＝対立である点が重視されているところである。この乖離＝対立（あるいは主体と客体の分裂とも言われるもの）とは、自然や社会が環境として主体とひと続きになっているために主体がそうした環境を「それ自身尊い」と思い込んでしまうという意味で、対象化できない状態にあることから離れていくことを意味している。

　丸山のここでの議論は『日本政治思想史研究』1952の自然／作為の対立軸を要約して学問論へ展開したものである。学問の上で前近代を否定し、近代を確立することが、けっきょくは「資本主義の次の社会」を樹立する上でも有効である、という信念も窺えよう。

　さて、ここでの新学問論には丸山の本領がよいところもわるいところも実によく現れている。前近代との対比で近代の学問を特徴づける、いわば認識論的な近代的主体の成立を説明する論点は目の醒めるよう

な切れ味である。しかし、60年以上を経過した今日からすれば、自然と社会からの乖離＝対立の評価はいま少し複雑化しているはずである。すなわち、丸山の言うところの主体と自然および社会との乖離＝対立は、いわば近代以降の歴史貫通的なものなのか、それともすぐれて近代的なものなのか、という点である。

　もちろん認識論的な主体性論は、丸山のヨーロッパ思想史の理解に裏打ちされたものであり、ドイツ古典哲学やEカッシーラー、K・シュミット、F・ボルケナウの思想史論を彼なりにふまえている。

　したがって、詳細な検討を要するものであるが、認識論上の近代的主体論は「資本主義の次の社会」との接続のところで固有の困難をはらむものとなっていると思われる。丸山は、近代的主体の否定を媒介しない、徹底として未来を展望する。このために、文字通り読めば、自然と社会との乖離＝対立はそのまま未来にひきつがれることになる。しかし、それでよいのか、という問題がこのシンポジウムでは素通りされているのではなかろうか。というのも近代的主体と未来の主体の間には引継ぎと否定の弁証法があってよいはずであるのに、固有の否定面についてまったく検討がなされていないからである。

　認識論の地平を少し応用すると経済成長論になる。私見では、丸山は1960年代以降の経済成長を固有の政治現象としてつかみ損ねたのではないかと思われる。経済成長というのは、科学理論の生産実践への適用をつうじての資本蓄積である。ここで問題は、科学理論の適用にあたって、いったい誰の意識による適用なのか、という点である。カント的な絶対的に自由な意識と自然との関係は、それじたいが市民的世界像の一部であって、意識の自由は人間一般のそれという抽象的なものではなく、現実的には資本が接収している。資本のもつ意識が主体となって生産目標を決定し、科学を意識的に適用するからである。科学者はここでは主体ではない。経済成長とは、人間一般が自然を従属させる営みではなく、資本が自然を意識的適用によって従属させる営みであって、近代科学技術の誕生を組み込んだ資本蓄積の論理の実行にほかならない。

　丸山の指摘するとおり、近代自然科学自体が、数学と物理学をモデ

ルとして、自然を、人間による自然の利用ないし従属化の使命の中において構成するものである。近代自然科学は、16世紀以降に成立した力学的世界像であって、ボルケナウ的に考えれば市民的世界像のひとつの構成部分である。したがってT・クーンのような科学論を考慮するまでもなく、近代科学はそれ自体一つの歴史的世界像の一部であって、近代世界システムがこの背景にあったとみるべきであろう。

　近代自然科学と近代世界システムは、偶然に16世紀に出現したのではなく、後者が前者を生み出したのである。ゆえに、産業革命以降、近代科学を組み込んで経済成長が行なわれることをつうじて、私たちは無意識のうちに近代的な市民的世界像の内部へとりこまれてきたわけである。

　丸山は経済成長のうちに、一方では認識論的な近代的主体の確立と発展をみていたはずである。なぜなら、経済成長は自然との乖離＝対立を含んでいるからだ。しかし、近代的主体性が経済成長と手をつないで発展する可能性をもつとはいえ、そこに丸山はいわゆる私化の限界も見つめていた。「個人析出のさまざまなパターン」(1962年)において、私化と結社化の両義性が認識枠組みとして提示されたが、問題はこの両義性と認識論的な主体性とがどう関係するかにある[22]。

　丸山はこの点には格別触れていないが、推論してみなければならない。丸山の学問論を引き継いでいけば、たとえ私化のなかであっても認識論的主体性は貫徹する。結社化は丸山の認識論的な近代主体性を強化するものであるかどうかは直感的には微妙である。だが新学問論の議論を引き継ぐならば、当然強化することになるであろう。なぜならば、乖離＝対立は「資本主義の次の社会」でより徹底されると丸山が述べているからである。

　この点を確認した上で丸山について注意を促したいのは、1967年に鶴見俊輔との間で行なわれた座談での発言である。よく知られているように、丸山は敗戦を広島で迎え、8月6日丸山は死を免れたが、被爆した。それを回顧しながら丸山は率直にこう語っていた。

　「いちばん足りなかったと思うのは、原爆体験の思想化ですね。‥‥

そういう意味での原爆体験というものを、わたしが自分の思想を練り上げる材料にしてきたかというと、してないんです。その点が、自分はいちばん足りなかったと思いますね。」(23)

　丸山の学問論と原爆論の関係が浮上してくる。丸山は一方で近代的認識主体の徹底を主張してきた。もし、この主張が1967年の時点でも不動ならば、乖離＝対立の徹底の立場で原爆体験の思想化をおこなわねばならない。だが、果たしてそれは可能なのであろうか。重要な問題がここに隠されているのではないかと、私は考える。
　近代学問の認識論的前提を丸山は分析して、おそらく16世紀以降のヨーロッパ史のなかに出現する市民的主体のあり方をイメージして議論をすすめていた。近代の学問を擁護するためには、宗教国家の思想的制約を打破して、個の内面に立ち入ることのない中性国家としての近代国家を樹立すべき課題がある。近代的思惟の封建内部よりの生成に賭けた彼の戦中の業績を踏まえて、丸山は近代的な認識主体の成立と近代国家の機構との間に内的連関があることを重視していた。
　原発との関係においての問題は、この先にある。およそ近代国家が認識論的主体性の延長上において原爆を製造しかつ投下したということを承認するとすれば、それが近代的主体性からの逸脱ではなく、その表現であるということになる。とすれば、丸山の、近代国家と近代主体的意識の相関という思想史的研究テーマは、原爆体験の思想化においても相応の土台となるはずである。
　丸山は自己の原爆体験の思想化が足りなかったと述べているのであるが、もし、この思想化を探求した場合、丸山の思想史研究はどういう様相を帯びるようになったであろうかという問題である。事実として丸山は、時事問題を禁欲し、いわゆる本店に立ち返って前近代的思考の研究に集中した。彼が生涯をかけて取り組んだのは『講義録』に詳しい、精神構造としての天皇制の壮大な研究であった。つまり日本の前近代的思考の研究であった。言い換えると、前近代社会と前近代的思考の対応関係の究明である。前近代的思考を評定する基準は丸山においては一種の市民的思考様式におかれていたと見てよい。

すると、前近代と前近代的思考、近代と市民的思考様式の対応に関する丸山の通史的な究明は、陰画としてではあるが、原爆の思想化に重要な示唆を与えうるものであるはずである。どういう示唆か。近代主権国家が原爆を投下した。それはアメリカ国家の思考様式と対応しているはずである。であるならば、原爆体験を思想化する場合、こんどは、アメリカ国家の思考様式そのものを被爆者側から対象化しなくてはならない。つまり、アメリカの原爆投下を可能とした思考様式とはいったい何であるかが論点として浮上する。被爆者としての丸山から見れば、市民的思考様式からの複雑な移行と継承の関係において、脱市民的思考様式が、近代国家との葛藤内部から台頭してくるようなかたちで視座化されてこなくてはならない。丸山の思想史的な原則を継承すればそうならざるをえない。丸山自身がこう述べている。
　「私は8・15というものの意味は、後世の歴史家をして、帝国主義の最後進国であった日本、つまりいちばんおくれて欧米の帝国主義に追随したという意味で、帝国主義の最後進国であった日本が、敗戦を契機として、平和主義の最先進国になった。これこそ20世紀の最大のパラドックスである——そういわせることにあると思います。そういわせるように私達は努力したいものであります。」[24]

　宇品で被爆した丸山は「実は私自身の自然的生命自身が、なにか虚妄のような気がしてならない」と述べた。このパラドックスを実現しようとする彼の努力は、憲法第9条を「過去の常識に反するひとつの逆説です」とも言わせた[25]。
　とすれば丸山が原爆体験の思想化に予定した作業とは、大戦の終末における原爆使用が一つの旋回基軸となって、近代主権国家の「常識に反する」日本国憲法および9条をもたらしたことを、市民的思考様式からのなんらかの転換を促す地殻変動として読み取る作業になるのではないだろうか。
　丸山における近代の認識論的主体性と原爆の関係という問題には、アメリカ国家の思考様式とは一体何かという問題と連なっている。ところがアメリカ国家の思考様式がいかなるものであるのか、丸山自身

十分な考えをもっていたわけではない。鶴見俊輔との対談（1972年）で丸山は「アメリカはわかない」と述べていた。現代日本の政治とは何かというテーマは、アメリカ政治の理解なしに不可能だが、そのアメリカが「よくわからない」というのである。

　もしこれを文字通りとってよいとすれば、この発言は「原爆体験の思想化がいちばん足りなかった」という告白とともに、思想化の困難の背後にあるものを示している。アメリカはわからない、そしてアメリカの原爆投下を可能とした近代科学の思考様式が何であるか、それが彼の推奨する近代的主体性と重大な関係を持つものであることを未解明のまま残し、加えて、アメリカの主導する経済成長が世界戦略の一環において位置づけられたものであって原発もまたこのなかで特別重要な機能を委ねられたことを考慮せざるをえないはずだが、こうした諸点を丸山は決定的にぼやかしてしまっている。

　原爆体験の思想化は、こうして、近代的認識主体、原爆、アメリカ国家、経済成長、原発などの各項目を関係づけるような思想史的な課題への挑戦を促すのである。これは非常に大きな作業をオーケストラ的におこなうことである。

　おそらく丸山はどこに問題があるか重大な関心を持っており、個別的にはある程度まで触れてもおり、しかし全体的な考察をやり切れずに宿題として残したというべきであろう。超近代的主体の思考様式の解明、これが大きな宿題である。

　この宿題の大半の作業を丸山の周辺にあって触発する人々がいた。アインシュタイと湯川が熱心に取り組んだ平和運動や科学者京都会議の人々である。これらの理論的焦点の中心には世界政府論があった。これこそ「過去の常識に反する一つの逆説」のもっとも先鋭なものである。近代国家は、しかし、アインシュタイや湯川が提唱した世界政府による核エネルギーの管理へと向かうどころか、ぎゃくに、多国間または二国間の軍事同盟による、核の傘／原発の国家間階層的秩序へむかっていった。世界政府論の劣勢と主権国家論の持続力の間で丸山は悩んだのではなかろうか。

　ポイントは、国際的階層秩序を経済面から支えた1960年代以降の経

第12章　原発問題の思想史的文脈 ―湯川秀樹、丸山眞男、高木仁三郎―

済成長に切り込んでいけるかどうかである。戦後日本の経済成長は、核の傘／原発開発の二層構造を土台とし、軍事を大国アメリカに丸投げし、安保に「ただ乗り」すると陰口をたたかれながら、まさしく奇跡的と呼ばれるスピードで加速された。丸山は、経済成長が、日本の労働者階級の、手から口への生活にゆとりをもたらし、日本国民を成熟した政治的主体へ促すことになるであろうと一面では楽観していた。しかし実際には丸山の見通しとは逆に、彼の言葉で言えば私化をもたらしたのである。結社化と私化の両義性のうち、後者へ傾いた理由は経済成長そのものの特質に求められねばならない。端的に言えば、経済成長はアメリカの世界成長政策の一環であり、それじたいが固有の政治支配の一環であった。このことの見極めが弱いとさまざまな観測の弱さがうまれうる。

　ここに、近代的主体の認識論とアメリカ主導の世界戦略として進められた経済成長論の絡まりの問題が隠れている。私見であるが、経済成長は「過去の国家の常識に反するひとつの逆説」であるところの日本国憲法を世界政府の実現から遠ざけるねらいで戦略化され、日本に持ち込まれたものであった。経済成長は、サンフランシスコ講和条約と安保体制を政治的な前提としていたのであるから、経済成長への日本の同調は、この前提を忘却させることであった。そうすると丸山がもし、乖離＝対立の近代的主体が経済成長において実現されているといくらかでも評定すれば、丸山自身の憲法評価の実現はそれだけ困難になる。反対に、「九条の逆説」を実現しようとすれば、経済成長をひとつの政治的現象として評価せざるをえないはずだが、それが丸山には十分にはできていなかった。

　丸山の語る原爆体験の思想化を、思想史的に行なうためには、丸山が1947年のシンポジウムで述べた、自然と社会からの人間の乖離＝対立そのもののもっている認識論上の歴史的意味をもっと深く掘り下げて、現代世界秩序の根底にある、近代的学問の視座構造と日本が国策上採用した経済成長論との内的連関を暴きだすテーマ設定をまずとらねばならなかったはずである。丸山が依拠する市民的思考様式は、19世紀にはヨーロッパにおいて軍産複合体を育て、20世紀アメリカにお

いてついに「死の商人」的思考様式を生み、それに屈服した。

　丸山は、科学者会議京都などとのつきあいの中で、むしろ市民的思考様式の悪を解明すべき環境下にいた。市民的思惟様式と近代国家の関連を誰よりも正確に明らかにした丸山は、アインシュタインや湯川が提唱している政治組織上の問題（世界政府論）が、力学的自然像から相対性理論的自然像への転換を前提に打ち出され、市民的思考様式が巨大な曲がり角に来ていることをつかみうる人でもあったはずである。

　ゆえに丸山がこれまでとってきた思想史の方法を駆使すれば、敗戦後の市民的思惟様式をある面で乗り越えてしまった日本国憲法第9条の思考様式が、再びバルーク的「死の商人」によって操作されるアメリカの世界戦略のなかに包摂され、講和条約＝安保下の日本の原発開発政策のノイズとなって切り詰められてしまうあり様を目の前に見据える必要に迫られていたと言わねばならない。

　丸山が「いちばん足りない」という発言をした1967年に先立つ数年、科学者京都会議勉強会（鎌倉）や第3回科学者京都会議に丸山は多くの社会科学者とともに参加し、自ら「戦争についての観念の変遷」を報告したり、署名してもいる[26]。推測の域を超えないが、丸山は、科学者の協同の場で、原爆のもつデモーニッシュな威力とともにこれを超えていける思考様式とは果たして何であるか、自問せずにはいられなかったはずである。だが、彼はついにそれを果たすことはなかった。

## 8　高木仁三郎『いま自然をどう見るか』をめぐって

　原発問題の思想史的文脈を、そのもっともアクチュアルな地平で問題にできる箇所へ近づいた。高木仁三郎の仕事はまさにそうした研究を可能にしてくれる。高木については、すでに他の様々な箇所で触れられているので、彼が原子力研究者として出発し、東大原子工学研究者を辞めて、市民科学者として生きた人であったことだけを述べておこう。以下は、彼のまとまった自然論である『いま自然をどう見るか』に絞って彼の考えを検討してみたい。

　高木は、ここで概略次のような点を論じた。

　第一に、彼の主張全体のまとめともなるが、近代自然観からエコロ

ジー的自然観への転換を提唱した。

　第二に、そこへいたる歴史的過程において、ヘシオドスの自然像→アリストテレス的自然像（ロゴス的自然）→機械的自然像を位置づけ、この後にエコロジー的な自然観を位置づけた。

　第三に、このばあいのエコロジーへの転換はこう説明されている。「自然観の転換の核心は、人間の理性の自然界における優位という近代的な考え方を転換すること」「自然界の孤独な征服者」から「二つの自然の統一、内なる自然と外なる自然の統一」へ向かうことにある[27]。

　丸山の新学問論（1947年）が提起した、自然環境からの乖離＝対立の問題がここでより腑分けされて対象化されていることに気づかれるだろうか。つまり、16世紀の力学的自然観（高木は機械的自然観と呼んでいる）が登場してくるとき、丸山の言う意味での自然環境からの人間の乖離＝対立が生まれた。しかし、この乖離＝対立は、思想的バイアスを一切もたない理性一般の成立を意味しない。高木によると、それは「人間の理性の自然界における優位」というきわめて近代主義的なバイアスをもつところの、人間の自然に対する克服、有用性、私有を目的におく狭い自然観であった。哲学用語で言えば、近代科学の立場から生まれる主体性とは、自然を観察し、そこから有用性をひきだそうとする客体化の営みである。ゆえに高木は、これが「自然界の孤独な征服者」というバイアスを含んだものであると特徴づける。

　これでは、人間と自然との共生はできないというのが高木の立場である。すなわち、原発をはじめとする現代科学は、究極のところでは、こうした「人間理性の自然界における優位」にたって、外なる自然を従属化し、また内なる自然である人間をも抑圧して来たのだととらえる。共生というのは、高木によれば、「人間と他の自然とを対置したうえでその調和や共存を説くというのではなく、自然全体の中に人間の生や生活を相対化する、むしろそうして自然の中に生きることこそが人間の主体性である、という思想である」[28]。

　よって、高木の立場では、脱原発というのは、たんに、電力供給の資源を原子力から再生エネルギーへ移すということに尽きない。核廃

棄物処理を例に出せばもっともわかりやすいであろうが、およそ自然界が自然的な生態学的循環によって処理することのできない放射性物質を10万年以上も密封して中間貯蔵すること自体が、共生を否定しているわけである。

　高木は、冷戦期のマルクス主義がなお人間の自然への優位を保持するものだったと痛烈に批判しながら、しかし、マルクスの思想から「人間と自然の物質対謝過程」の概念を引き出してきて、論じている。「人間は自然に対する人間中心主義的な働きかけを、人間の主体性の発露と自由の拡大とみて、進歩と自由の名において正当化してきたのである。‥この点では自然の資本主義的な私有に反対するマルクス主義も例外ではない」[29]。ここには丸山の認識論的な近代的主体論までが批判的に対象化されている。

　ここで、本来のマルクスの思想には、「人間と自然との間の近代主義的な関係」[30]を克服してゆくという要素があったのではないか、と高木はいう。ここには「人間と自然の物質代謝過程」を自然支配の論理から切り離していこうとする高木の主張がある。

　ところで、そうなると、自然支配と自然認識一般を自然との乖離＝対立というかたちで一括し、しかも「資本主義の次の社会」はこの自己意識の徹底であると位置づけた丸山のような認識論的な主体性論とは異なる主体性の定義がここに出てくることは当然だろう。つまり、ひとえに自然との乖離＝対立を強化する方向で近代的自己意識を徹底することに主体性を求めていた1947年時点の丸山とは違って、自然との乖離＝対立や自然の従属化を自明とはせず、反対に、自然との共生が人間の主体性であるという思想が鮮明に提出されてきている。

　丸山と高木の双方を比較すると私たちは、自然と自己、社会と自己の乖離＝対立にみる近代的主体性の成立をどう評価するかという論点をめぐって、それに肯定的な丸山と否定的な高木の双方をいったいどう関連付けるか、考えるべきところへ到達した。

　丸山の言う主体とは、一切の自然的秩序、社会的秩序から自由になった主体のことで、自然を客体化していたのであった。これにたいして高木の主張を翻訳すれば、真の主体性とは、自然を客体化するの

ではなくて、いわば対象化し、自然を従属化させるのではなく、自然の生態学的連関から乖離しないことを求めるものだということになるであろう[31]。

　自然との乖離＝対立は自然との共生へと置き換えられる。同様に客体化は対象化へと置き換えられる。この場合、自然の客体化によってえられた成果がすべて捨てられるわけではない。自然の客体化は自然の対象化によって包摂されるべき作業のひとつのモメントに過ぎないものとなるだけである。

　客体化のもとでの分析の過程で、対象は個々の要素に相互に孤立化させられ、分断されるのであるが、対象化のもとでは、あくまでも生きた対象そのもののもつ有機的連関じたいのなかに個別の要素は位置づけられ、切り離された要素の作用（たとえば核分裂）だけが特化されるべきものではないことになる。なぜなら、自然自体の持つエコロジカルな創発特性は保持されねばならないからである。

　したがって自然を客体化する研究主体の成果を歴史的に特有のあり方で有用化しようとしてきた社会的アクターがなすべきことにたいしても一定の歯止めがかけられる。つまり自然から乖離＝対立する研究主体が研究一般のあり方として正常だというわけではなく、自然から乖離＝対立した主体は、歴史的に見て市民的世界像の中にはめ込まれた限りでの研究主体であったにすぎない。これを不当に一般化することでその成果は資本に好都合に利用されてきた。なぜなら資本はその運動法則のコードに従って、自然を客体化し、対象を分析的に孤立化させざるをえず、たとえば核廃棄物を自然の有機的連関から切りはなして処理することに不利益を感じることさえなく、相互分断的な分析過程を容認する傾向を持つからである。

　客体化と対象化の区別にともなって、高木の提起した資本主義的管理と＜人間と自然の物資代謝過程＞の管理の区別も重要なものになってくる。丸山は近代的主体性の徹底のイメージで「資本主義の次の社会」を構想していた。これは、近代科学を一切認めない反動的な千年王国的ユートピア論を封じ込めるうえでは有効であるし、近代の本当の意味での継承を重視する立場である。ただ高木の場合、マルクスに

おける人間と自然の物質代謝過程の制御は近代科学観を超えるものとされている。

丸山が近代主体の環境からの乖離＝対立を重視した本当の狙いは、一切の後ろ向きの近代否定論であったはずである（近代的思惟）。この意味を汲んだうえで、丸山の近代的主体論にはより細かい分節化が必要となってくる。

重要なことは、乖離＝対立を維持することではなく、対象化をつうじて自然に接近すること、対象化しながら分析要素をたえず総合化すること、それ自体が生態学的循環に内在するひとつのまとまりをもった母なる自然を破壊しないようにすることが可能な新しい思考様式を発見することなのである。

あえて丸山のよさを引き伸ばす言い回しを使うならば、自己意識の徹底というのは、つまりは、人間と自然の物質代謝過程を合理的に制御するところまで徹底して初めて、大衆的な次元で、確立されるのであろう。

高木を検討することで、丸山の新学問論の発言では十分つかまれていなかった、自己意識の徹底の内容が新しい主体性としてようやくつかめるようになる。しかも「人間と自然の物質代謝過程」の概念を導入することによって、分析と総合のあり方にも一定の示唆が投げかけられるだろう。

## 9 自然科学と社会科学の関連づけをめぐって

高木は、自ら、「社会的な側面（社会科学的考察や社会的実践）については、ほとんど取扱わず」[32]と自己限定しており、ラッセル＝アインシュタイン宣言を継承する課題に言及しているわけでもない。この意味で科学者京都会議にあった自然科学と社会科学との協同の課題は、高木においても残されたままとなっている。

しかしながら、高木の提起した問題を考慮に入れると、原発問題をどういう思想史的次元でうけとめるべきかについて、幾つかの論点が明確になってくるであろう。

第一に、近代科学の中立性というテーゼは高木によって明確に否定

されている。近代科学は、最初から自然支配を自明の前提に発展してきた。自然を人間に従属化させることが進歩であると考えられてきたのである。湯川は同様の問題にたいして、大戦後の研究者が持つべき価値の問題の重要さを提唱し、中立であるようにかつては思えた科学が原爆以降中立でなくなっていきつつある過程に注意を促した。しかし科学の中立性にかんするこの問題は、もっと正確に言い直すと、16世紀以来の市民的世界像の台頭という包括的なスケールの中で考察されるべきものであった[33]。一見すると学者は真偽だけを熱心に追求しているように見える。しかし、そもそも一切の価値と無縁に真偽のみを追求しうるということそれ自体がきわめて近代的な価値分化を前提にしている。宗教的世界像が解体し、市民的世界像が台頭することによって、はじめて真偽という基準が、善や美とは無縁に、一人歩きするようになった。この一人歩きは一定の時期に限っては解放的な意味をもちうるけれども、同時に何かとてつもないよりなさを生み出しもした。なぜならば、真偽のみに没入した成果にたいして国家は勝手に目的を外挿し、人間殺傷に使ったのである。核分裂によって一瞬にして数十万人を殺傷することができる、という計算は真偽からすれば正しかったのである。しかし、アインシュタインをはじめとして、こうした真偽の特権性を当の原子物理学者自身が疑い始めたのである。では、この疑いは宗教的世界像への回帰を求めるものとなるのか。そうではないだろう。

　第二に、以上のことは市民的世界像を後戻りのきかないものとしたうえで、より新しい世界像を模索させるものになる。原子物理学者のなかから、アインシュタインや湯川のように、科学者の結果責任を深刻に考えるものが現れた。彼らは、科学の軍事利用に執拗に反対し、それを裏付けるべく、ついに、主権国家それ自体を部分的に制限するという主張に達した。すなわち核兵器使用禁止をめぐる世界政府論（または世界連邦論）の創設という主張である。この点で彼らは社会科学者に先行して、政治機構の創設というラディカルな論点に到達した。しかし、自然科学者の政治的主張は、社会科学者側の理論的支援を容易に得られなかったし、それ以上に、ヴァンデンバーグ決議をはじめと

する近代世界システム側の大きな巻き返しに直面して、ほとんど孤立無援となった。

　社会科学者が、たとえば世界システム論というかたちで世界政府の歴史的な可能性を論じ始めたのは、1970年代に入ってからのことであり、しかも、これをふまえて平和運動の理論まで仕上げる仕事は、おそらく、今日でも未達成のままではなかろうか。諸科学の協同の隙間に、大国は鋭く攻め込んできた。つまり自然科学者たちが、主として核兵器の使用を大国に警告し続けていたあいだに、核大国は核の傘を構築するだけでなく、傘の下における「原子の平和利用」論を展開し、核兵器の軍事利用が阻止されないうちにあっというまに平和利用を世界化してしまっていたのである。

　アインシュタインは平和利用に懐疑的であったが、湯川でさえ「核エネルギーの平和利用を否定するものではないことは、もちろんである」[34]と述べ、電力開発の急スピードに懐疑的でありながら、しかしなお原子力発電に決定的な対抗を示しえなかった。

　これは、世界政府論（世界連邦論）に、小さくない無防備をもたらした。なぜなら、アメリカの世界戦略下で、核の傘／原発の二層構造が着々と構築されていたのに、自然科学者と社会科学者はその協同の一定の過程をふまえてもなお、警戒を傘の上だけに限定し、傘の下で起こりうる重大な危険を相対的に軽視したからである。この意味で市民的世界像のあとにどういう世界像が来るのかは誰にも予見できない状態が続いている。

　第三に、それでも市民的世界像への懐疑が新しい世界像の誕生へとどういう具合につながっていくかという論点は不透明である。だが、原発事故が兆候的に示しているいくつかの手がかりが皆無というわけではない。この事故を上の世界像の発展史の一モメントとして位置づけるならば、次のようなことは言えそうである。市民的世界像には、絶対的に自由な意識とこの意識から見て有用な世界という、啓蒙精神の核心が含まれていた。カントがそれを18世紀に鮮明にしたといってよい。有用性の概念は、真偽の一人歩きと手を結んで、自然支配を推し進めるにあずかって力を与えた。ところが、原爆を一つの契機とし

て、有用性の一部が懐疑の対象となってきたわけである。すなわちまず、原爆は、この自然支配が本質的に人間的自然の殺傷でもあったことを自覚させたので、自然支配の純軍事的な領域を放棄しなくてはならないという主張を呼び起こした。だが、その軍事的領域を支えているはずのインフラには長らく縛りがかからなかった。しかし、「原子力の平和利用」それ自体が生命の平和とは無縁であり、脱原発による生命の保存が追求されるべきであることが、直観的に理解されるようになった。

　この直観は、経済成長のすべてではないにしても、生命のリスクを賭けてまで享受すべき質の経済成長に民衆が寄り添わされてきたことへの反省を含んでいる。このため、原子物理学者の場合よりもより鮮明に、核の傘／原発の二層構造全体へ懐疑は広がっているわけである。言うまでもなく、この二層構造は、市場と国家の二元的分離構造が核時代にとる先端的現象形態であった。したがって、この現象形態への懐疑と反省は、近代社会の基本的構図の本質へ突き刺さる可能性をもっている。支配層が本当に恐れているのは、まさにここなのである。

　だがこの本質へ突き刺さる反省の動きは止まらない。高木が原発への懐疑を推し進めて、人間と自然の物質代謝過程の概念へ到達したことはそれを象徴している。自然支配の論理と対決すべき次元は事故後、たんに軍事面だけでなく、いまや傘の下の平和的次元そのものにも食い込んでくる。高木のエコロジー的自然観の提唱は、こうして社会科学と組み合わされ、より根源的な市民的世界像のいくつかの次元とも批判的にかかわってくることになった。

　つまり、人間と自然の近代的な物質代謝過程に内在していた人間理性の優位という前提を取り除いて、自然自体の持つエコロジー的循環の制約のなかで人間が自然と関係しあう未来像が現れる。こうなると、それは資本主義的な生産力の質的な転換を含む未来像となり、そこに自然科学が抱くべき価値や主体性の課題がより鮮明に示唆されることになる。こうして、自然と人間の物質代謝過程をまさしく合理的に制御することが、科学のテーマ設定、探求過程、成果の利用といった全過程を統制すべき価値であり主体性であるということになってくる。

論理そのものは、ある程度出揃いつつある。誰がそれをおこないうるかがこれからの課題となるであろう。


### おわりに

　原発とは、17世紀以降の力学的自然像から生まれた蒸気機関と20世紀以降の相対性理論的自然像から生まれた核分裂発熱装置とを組み合わせたものである。こうした二つの自然科学上の精華をアメリカは世界核戦略と結びつけ、かつまた愚かにもこれを使用した後、平時版として市場化し、経済成長政策に転用して来た。

　原発事故を考察する場合、自然科学的な議論と政治経済的な議論とを統一的につかむ必要がある。これら二筋を撚り合わせたものは近代的人間の思想である。核の傘／原発の二層構造は、それ自体としては政治経済的なものであるが、この背景には原爆と原発とを撚り合わせた近代思想があって、これらの思想史的脈絡を解きほぐすことによって、全体としての原発問題に思想史的に対処する可能性が見えてくるはずである。

　まとめにあたって、もう一度核の傘／原発の二層構造を振り返ってみよう。

　第一に、いまや明らかになったように、核の傘／原発という二層構造は、いわば市場と国家の両面における生命のリスクを人間生活に隣接させるものであった。核の傘で当面の軍事攻撃を回避しながら原発から供給される電気を享受する経済成長が、いくらかの豊かさをもたらせばもたらすほど、生命のリスクもまた増大するという逆説のもとに、わたしたちは忍耐して来た。地震列島のうえの54基の原発は、経済成長の恩恵から取り残された地域社会に金と仕事を与えて、さらなる経済成長を飲み込ませる仕かけである。だが、この仕かけは、経済成長がそれ自体、一方で限界集落における最低生活保障の欠如を先行的につくりだし、また、他方で一億2千万人を原発に隣接させるという意味において、国民の生命権の侵害を受容させる寄生装置であった。

　第二に、このような寄生装置を内部化した生活に、どうして我々は

第Ⅱ部 ● 世界システムの中から

第12章　原発問題の思想史的文脈 ―湯川秀樹、丸山眞男、高木仁三郎― 　　155

かくもたやすく取り込まれていたのであろうか。それは多次元的な生存権否定の歴史にあるというべきであろう。それを労働者の上中下の3つの層のあり方から考えてみよう。

　まず上層労働者である。よく言われるように、原発事故は政界、財界、官界、学界、メディアの5つの界からなる「原子力ムラ」の帰結であると言われる。社会科学的に見てこの癒着構造は世界システム論的に深く読みとられる必要がある。核の傘／原発の二層構造は、アメリカ主導の世界経済成長戦略と密接に関係していたものだという理解を前提にしたうえでこの癒着を解読すると、まず財界が政界を抱き込み、官界、学界、メディアを従属させるという垂直的な構造がえられる。つまり財界・政界／官界・学界・メディアである。相対的に前者はより強く資本を、後者は官、学、メディアの上層プロレタリア化を表している。つまり、「原子力ムラ」は戦後資本による上層労働者支配の具体的な構造にほかならない。上層労働者にはプロレタリア化した公務員、学者、メディア労働者が含まれる。1954年に日本学術会議が時期尚早と批判したはずの原発が岸信介と中曽根康弘の核武装論を背景とする原子炉予算導入によって現実化されてしまうと、政権が自由に操作する金の流れがつくられ、資本としての官、学、メディアの系列化にともなって上層労働者はそれに従属した。

　生存権の弱さはここに強烈に効いていたと思われる。公務員、学者、メディア労働者はそれぞれ原子力ムラに入るまでに激しい競争を勝ち抜いてきたはずであるが、国策が3つの分野で「安全神話」を作る方向で固められてしまうと、エリートたちは容易に系列化されてしまった。なぜなら原発の危険を省外に公開したり、アカデミズム内で批判的に研究したり、マスコミで内部告発したりする余地はここできわめて小さく、プロレタリア化した彼らがある種の正義の行為を行なえば、干されて生存権以下の暮らしに転落する恐れがあったからだ。

　ゆえに癒着は、上層プロレタリアが語るべき知識をもちうるポジションにいたにもかかわらず、それを国民に公開できないほど、下降転落を恐怖する心理が彼らを強くしばっていたことを示している。むろん憲法には内心の自由、表現の自由、学問の自由が保障されると

明記されているが、エリートが権力に向くか、国民に向くかを決める決定的条件は生存権にある。古い自営業中心の社会ならば人は何でも言える。しかし、プロレタリア化した社会では、エリートといえども、賃労働者である。だからエリートは、生存権が弱い社会で財界と政界の二つの権力が結合するとたやすく制圧されてしまう。生存権保障を私たちは何か底辺の貧しい人々の救済面でだけ考えてきた、しかし、それをエリートを国民側にひきつけておくための戦略として位置づけておく必要があったのである。

　続いて、中層労働者を考えてみよう。この層は、経済成長によってそれなりの利益を確保してきた層である。エリートではないが、都市部で電力を消費し、日本の経済力の中核として働いてきた。彼らは最低生活保障を必要とするほど貧しくはないが、権力に直接コミットする上層労働者ほど権力に近い加害性も持たない。この層は、中流の賃金で相応に電力を消費しながら暮らしてきた。地震列島の54基の原発のいずれかに隣接するという意味では生命への権利を剥奪されていたのであるが、その代償として相対的に豊かな経済生活を確保した層である。あるいは、生命への権利が剥奪されていたにもかかわらず、最低生活からも権力からも遠いがゆえに「安全神話」を恐怖する必要はないが、ぎゃくに加害者としての自己欺瞞を感じる必要もない層であった。

　最後に下層労働者を考えてみよう。この層は、上中層のいずれよりも最低生活保障としての生存権の弱さによって直接の被害をうけてきた。最低生活保障の欠如によって、自立した労働者としてのぎりぎりの線で低賃金、過密労働を強いられてきた。この層の中には、地方の衰退の中で仕事がなく、原発や関連産業で働いている人々もいる。最低生活保障の欠如ゆえに、あえて生命への権利を放棄して、危険な労働に従事する人々（原発労働者）もこの層の最底辺にいた。

　つまり、こうした3つの層からなる戦後日本のプロレタリア化の具体相として癒着をつかみなおすことによって次のことが見えてくるであろう。日本の労働者階級が、上中下各層ごとの濃淡はあるが、最低生活と生命への権利の保障からはずされてきたために、財界と長期保

守政権下で、言論の自由、生命の権利、最低生活保障を奪われてきたという事実が浮かび上がってくるのである。1954年の原子炉予算とほとんど同時に始まった日本のサラリーマン化の長期の過程で、日本は生存権の弱い国になった。電気のともる明るい社会で人々は牛馬のごとく働き、大方は虫けらのように死んでいった。

　逆に言えば、自由や正義を行使しうる余地をいくらかでも日本の労働者階級に与えるためには、教育費、医療費、社会サービスの無償によって豊かに保障された福祉国家が必要である。この条件が確立しても、上層労働者が高賃金を捨てて正義を行使する可能性は低いかもしれない。しかし、もし福祉国家が相当程度完備し、生存権保障に頼りがいがあれば、原子力ムラの独走に一定の歯止めをかける余地は大いに広がるはずである。

　上層労働者たちは、生存権の貧しい日本的文脈を熟知しているために、「賢く」生きる道を選んでムラにとどまった。公務で掴みうる情報公開の可能性、学問の自由、および言論の自由はそれぞれこれら上層労働者において微弱であったが、それはまさしく生存権の欠如から来ていたことを忘れてはならない。

　核の傘／原発の二層構造が引き起こした事故を抜本的に克服するとは、結局のところ、どれほど遠回りのように見えたとしても、生存権を最低生活保障と生命保障の両面で徹底して再構築することに求められる。これによって、上層労働者は権力のためではなく、より市民向けに働ける可能性をもちうるし、中層労働者はお金と仕事があっても生命のリスクをともなう不安定性を免れるだろう。下層労働者は、最低生活保障の欠如から起こる直接的な生命のリスクの買い取りに追い込まれなくて済むであろう。つまり、財界と政界に労働者各層が無防備のまま抱え込まれる恐れは、それだけ小さくなるであろう。

　福祉国家の構築によって生活のバリケードが構築されてくる中で、平和運動が上滑りすることのない状況をつくることが可能となる。1950年代以降の科学者の平和運動はきわめて高邁なものであった。ラッセル＝アインシュタイン宣言、パグウォッシュ会議、科学者京都会議を継承する平和運動が学者の協同をある程度強めておこなわれてきた。

坂田昌一が提唱した学者の協同にもまことに貴重というべき大きな意味があった。

しかし、今日、3・11の衝撃を前にすると、既成の平和運動や坂田の諸科学協同の展望さえ、いくぶん表面的なものに見える。なぜなら、核兵器反対や「科学の平和利用」を市民や学者が話し合っている間に、日本を含む各国政府は各国民の日常生活の中に平和利用のリスクを隣接させる作業を営々と進めていたからである。しかも、こうした良心的な動きの背後で、圧倒的な力で国民の生存権なきプロレタリア化が進行していたところに、こうしたすぐれた平和運動が上滑りになっていく本当の理由もあったからである。

このことは、湯川や丸山が、核の傘の下で起こっている経済成長にたいして批判的視点を十分に持ち得なかったことと、ある接点をもっている。被団協の平和利用への賛成にも同様の問題はあった。だが、湯川や丸山さらには被団協が何ゆえに「原子力の平和利用」に原理的に反対し切れなかったか、理解できないわけではない。彼らは、敗戦で廃虚と化し、貧困そのものに落ち込んだ日本人の暮らしの惨めさをよく知っていたからである。貧しいこの国民を少しでも豊かにしてやるためには、経済成長はどうしても否定できない何者かであったのだ。少なくとも高度成長のある時期まではこれは疑うことが困難であった。貧しい国民への彼らの共感を、どうして後知恵で笑えようか。

しかし、そう考えれば考えるだけ、この弱みに付け込んだ米の核戦略は日本の学者たちより一枚役者が上だったといわざるをえない。物理学者たちの主権国家批判は、それが核兵器のインフラになっている原発の経済成長戦略との関連に気づかない間は、学者の虚言と一蹴された。経済成長に巻き込まれている大衆の気分もまた学者よりもむしろ財界に有利だった。この間にNPT核拡散防止条約／国際原子力機関IAEAを構築し、本丸にあたる核戦略を幾重にも守れるだけの外堀を核大国は世界規模で構築したのである。

この結果、「世界政府論」に関しては、自然科学者が先行し、社会科学者が後を追うかたちになっていたといえる。自然科学者たちは「原子力の平和利用」の幻想を懐疑しながら捨てきれなかった。社会科学者

たちもまた経済成長を固有の政治現象として位置づけえなかった。このために坂田昌一の期待した学者協同による平和論の構築はなかなか進まなかったのだ。

しかし核の傘／原発の二層構造に注目することで、アインシュタインの世界政府論はいまや別の角度から復権される。経済成長を否定することは困難であったとはいえ、この間に、一見したところそれなりに見栄えの良い暮らしは実現された。しかし、経済成長と電力消費に乗ったこの暮らしは、被爆のリスクを潜在化した、いびつな暮らしであった。原発事故周辺の地域振興のみならず、政財界に握られた公務員、学者、メディア労働者の従属には、平和的生存権という岩盤がない生活の強制という国民生活上の重大問題があった。

では、安全で豊かな生活を営むための条件は何か。このことを考えるとき、私たちは、物理学者の提唱した世界政府、丸山眞男が陰画として宿題に残した、脱市民的思考様式と日本国憲法の可能性、高木の着目した人間と自然の物質代謝過程の制御という、理論的な3つのテーマが浮上してくることに気づくだろう。

原発問題の思想史的な文脈を検討することをつうじて、かつては傘の上に向かった注意がますます傘の下に降りてくる。事故後は科学の有用性を、軍事面だけでなく、経済面でも問わざるをえなくなった。それは丸山が「国家の常識に反する」とみた日本国憲法の生存権の捉えかえしとむすびつくものとなるだろう。

3・11以降、生存権は核の傘／原発の二層構造の総体と対置されねばならない。これを確実ならしめる方法は、高木が着目した人間と自然の物質代謝過程の脱近代的な制御という方法を含む次元まで掘り下げられてくる。イタリアやドイツのようにはっきりと脱原発を主張する国が出てくると、いよいよ核の傘／原発の二層構造のまさしく土台の部分が世界規模で存立を問われるようになる。このことが、アインシュタインと湯川の世界政府論を全く新しい地平で活気づける可能性はある。

福島原発の事故の後、私たちは、生存権、人間と自然の物質代謝過程の制御、世界政府の3者を重要な概念装置とし、これらを結合する

方向へ決定的に歩みだししつつある。

**注**
(1) 山本義隆『福島の原発事故をめぐって　いくつか学び考えたこと』みすず書房、2011年、8 - 9頁。
(2) 主権国家の単独の自衛とそれにもとづく相互支援を原則とする戦後国際体制を基礎づけたアメリカ上院の決議。NATOおよび安保体制は、これをよりどころにつくられた。奥脇直也編『2011版　国際条約集』有斐閣、2011年、675頁。
(3) 小出裕章は、IAEAの二つの機能に関して「ひとつは、核兵器が核兵器保有国以外の国に広がらないように監視するという役割」、「もうひとつは、いわゆる原子力の平和利用と言われているようなものをどんどん広げていくという役割」をもつと述べ、「ある種の言い訳的な国際機関」であると指摘している。小出『知りたくないけど、知っておかねばならない原発の真実』幻冬舎、2011年、94-95頁。
(4) アイゼンハワーの1953年国連演説は、http://aboutusa.japan.usembassy.gov/j/jusaj-majordocs-peace.htmlを参照。バルークの伝記としてMargaret L.Coit, *Mr. Baruch*, Houghton Mifflin, 1957が参考になる。
(5) A.Einstein,Towards a World Government,Out of my later years,Philosophical Library,1950,pp.138-140. アインシュタインの世界政府論は、1945年10月に発表されたアトランティック・マンスリー誌11月号「原子戦争か平和か」という記事にさかのぼる。そこで語られた世界政府とは、アインシュタインの考えでは、核を持つ米、英、ソ3国によって一切の軍事力を譲渡して作られるべきもので、その後3国以外の小国は自由意志で参加すべきものであるとされた。世界政府の目的は戦争の回避であり、その手段は国家主権を制限することであって、世界政府のみが唯一の軍事力所有者であるとの構想であった。O.ネーサン、H.ノーデン編『アインシュタイン　平和書簡2』みすず書房、1975年、408-414頁、416頁。
(6) 岡田好恵『科学の巨人　アインシュタイン』講談社、1998年、180頁。
(7) Dr.Einstein's Mistaken Notions——An Open Letter from Sergei Vavilov,A.N.Frumkin,A.F.Joffe,andN.N.Semyyonov（1947）,Op,c,t.,Out of my later years,Philosophical Library,p.162-163. 公開書簡は『ニュー・タイムズ』1947年11月26日に掲載されたもの。
(8) 前掲『アインシュタイン平和書簡2』504頁。
(9) 同、504頁。
(10) ラッセル＝アインシュタイン宣言の翻訳はhttp://www.pugwashjapan.jp/r_e.htmlを参照。
(11) 田中正『湯川秀樹とアインシュタイン』岩波書店、2008年、107頁。
(12) 湯川秀樹『極微の世界』序文、1941年。
(13) 湯川『湯川秀樹著作集4』岩波書店、1946年6月。
(14) 湯川1947年8月14日『湯川秀樹著作集5』
(15) 湯川「自然・人間・科学」（1972年）『湯川秀樹著作集5』1976年、275頁。
(16) 湯川秀樹、坂田昌一、武谷三男『現代学問論』勁草書房、1970年。
(17) 坂田昌一「平和の論理の創造と科学者の責任」湯川、朝永、坂田編『核時代を超える』岩波新書、1968年、38-9頁。
(18) 山崎正勝は米公文書館所蔵で日本政府が作成した1954年9月27日付け極秘文書「日本に於ける原子核及び原子力研究施設及び研究者について」を発見した。それ

によれば、政府は当時、坂田昌一、武谷三男、伏見康治、中村誠太郎が原子力政策の「障害」であると記述しているという。「赤旗」2011年9月14日。
(19) 坂本義和『人間と国家　ある政治学徒の回想　上下』岩波新書、2011年、坂本は湯川の平和運動に共感している（下、135頁）。理想主義派と言われたこの政治学者の平和運動へのひとつの回答にあたるものは、彼の世界市民社会論であると思われる。その内容や世界政府論との関わりについての検討は他日を期したい。なお坂本編『核時代を越えて』の長谷川公一論文を参照。
(20) 加藤周一、久野収編『戦後日本思想史体系10　学問の思想』筑摩書房、1971年。
(21) 同、37頁。
(22) 中野雄によると丸山眞男は「高度成長をぜんぜん予言していない。それはぼくだけじゃないけれども。高度成長後にどうなるかということはまったく・・・・、そもそもこんなに豊かになるとは思いもよらなかった。ぼくが政治学を廃業したのにはいろいろな原因があるけどね」と『自由について　七つの問答』SURE、2005年で丸山が発言している点を引用している。これは、丸山が日本の労働者の生活向上につれて、ゆとりをもつに至り結社化が進むであろうと予測していたのにたいしてそれが見事に外れたこと、言い換えると日本の政治的無関心の予想以上の増加に丸山が希望を打ち砕かれたと述べていることをさしている。中野雄『丸山眞男　人生の対話』文春新書、2010年、234-235頁。中野は丸山の経済成長論理解の欠如を裏付けるように、中野のもう一人の師である下村治の経済成長論を丸山に解説した際のことを記している。そして、自分の説明がどの程度丸山の経済成長論理解を促したか、自信がない（271頁）と述べている。丸山眞男「個人析出のさまざまなパターン」（1963年『丸山眞男集　5』岩波書店、1999年、以下『丸山集』と略称する、所収）は、私化と結社化の対照があるので、自身の発言にもかかわらず、丸山が私化の可能性を見落としていたとは言いがたい。では私化が予想を上回って進行した理由は、どこに求められるのであろうか。丸山の発言だけ読むと、豊かさの量やスピードが余りにも大きかったことに予測の失敗の理由があると述べているように聞こえる。しかし、豊かさの量が急激に増えたから私化が進むというのは説明になっていない。また中野が懸念しているような意味で下村理論の純経済理論としての内容理解の不足が丸山にたとえあったとしてもそれが決定的なマイナスになったとも思えない。本当の問題は日本の経済成長によってもたらされた豊かさの質が、ひたすら大衆消費に偏った私的消費中心のものであったために、この固有の質を持つ経済成長が日本の大衆を私化させるものになった点に丸山が気づいていない点にある。下村理論は、アメリカの成長戦略の枠内で、日本の設備投資を急激化させることで大衆消費を伸ばしていく理論であった。そのかぎり、これが経済理論であることは間違いないが、それじたいがアメリカの政策に沿うものだったことを位置づけておけばよいだろう。
(23) 『丸山眞男坐談7』岩波書店、1998年。鶴見俊輔との対談は1967年におこなわれたものである。
(24) 丸山「20世紀最大のパラドックス」（1965年発表）『丸山集　9』、293頁。
(25) 丸山「憲法9条をめぐる若干の考察」『丸山集　9』284頁。
(26) 湯川秀樹、朝永振一郎、坂田昌一編『核時代を超える　——平和の創造をめざして　——』岩波新書、1968年、145、186-190頁。
(27) 高木仁三郎『いま自然をどうみるか』白水社、1985年、19、179頁。
(28) 同、22頁。
(29) 同、20-21頁。
(30) 同、239頁。

(31) 客体化と対象化の区別は、とりあえずフォイエルバッハ第一テーゼから示唆をえている。
(32) 高木、前掲書、26頁。
(33) 山本義隆『16世紀文化革命 2』みすず書房、2007年を参照。山本は、このなかでフランシス・ベーコン、ジョセフ・グランビル、デカルトなどの自然支配（master）（imperium）などの対自然観が「近代科学の攻撃的性質」をつくったと分析し、現代は自然への畏れに根ざすべきことを求めている。716-721頁。自然支配、自然征服、自然克服などという自然科学者の用語は、もともと人間社会内の奴隷制や植民地支配の用語を対自然関係へ投射したものだったことを本書は解明している。ガリレイの自由落下（free fall）が人為を排したありのままの落下を意味する点などもふくめて、社会内の対人的な自由と隷属が自然へ投射されていることはまことに興味深い。もう一歩つきつめて言えば、自然支配とは「資本の生産力」のことである。それは「レ・メカニケ」におけるガリレオの商売上手と結びついている。
(34) 湯川秀樹「核時代の次に来るべきもの」湯川、朝永、坂田前掲書、3頁。晩年は異なるが、作家大江健三郎にさえ原発をどう評価するかに非常なゆれがあったことは、この問題の1960年代における処理のむずかしさをよく伝えている。『核時代の想像力』新潮社、2007年、119-120頁および214頁。

## 第13章　アメリカ帝国主義による日本帝国主義の排除と包摂

　第二次大戦で起こったことは、さまざまに総括できる。民主主義対ファシズムというのが一般的な見取り図であり、ファシズムが敗北し、民主主義が勝ったということが言われる。だから民主主義を大切にしよう、育てていこうというのが戦後日本人の一般的態度だった。

　革新自治体期の「憲法を暮らしに生かそう」（京都、大阪）というスローガンは、大きく言えばこの枠内のものだった。しかし、歴史をもっと巨視的に見ると、別のことが見えてくる。それは、1990年代に歴史修正派が言い出したことで、欧米だって日本と同じような侵略をやったのに、どうして日本だけがアメリカが与えた憲法にしたがうのか、という不満のようなものだ。

　歴史修正派が言いかけて、その舌足らず、あるいは視野の狭さのゆえに十分言えていないことがある、と私は思っている。戦争と戦後に起こったことは、アメリカ帝国主義による日本帝国主義の排除と包摂だった。

　問題をJ・ロック（1632～1704）という歴史的起点から考えねばならない。ロックの思想はアメリカに広がり、Th.ジェファーソンによってうけつがれ、独立宣言1776となり、アメリカ合衆国憲法1787となった。アジアでは、福沢諭吉が独立宣言書を翻訳し、『学問のすゝめ』1872において紹介した。

　それゆえ、一方で、アメリカ帝国主義は共和制と両立し、文字通り圧政への抵抗権は確保されていたのに対して、他方日本帝国主義（福沢版）では、抵抗権が削ぎ落され、しかも共和制とではなく天皇制と結合していた。

　20世紀アメリカ帝国主義は、ある意味で包容力の大きな帝国主義である。イギリスのそれは立憲君主制だから、政治手法は少し狭くなるのに対して、アメリカの手法はもっと懐が深い。建国の父であるジェファーソンは、ロックの代議制民主主義と帝国主義を内と外で受

け継いでおり、彼は、内外の結合に背かない限りで、個々の国の文化を柔軟に利用できるものなら利用する。

　第二次大戦で英米仏帝国主義と日本帝国主義が直接闘争しはじめたとき、たんに戦力においてのみならず、その帝国主義の思想的な包摂力であらかじめ日本は負けていた。もしも日本が連合国に勝利していたとしたら、ということは実に考えにくい。国家神道と天皇制に従属国をしたがわせるのはまったく特殊な困難をひき起こしたに違いない。これに比べると人権や抵抗権を内包したロック的帝国主義のほうがより大きな普遍性をもつ。

　だから、ロックと福沢のふたつの思想は、西洋とアジアで、等しく帝国主義を広げる原理となったけれども、これら二つの思想原理が衝突するならば、ロックが勝ち、福沢のほうが負けるのは当然である。これは、物量というよりも精神の問題なのだ。ロックのほうが大物であり、福沢はどれほど背伸びしても小物だ。

　21世紀の帝国主義は、一応民主主義の要素をもつアメリカ帝国主義的統治法に倣っている。2021年の衆院選挙で改憲勢力が3分の2を上回り、戦後民主主義はますます深い危機に陥っている。帝国主義化は徐々に進行するから、今後ますます危機は深まるだろう。

　そのとき、我々はもう一度「憲法を暮らしに生かそう」と言うのだろうか。私は、それに反対はしないが少し違うのではないかと思う。日本の歴史修正派は、かつての日本が帝国主義だったことを認めようとしないのだが、その理由は、戦後の経済力を梃子にしてアメリカ帝国主義に並び立ちたいからであろう。だが、アメリカは従属的パートナーを求めているのであって、独立的パートナーをあえて作りたくはあるまい。

　とすれば、わたしたちは、さしあたりは国内原理としての戦後民主主義と国際原理としての帝国主義とを切り離さねばならない。そのうえで、はじめて本格的にロックの帝国主義論と対決しなくてはならないだろう。日本の学問的伝統に照らせば丸山眞男や松下圭一は、ロックを帝国主義論として読まなかった。彼らはロックをもっぱら民主主義論として読んだ。しかし、これは、占領軍のGS（民政局）の路線に

第Ⅱ部●世界システムの中から

第13章　アメリカ帝国主義による日本帝国主義の排除と包摂　　165

よって包摂された範囲内での解釈にすぎなかった。もし、ロックの理論を帝国主義の理論であると読むならば、国内原理としての民主主義は対外的帝国主義の手段にすぎないという位置づけには可能である。すると、反帝の民主主義とはいったい何でありうるかを問わなければ収まらなくなる。戦後民主主義化の学問がロックを批判するところまで進んでしまうことは、占領軍が望まぬことであるから、戦後日本の世論は私人の国家に対する抵抗権を認める民主主義を進歩的なものとして受容することに終わらざるをえなかった。私人と個体があいまいにされる理由はここにあった。

戦後民主主義は アメリカ帝国主義に包摂された脆弱な民主主義であった。1990年代半ば以降、好むと好まざるとにかかわらず、私たちは一切の帝国主義と縁を切る民主主義へと戦後民主主義を鍛えなおす試練の時期に突入したと言えるだろう。

すると、ロックの抵抗権が私的所有の原理に立ったそれであったということは否定できないものであるから、私的所有の内在的な発揚としての帝国主義を否定するためには、抵抗権を個体的所有に立脚したものへつけ替えざるをえまい。ロックの思想はホッブスの完成であり、1648年のヨーロッパ・ウエストファリア体制を追認するものであり、近代世界システムのひな形を与えるものであった。このシステムにおいて民主主義と帝国主義はいずれも私的所有に根拠づけられていた。しかし、民主主義を個体的所有に根拠づける闘いがすすめば、これこそが帝国主義を一掃することになるのだ。

ロシアとウクライナの間の戦争やイスラエルのパレスティナ・ガザ地区侵略を眼前に日々みせつけられている人類は、まことに奥深い場所で、J・ロックの思想（つまり、アメリカ帝国主義）との対決を迫られているのである。

# 第14章 理解社会学と世界システム論
── ウェーバー『儒教と道教』1915-1919 を読む──

## はじめに

　ウェーバー（1864-1920）の晩年の著作『儒教と道教』『ヒンドゥー教と仏教』『世界宗教の経済倫理』は、一体何のために書かれたのか。ウェーバーはマルコ・ポーロの『東方見聞録』（14世紀）から20世紀初めまでの欧米の中国研究を総動員してアジアの様々な宗教を論じた。ウェーバーは中国語を読めなかったが、次善の策として、イタリア、フランス、オランダ、イギリス、アメリカ、ロシア各国の学者、官僚、探検家によって書かれた中国論を縦横に使った。それゆえ、第一次文献を使わないウェーバーの研究は東洋史の専門家からは疎んぜられるそうである。

　しかし、欧米文献に頼ったことは深い意味をもっている。ドイツはヨーロッパの一部であり、ウェーバーは列強の覇権争いの中にある欧米の総力を踏み台にして中国を考えるという好条件にめぐまれていた。当然そこに西洋的なバイアスがかかっている。

　ウェーバーは、W.J.モムゼンが明らかにしたように自由主義的帝国主義者であって[1]、必ずしも中国語を読む力を必要とすることなく、ヨーロッパ列強の学者がすでに構築した分厚い情報環境を自由に使う側にあった。もちろんウェーバーは、それまでの中国論と同じレベルにとどまってはいなかった。他の中国論が同様に帝国主義的であるとしても、ウェーバーはそれらの中国論を素材にして、独自に考案した世界史の座標軸（現世拒否／現世肯定、世俗内的禁欲／世俗外的禁欲、合理的資本主義／賤民資本主義など）のなかに既成の研究を再配置していった。

　これが驚くほど洗練されていたために、ウェーバーの業績は、時にはアジアの学者にとってさえ偉大な宗教社会学であると思われたほどであった。たとえば大塚久雄の『社会科学の方法』1966 は、日本の戦

後近代化過程で書かれたものであって、ウェーバーの宗教社会学にヒントをえたものであった。

最近、中野敏男は、『ウェーバー入門』2020を書いた。彼は、ウェーバーの理解社会学が全業績の基礎にあることを強調し、その最初の実践例が『プロテスタンティズムの倫理と資本主義の＜精神＞』だったと論じたうえで、『世界宗教の経済倫理』まで貫くと指摘している[2]。私はこの指摘はウェーバーを体系的に理解するうえで役立つと思う。

大塚から中野までのウェーバー研究は、紆余曲折をへているので、簡単には比べられないが、近代化論から近代化の両義性論へ移ってきたということは研究史が教えるとおりであろう。そこには解釈上の一種の断絶ないし不連続がある。けれども、大塚1966が「意味連関の因果連関への組み換え」ということをわかりやすく説いた功績を忘れないで継承するならば、中野も理解社会学の意義を説いているのだから、両者はともに人間の行為の意味連関（動機）から諸過程の因果連関を説明することをめざしたウェーバーの考え方に大きな価値を見出していると言える。

このことを確認したうえで、私はウェーバーの『儒教と道教』の世界宗教論を考えてみたい。

## 1　世界政策のなかのウェーバー

ウェーバーは、世界の宗教と経済の関係を中立的、科学的に扱っただけだという説がある。その意味で本当の普遍史を扱ったのだというわけである。しかし、それは疑わしい。1895年のフライブルク大学教授就任演説「国民国家と経済政策」において彼は「地球上でどれほどの権力的支配圏をかちとって、子孫に残してやれるか」が課題であると述べた[3]。それこそがドイツの自覚的ブルジョアジーの課題であり、学問はその使命に奉仕すべきであると彼は論じた。19世紀末はイギリスの世界支配が動揺し、ドイツとアメリカが猛追し、まずはアメリカがヘゲモニー国家の座を占めていく時期にあたる。彼のこの強い使命感がわずか25年の間に根本的に変わったとは信じがたい。『プロテスタンティズムの倫理と資本主義の＜精神＞』1905は、一面で唯物史観

批判の書であるが、それに尽きるものではない。同時に英米独の比較史でもある。何のための比較だったのか。20世紀の覇者となるアメリカの生産力的基盤がイギリスよりも裾野の広い資本主義の精神に支えられていることを明らかにし、ドイツにそれに匹敵するものが存在するかどうかを探求したものである。世界の工場と言われたイギリスは相対的に軽工業に集中し、世紀末には金融化した。これに対して、ドイツとアメリカの資本主義は、一層重化学工業を基軸にした新しい生産力を基礎にして、19世紀末に大きく飛躍した。これは両国の植民地帝国化を支えるものとなって現れる。それを支える「精神的起動力」をウェーバーは探ったのだ。実際、ビスマルク（1815—1898）支配下のプロイセンは、遅ればせながらアフリカやアジアに進出先を求めた。ことに1860年代から中国侵略を狙っており、1898年にはついに膠州湾（山島半島と青島）に租借地を建設し、1915年に日本帝国主義によって奪われるまでそれを維持した。青島生まれの日高六郎（1917－2018）が少年時代に東京へ帰った時、街が貧相に見えたと証言しているのは、ドイツ式の瀟洒な都市に慣れていたからにほかならない[4]。

　中国は1840年から英仏蘭独米など欧米列強によって次々に分割された。当然ながら植民地は、欧米の中国研究を刺激し、ドイツ（プロイセン）もこれに負けずに後を追った。ウェーバーが『儒教と道教』で参照した欧米文献はおびただしい数にのぼる。それらは、互いに覇を競った国家に仕える学問的結果であった。ドイツ語文献のなかに、Ferdinand von Richthofen（1833-1905）,『中国』と日記、Frhr.v.Rosthorn,『中国 人の社会生活』、Willhelm Grube（1855-1908）,『中国人の宗教と文化』Religion und Kulturs der Chinese,1910,Joseph Edkins（1823-1905）プロテスタント普及者,Julis von Pflungk-Harttung（1848-1919）などをあげることができる。なかでもプロシア極東外交使節団公使館書記官リヒトホーフェンは、典型的な帝国主義者であって、1860年から1872年まで12年にわたる北米、東アジアの地質学調査をおこなった。「世界中でどの地域が最も地質学的研究を必要とするか」考慮し、1868-1871年に単独で中国を調査し、二度にわたって山東省を観察したほか、沿岸部から中央アジアまで壮大な踏査を遂行

した。帰国後その成果を「China: Ergebnisse eigener Reisen und darauf gegründeter Studien」として出版した。ウェーバーはこの本を参照し、「素晴らしい業績」と称賛している[5]。リヒトホーフェンは、植民地獲得に消極的であったビスマルクを動かし、後に政府に取り入れられるところとなり、ドイツ東洋艦隊は1897年にドイツ人保護を口実に膠州湾を占領した（独清条約1898年）。ウェーバーは、リヒトホーフェン家と親密なつきあいをしていた[6]が、まさに1898年から1914年までのドイツによる中国分割およびその後の日本による再分割の時期に世界宗教の社会学に打ち込んだ。1914年に日本はドイツから山東半島を略奪したから、それは強烈にアジアにおける日本帝国主義の台頭を印象づけたであろう。『仏教とヒンドゥー教』にわずかではあるが、特別な意味を持つ日本論があるのは、おそらくこうした歴史的事情を考慮したからであろう。

いずれにせよ、ウェーバーが宗教社会学を執筆する際、全体として欧米列強の帝国主義的著作の頂点に昇ろうとしていたことを忘れてはならない。これなしにはウェーバーの宗教社会学は成立しなかったのである。ゆえに欧米帝国主義の世界支配のために企てられた諸文献をウェーバーは価値中立的、客観的に扱ったとは甚だ言いにくい。逆である。ウェーバーの宗教社会学自体がこの支配の一環であり、この支配の正当性を一層強く根拠づけ、洗練度の高い「客観性」の装いのものへ昇華することを企画したのだ。よく知られているように、ウェーバーは、ドイツの帝国主義的ブルジョアジーの自覚的な一員であることを公言する研究態度を最晩年まで崩さなかった。ウェーバーの宗教社会学があまりにも洗練されているために、人はそこに帝国主義的イデオロギー（オリエンタリズム）が隠されていることに気づかず、反対に社会科学の最高峰をみたのである。

## 2 リヒトホーフェンの『支那旅行日記』を読む

リヒトホーフェンの日記は戦中に翻訳されている。『支那旅行日記上』[7]によれば、1868年10月19日―23日に彼は、カリフォルニアの旅を終えて、山東省を2か月にわたって地質調査する計画をたてた。目

的は鉱山開発の案を支那政府に受け入れさせることであった。そしてカリフォルニア銀行が調査旅行のスポンサーを引き受けたという。「私の考えでは、最初の炭鉱採掘はこの4億の民を擁する国の物質的、精神的革命の第1歩をなすものです。これによって外国人達に土地が開放され、彼等は鉱山の採掘を迅速に拡張し、ヨーロッパの工業を持ち込み、鉄道と電信を建設し、支那を世界交通と文明とに開放するでしょう」[8]と述べている。この文明化論は、清朝末期にプロイセンとアメリカが支那を侵略する野望を示している。リヒトホーフェンは、学術調査という名目で中国に入り、列強の中国支配の下調べとなるべき地理学的調査をおこなったと言える。1869年3月13日から4月30日まで、ふたたびリヒトホーフェンは山東半島を旅した。今回は博山、普集、濰縣、沂州など内陸の炭鉱を見ている。「私の観察を要約すれば、ここには広大な炭田が横たわり、それは重要な将来性をもつものである」というのが結論であった。「支那人という者には、新しい企業や改良にたいする欲望が全然欠けているのだ」[9]という帝国主義的な立場を吐露している。リヒトホーフェンは、これらの業績によって1886年からベルリン大学地理学教授となり、学士院会員となって、1890年代末からドイツ帝国の植民政策に深く介入し、膠州湾の海軍基地化を推奨した。山東租借地は中国情報を発信する公式の植民地となった。青島とこれらの炭田を結ぶ膠州鉄道は、山東半島租借化の後の1904年に全線開通した。

### 3 理解社会学と世界システム論

先の著作で中野はウェーバーを近代化論者ではないとする。なぜなら、かつて（1964年頃まで）遅れた日本を近代化する場合におおいにウェーバーが近代化論者として読まれたのに対して、その頃を境目に近代資本主義の病理にまで踏み込んで解明する眼をもつウェーバー像が出現したからだ[10]。ここから中野は、近代化と物象化を概念的に区別している。中野が言う近代化は何らかのポジティブな物事の変化を意味するのにたいして、物象化は、事柄を客観的に扱えるというポジとともに感情的、価値的な要素が切り捨てられるというネガがつき

まとう。この意味で「近代化」と違って、「物象化」には両義性があるという。けれども、ここには少し無理がある。中野自身が言うように「物象化」は「これまで一般には社会の『近代化』として捉えられてきた事象の、少なくとも一側面を鋭く捉えている」(11)。もし、この通りであるならば、物象化に両義性があるように「近代化」にも両義性を認めればよいのである。この意味で「近代化」≒「物象化」でなんら問題はあるまい。中野は人格／物象という対立項がウェーバーの物象化論にあるという点を強調するけれども、それは中野の指摘するとおりであるが、通常私たちが使っている前近代／近代にほぼ対応している。こうしたカテゴリーを使って、儒教／プロテスタンティズムが分析されていることは明確ではなかろうか。

まとめていえば、まさに両義性をもつものとしてウェーバーは近代化、物象化、プロテスタンティズムというモメントが前近代、人格、アジア宗教にたいして優越するとみなしたのであって、彼の理解社会学はまさしく基礎理論であり、世界宗教の社会学はその応用なのである。

ウェーバーの場合、そうした見取り図は、時には、帝国主義化した西洋とそこまで到達できなかった中国の対比という、まことに権力主義的なコントラストを描くところまで進んでいる。たとえば彼は、「中国の統一帝国にはまた、海外および植民地の関係がなかった。そのことは、西洋では古代および中世から近代Neuzeitにいたるまでに共通であったあのすべての様式、つまり、海賊行為と結びついた地中海的な海外貿易資本主義や、植民地資本主義が示していたような、略奪資本主義のあの変種の、発展にとってさえも障害を意味した」と書いた(12)。ウェーバーにとって「植民地資本主義」は国民国家が持つ一個の能力である。善悪を超えた力である。ウェーバーは「合理的な経営資本主義」が植民地資本主義の基盤になっていることを認めたうえで、中国では儒教的「心的態度」ゆえに「合理的な経営資本主義」（帳簿を使って運営される企業を中核とする）は妨げられたのだから、「略奪資本主義」もまた育たなかったと分析している。むろん「略奪資本主義」内部で物象化は貫いているはずである。だが、中国が略奪資本主義に

発展しなかったことは、ウェーバーから見ると「よいこと」ではなく、「停滞」であるようだ。つまり、ウェーバーは西洋的略奪資本主義が植民地主義的であることは決してネガティブな事柄ではなく、むしろ生き抜くべき現実なのである。

こういう箇所では、「近代化」≒「物象化」は西洋で否定しがたく貫徹するから、西洋と中国の関係は、自由主義的帝国主義と被植民地国の関係になる。しかも、このウェーバーの比較宗教社会学は、理解社会学の内部から発するとともに逆に基礎にまで食い込んでくるのである。西洋と中国のこの対比から出てくる結論は何か。西洋出自の「合理的な経営資本主義」はすでに存在するだけでなく、非西洋にも浸透する。それゆえに、西洋は、近代化≒物象化が欠如している中国を支配する正当性がある、という主張が成立する。

ここにあるのは、西洋文明には普遍的な浸透力があるのにたいして中国文明には所詮は特殊に閉じこもる力しかないという比較近代化論である。ウェーバーは儒教の「秩序の合理主義」は平和主義的であると特徴づけている(13)。だが、この平和主義は世界に広がる力を持ちえない。西洋帝国主義の暴力は、儒教的平和主義にまさるのだ。それゆえ儒教は、所与の秩序に適応することはできても、西洋の「合理的な経営資本主義」をくい止める力はなかった。

以上のように整理してくると、理解社会学を基礎に置いた比較宗教社会学（つまりウェーバーの学問全体）は世界システム論といかなる関係にあるかというテーマが浮上してくることがわかる。両者をどのようなバランスで考慮するのが最も生産的であるのか、という問題である。ウェーバーは理解社会学を基礎にして比較宗教社会学を展開した。そして、それは文化圏ごとの、したがって結局は国民国家ごとの比較近代化論になった。ウェーバーが依拠するのは個別的人間（Einzelme）であるから、それは避けられない。これにたいして、1976年にウォーラーステインが発表した世界システム論は、多くの近代化論を根本的に再検討させる強力な武器となった。そこで両者はいったいどういう関係に立つか、考察しなくてはならない。すでに世界システム論の立場に立ったモウルダーの著作(14)が出ているが、日本の躍進と中国の

第14章　理解社会学と世界システム論 ―ウェーバー『儒教と道教』1915-1919を読む―　173

停滞を世界システム論的見地から説明するのは、なかなか困難なように見える(15)。

　私見では、一国史の丁寧な比較で西洋と中国を観察するやり方（一国史的アプローチ）は、ただちに世界システム論と矛盾するわけではない。近代世界システムは、各国ごとの経済発展と主権国家間の相克を強制するということまでは言えるが、国際関係から各国の内的要因をすべて説明しきることはできない以上、世界が一体化する過程で、先行する各国内的諸要因がいかにしてシステムに組み込まれ、変化するかを辿りたいならば、「組み込み」に先行する要因をそれ自体として見定めておく必要がある。たとえば中国であれば、仏教や儒教がどういう思想であるかを知っておく必要がある。

　ウェーバーがやったように、理解社会学は諸国民の宗教的内面、その思想構造を比較することをつうじて、何が近代化を可能とし、何がその障害となったかを説明することができた。ウェーバーが比較宗教社会学でやったのは、あくまでも近代世界システムの枠内で、その覇権をささえる精神がプロ倫にあると特定したうえでのことだ。だが、ウェーバーがなしうるのはここまでであって、彼は反帝国主義の解放闘争まで論じることはできないし、その興味もなかったであろう。そうであるにせよ、宗教的精神構造を探った理解社会学は、近代世界システムを構成する諸国民の不均等発展、および中国の西洋に対する屈服をその動機類型から説明することができる。この意味においてウェーバーの比較宗教社会学は世界システム論にとって、ある限定した局面で一定の索出的な価値をもちうる。だが、このことを認めたとしても理解社会学と世界システム論がまったく無矛盾であるということにはならない。むしろ、現代社会科学の課題は、理解社会学の近代主義的偏向（もちろんウェーバー自身が偏向を根強くもっていた）を是正しつつ、世界システム論と理解社会学を接合させる方法的自覚をもつことである。しかもそれは可能であろう。

## 4　個別者に代えて個体を基礎に据える理解社会学

　「現代の個人」（『坊っちゃんの世界史像』所収）で解明したように、ウェー

バーの理解社会学は個別的人間einzelner Menschというモノローグ的人間を基礎に据えている。最高度に明証性の高い目的合理的行為は「外界の事物の行動および他の人間の行動についてある予想をもち、この予想を、結果として合理的に追求され考慮される自分の目的のために条件や手段として利用するような行為である」[16]。個別的人間は、個別国家と循環的に対応しあっている[17]。すなわち、個別的人間が、けっきょくのところ、目的合理的な行為へ近似的に収れんすればするほど、それだけ一層個別的国家はますます権力的にアンシュタルト化せざるをえない。しかし、私たちが創造すべき理解社会学は、意味連関を因果連関に組み替えるという構想を、個体と共同性の調和に向けて処理するものに改作されるべきである。そうしておけば、理解社会学を、ウェーバーが前提にする狭い人間類型に縛られることなく再生させることは可能である。それは、理解社会学の基礎に個別的人間ではなく、個体的人間を代入して、根本的に再構築する。すると、個別的人間ができないことを個体的人間はできるようになるし、個別的国家ができないことを個体的国家は選択できるようになる。このような理解社会学の再構築は、現代の理論的課題である。

## おわりに

20世紀の二つの大戦をへて、一方に世界人権宣言と国際人権規約ができた。それにもかかわらず、他方で近代世界システムの不均等発展は開放されたままである。両者の矛盾が激化すると、後者の枠内で再び過剰資本の処理のために軍事化と金融投機化が求められるようになって、前者をむしばむようになる。現在のロシアによるウクライナ侵略はこの結果であろう。まさしく、懸命に世界経済を管理しなければ、経済危機は国家間の暴力をエスカレートさせるのである。第一次大戦期につくりあげられた理解社会学は、世界人権宣言か、それとも戦争かという緊張に身を置くことはできていない。ウェーバーはまだドイツ帝国主義がその子孫のためにどれだけ多くの版図を遺してやれるかを考えていたからだ。

第14章 理解社会学と世界システム論 ―ウェーバー『儒教と道教』1915-1919を読む― 175

理解社会学の前提におかれた狭い人間像が、近代世界システムの枠内のものだったのである。さらにいま重大な問題が投げかけられている。中国の政治経済的大国化が無視しがたい世界史的状況にある。ウェーバーが20世紀初めの世界史のなかに中国の宗教を位置づける画期的な仕事をしたことは大いなる遺産である。ただし、それはあまりにも西洋の自由主義的帝国主義に縛られていた。したがって、彼の仕事は21世紀の中国を論じるうえで、おのずと異なった位置価をもって継承される必要があろう。ウェーバーは、1914年に日本帝国主義がドイツをアジアから追放したことを知っていたが、明示的に触れなかった。また、辛亥革命1911年にも触れていない。アジアの近代化は現に目の前に躍動していたにもかかわらずまだ本格的な対象になっていなかった。まして、彼の死後、アジアのなかに日本が、そして続いて革命後の中国が戦後驚くべき勢いで世界資本主義の舞台に躍り出たことを見ることはできなかった。こうしたなかでウェーバーの中国論はどの程度参考に値するものなのであろうか。彼の宗教分析は、中国史の専門家にとっても、また社会学者にとっても21世紀を世界史的につかむ座標軸を持たなければ、正確に位置づけることはできまい。ましてやウェーバーの世界宗教の社会学をどう発展させるかについては、既成の近代世界システム的座標軸（各国別の不均等発展を後追いする立場）とは別の機軸を我々が持つに至ることを迫っている。中国思想史家の汪暉は、幅広い視野から中国の近代思想を扱っている。彼はウェーバーに抗して「モダニティを単一の文化や制度的条件によるものに帰してしまうような議論のしかたは、それがたとえ深い洞察をともなうものであったとしても、やはり高度に還元的なものである」[18]と論じてウェーバーの西洋中心主義にくぎを刺している。汪暉は『儒教と道教』が中国にたいする西洋支配を正当化するものであると認識しているが、それに代えて、世界システム論の立場に立って帝国主義とステートを乗り越えるものが果たして中国から出てきうるものなのかどうかまでは論じていない。むろんそれはウェーバーを裏返すだけの中国礼賛になっては意味がない。だが先行きがまったく五里霧中というわけではない。ウェーバーは、個別者のエートスが西洋に出てくることを丹念に解明

した。いかに個別者に両義性がつきまとうにせよ、個別者を超えるものをウェーバーは構想できなかった。しかし、個別者に代えて個体のイメージを持つことは不可能ではないし、むしろそれを持つことは不可避である。根本的に新しい人間類型が、まずは理解社会学の基礎に据えられ、いわばコミュニケーション的生産力の担い手の要件であることを解明することができれば、学問の局面は大きく打開できるはずである。いまは個体の相互理解という課題を共有しながら、知恵を絞る時期ではあるまいか。

**注**

(1) Mommsen,Wolfgang J,Max *Weber und die deutsche Politik, 1890-1920*, : 2., über. und erw. Aufl　Tübingen : J.C.B. Mohr, 1974, c1959,モムゼン、W, 安世舟、五十嵐一郎、田中浩訳『マックス・ヴェーバーとドイツ政治1890—1920』未來社、1993-1994年。
(2) 中野敏男『ウェーバー入門―理解社会学の射程』ちくま新書、2020年、第2章、4章。
(3) ウェーバー、M、田中真晴訳「国民国家と経済政策」未来社、1859年、87 頁。
(4) 日高六郎『私の平和論』岩波新書、1995年。
(5) ウェーバー、M、木全徳雄訳『儒教と道教』創文社、木全徳雄訳、1971年、45 頁。
(6) マーティン・グリーン、塚本明子訳『リヒトホーフェン姉妹』みすず書房、2003年。
(7) リヒトホーフェン、海老原正雄訳『支那旅行日記 上』慶應出版社、1943年、原著は1907年。
(8) 同、40 頁。
(9) 同、248 頁。
(10) 中野、前掲書、11 頁。
(11) ウェーバー『儒教と道教』178 頁。
(12) 同、178頁。
(13) 同、281頁。
(14) Moulder,Frances V.*Japan,China and the modern world economy*,Cambridge University Press,1977.
(15) P.A.コーエン、佐藤慎訳『知の帝国主義』平凡社、1988年、第3章第3節「ウォーラースティン理論と中国」を参照。
(16) ウェーバー、清水幾太郎訳『社会学の根本概念』岩波文庫、1972年、39 頁。
(17) ウェーバーの扱う人間が個別的人間であることは、ホッブズの私人に淵源し、20世紀後半の米ヴァンデンバーグの国際社会論につらなっている。
(18)) 汪暉、石井剛訳『近代中国思想の生成』岩波書店、2011年、90 頁。

# 第15章 近代世界システムと国民主権

## はじめに

　近代世界システムは主権国家体制と世界＝経済からなるシステムである。すると、個別的な国民社会において政治は近代政党による権力闘争という形態をとる。国民社会は、ふつう公私二元論をとる。公私二元論とは、一方に私的領域としての経済があり、他方に公的領域としての国家があるような構造である。公私二元論では、政治は代議制民主主義の形態をとる。国民社会が大きいから代議制民主主義がとられるのではない。そうではなくて、私人から公民を選ばせるためには、投票という形式をとる必要があるから代議制が生まれる。この意味で投票という形式が出てくるもっとも深い理由は、公私二元論である。このシステムでは、私人は非公民（抽象的公民＝投票者）であり、公民（プロの政治家）は非私人（国民代表）であらねばならないが、同時に私人のなかから公民を選ばなくてはならないという背理がある。ゆえに近代政党にまじってある革命政党は実にユニークな存在である。なぜならば、革命政党だけが、他の政党とは違って、公私二元論を克服しようとする目標をもっているからだ。もし、このような目標をもっていなければ、それは革命政党とは言えない。非革命諸政党は、すべて公私二元論を温存するものであり、それらの諸政党は政治の素人である有権者から玄人である国民代表を選ぶ投票という制度に満足し、公私二元論を、したがって投票制度を再生産することになる。私は、本稿で、近代政党の中での革命政党の行動をとりあげる。革命政党の最も興味深いところは、一方で他の近代政党とおなじように制度に内在しながら、他方では近代政党システムの存立基盤を打破しようとする存在だという点にある。世界システム論的に言い換えると、近代政党はいずれも近代世界システムを再生産するのであるが、革命政党だけは近代世界システムを打倒するのである。しかし、このためにはいっ

たいどういう資質が革命政党に要請されるのであろうか。このことを本稿では考えてみたい。

## 1　自治社会の構想

　自治社会とは、人間が事柄を制御する社会である。自治社会では、人々は植物を育て、工場を動かし、物資を流通させ、電車を運転する。一言で言えば、社会的分業を運営するのであるが、それを一つの目的自覚的な労働の結合（アソシエーション）として実現する。これに対して、非自治社会とは、人間が事柄を制御しない社会である。非自治社会は、それがたとえ大人によって担当されるとしても、自由な労働結合のもとで行わず、ぎゃくに誰かの専制的な命令（コンビネーション）のもとで行うような社会である。ここでは人間は自由に事柄を制御しない。

　例えば、ファシズム社会は非自治社会のひとつの極端な事例である。ここでは大人たちは混乱してしまい、一部の独裁者を崇めて、全権を一任してしまう。経済、文化、政治など様々な水準で、独裁者の好みが押し付けられ、それをじっと我慢して、人々が命令に従うようになるのが非自治社会である。自治社会／非自治社会という両極的理念型の中間のどこかに我々が暮らす現実社会はあって、絶えず動揺しているものである。革命政党は、非自治社会から自治社会を実現するために闘う政党である。

## 2　自治社会の構想　代表制社会の危機

　近代社会は、ある意味で自治社会を作る試みであった。王の独裁を廃して、市民が議会を作って自治を対置した。ところが、自治社会は完成しなかった。王が消えた後、独裁の危険はなくなったかのように見えたが、本当は逆に新しい独裁の危機が地雷のように埋め込まれていたからである。近代社会は有権者と国民代表という二種類の人間を生んだ。有権者は、政治の素人であり、事柄を制御しない人であるのに対して、国民代表は、政治の玄人として事柄を制御する人である。有権者は、四六時中政治に関わることはできない。ぎゃくに非政治的

領域、ビジネスの領域で働かねばならない。週40時間制を政治が義務づけているのは、有権者にじかに政治を担当させず、労働を担当させるためであった。有権者は本来的に私人（民間人）である。だからビジネスに専念する。これに対して国民代表（公民）は公共事の審議と決定に参加する。私人は民間の業務に専念し、後者は公共事の審議と決定にかかわる。

　どの国でもこうした公私二元論が敷かれるから、近代世界システムができあがるのである。ここでの原則は、公民と私人の構造的遮断と非日常的な交流である。構造的遮断というのは、経済と政治が分離するからであり、非日常的交流というのは、何年かに一回選挙がある時にのみ、その日だけ私人は公民を選ぶ作業にとりかかるからだ。いずれにせよ、公民は私人から選ばれはするが、私人から悪い影響を受けないように、両者を切り離しておかねばならない。有権者は国民代表を「先生」と呼んで自分たちから区別することもある。ところが、この「先生」たちは、過去の悪しき経験から洞察すると、国民を塗炭の苦しみに導くことがある。たとえば戦争を遂行することを決定し、国民に軍服を着せ、戦場におくるようなことを平気でやる。もし、国民が戦争など嫌だと思っていても、国民代表が国民を戦争に駆り立てるならば、参戦は可能となる。この場合、国民の世論と国民代表の意志が相反するが、強引に国民代表の意志は国民の意志とみなされるだろう。こういう場合、代表制社会は危機にたたされていると見なすことができよう。

### 3　国民代表と市民の関係

　日本国憲法第43条に「両議院は、全国民を代表する選挙された議員でこれを組織する」とある。これは、代表はつねに全国民を代表し、個々の選挙区の利害に拘泥してはならないという意味である。こうした規定で選挙区の私的利害が国民代表を貶めないようにしているわけである。また第51条にはこうある。「両議院の議員は、議院で行った演説、討論又は表決について、院外で責任を問われない」。どうだろうか。これは言論の府たる両院の自由を擁護するための規定である。

しかし、国会での言論が有権者との関係において特権的に遮断されているという規定でもある。これに従うと、公約を掲げた候補が当選した後、国会でそれとは真逆の意見を表明した場合でも、有権者は議員の発言の責任をまったく問えないということになる。責任ということの意味にもよるが、第51条の規定によって、院内での発言内容が公約と違うからと言って訴訟を起こされることはないのである。有り体に言うと選挙でいったん選ばれたら、院内に逃げ込めば、議員は有権者から自由になれるのだ。現行憲法にはこのようなブルジョア的規定（公私二元論的規定）がある。しかし、民主主義の発展からすれば、これで良いはずはない。

　代表制には二種類ある。この議論は杉原泰雄氏が前から論じているものである。一つは国民主権であり、もう一つは人民主権である。国民主権のもとで有権者が一定の意見を持つのは当然だが、国民代表は有権者の意志に拘束されない。これに対して、人民主権では、主権の所有と行使とが分離されないので、代表（本当は代理）は当然に人民の意志に拘束される。杉原氏が明らかにしている通り、日本国憲法は国民主権に属するから、人民主権が当然とする命令的委任を採らない（第51条はその表れと位置付けられる）。つまるところ国民主権は、代表と市民を切り離す。代表は公共事の審議と決定に直に参加するが、市民は参加できない。それだけでなく、有権者は個々バラバラに候補をチョイスするから、市民社会は組織化されぬままである。有権者は、互いに疎外されているばかりか、代表からも切り離されている。いわば国民を二重に未組織のままに放置するのが国民主権制である。これに対して人民主権は、市民相互の関係も、代表と市民の関係も本来的に切り離さない。両主権の間には深刻な溝がある。杉原氏は周到に憲法第43条と第51条の条文を国民主権規定と関係あるものと見做し、「政治責任の観念自体が眠りこまされてしまうおそれもあ」る（杉原泰雄『国民代表の政治責任』岩波新書、1977）と鋭く指摘している。

　仮に憲法を改正するというのなら、憲法9条のような世界史的に宝とされる条項を修正するのではなく、杉原氏が言うように、できるだけ国民主権原理を制約し、それに代えて人民主権原理を拡大するよう

第15章　近代世界システムと国民主権　　181

な改正が必要である。

## 4 初期マルクスの代表制民主主義批判

　杉原氏の人民主権論はマルクスの『ヘーゲル国法論批判』1843年の議論を思い起こさせる。直接人が公共事の審議と決定に参加する民主制を若いマルクスは希求していた。このような民主制を彼は Sozietät と呼んだ。Sozietätはブルジョア社会と矛盾するとマルクスは論じたことがある。彼が言わんとするのは、ブルジョア社会の代議制民主主義は、有権者を公共事の審議と決定から遮断し、ただ国民代表という特殊な人間たちを選ぶという人選行為だけに政治を矮小化するということである。投票という私人の公的行為は、私人の存立を維持するためのもので、その刹那の行為が唯一の政治となってしまう根拠をマルクスは考察した。

　この考察は杉原氏のそれにあるところまで合致する。違いは、マルクスの場合代表制そのものを超えて、代議制民主主義にたいして直接民主主義を対置した点にある。なぜ、直接民主主義が可能になるかというと、マルクスの場合、経済から切り離された政治という領域を廃止し、人々が働き、暮らす場自体が公共事であるような社会Sozietätを若いころから考えたからである。こういう考えに立てば、公共事の審議と決定の場が人民の生活と生産の過程から遠隔化されることはない。ぎゃくに、公共事は、生活と生産の場面に編み込まれることができるだろう。少なくとも、初期のコミュニズムは直接民主主義的な色彩をつよく持っていたことを忘れてはならないのである。

## 5 人から事柄へ

　代議制民主主義は、杉原氏の言う国民主権原理で動くから、人に人を選ばせるだけであって、人が公共事の審議と決定にじかに参加しない仕組みである。繰り返すが、この制度は、人が人を選ぶだけで、代表者の責任を追及させず、公共事から人が日々疎くなることを許容する。これが近代ブルジョア代議制民主主義である。その分だけ人々（私人）はビジネスに専念する。そうであればこそブルジョア社会は

満足するのである。人々が公共事を制御せず、他人を選ぶだけならば、人民は社会全体を自治する能力を身につけない。これにたいして、人が公共事を制御するようにすれば、公共事の審議と決定はそれだけ人民にとって身近なものとなり、切実なものとなり、真剣なものとなる。例えば、あるイッシューに関するYES、NOを決めることは生命に関わるものである場合、公共事の審議と決定に人々が直に参加するならば、人々は事柄を制御できるようになるだろう。反対に、人が人を選ぶだけで、公共事の審議と決定に参加する権利を奪われ、他人に委ねるしかなければ、事柄の本当の困難や苦労は身につかない。人が人を選ぶだけなら、結局は観客たることを免れえない。それだけではない。選ばれた代表が本当に公約通りYES又はNOを明確にするかどうかは、院内の演説に無責任で良いのだから、不明である。例えば自民党議員がTPPに反対だと言ったのに、公約を破ってTPPに賛成するということは実際に起こった。しかし、有権者はどうすることもできなかったのである。次の選挙で勝敗を決めるまで待たねばならない。4年後の選挙まで記憶力が持つかどうかという心配は当然だが、端的に、第51条があって、最も問題が苛烈な時に何もできない仕組みが既成化しているのだ。

## 6　人民的議会主義の陥穽

　不破哲三氏が1970年に書いた『人民的議会主義』の主な主張は、平和的な社会主義への移行において、議会闘争は極めて重要であるというテーゼを論証することにあった。様々な左翼の議会軽視に根本的に反対する点でこの議論は大きな意義を持つ。だが、不破氏の主張は、上にあげた近代議会制の難点、つまり議会制はそのままでは国民主権論の表現にすぎず、人が人を選ぶにすぎないものだという点を論じない。言い換えれば、様々な形態の「代表制議会主義」が自治社会を遠ざける傾向を免れないという矛盾を扱わない。この点で革命政党論として物足りないものだ。

　一方で左翼議会主義は自治社会を目的に掲げる。しかし、他方で議会は、私人と公民の分離を制度的な土台にしているのだから、自治社

会を遠ざける。あるいは、こう言い換えることもできる。国民主権から自治社会への移行を目指しながら、国民主権に頼ると、人民主権への入り口から人々を遠ざけてしまう。この矛盾をどう突破するか。これは難問である。しかし、ここにこそ現代革命政党の理論的、実践的な問題の核心がある。不破氏の議論は議会制を利用するところまでは論じるが、どんなに上手に利用しても、そのままでは人民主権は手にはいらない。かえって共産党が国民主権に縛りつけられてしまうという恐れが出てくる。しかし、理念からすれば、共産党は議会制民主主義を廃棄して「一人一党」まで突き進むことによって政党システムを無用にするものではなかっただろうか。日本的文脈で言えば、大政翼賛会（1940-1945）という一党独裁から多党制に移り、最後は一人一党制へ移せるのが本来の革命党の役割なのである。このことを不破氏は論じない。もっと現実的なところから言えば、議会主義をつうじて国民主権から人民主権への転回をいかにしてもたらすのか。このことが真正面からの視野に入っていないところが惜しまれる。

　おそらくこの議論だけでは自治社会は実現しない。人民的議会主義が近代の拘束からいかにして自由になりうるのか。このことを革命政党論は主題化していかねばならないであろう。だが、不破氏が時代の変化に応じて、人民的議会主義論を抜本的に刷新したという話は寡聞にして聞かない。ゆえに、この本は現在もなおほとんど唯一の革命政党論なのである。

## 7　革命政党と社会文化運動の関係

　近代をどう超えるか。答えは、おそらく次の点にある。それは議会を利用しながら、それと並行して、人を事柄の制御に当たらせることを積極的にやることだ。それがなければ、A、B、C、Dの各政党のどれかを選ぶ選挙闘争は、所詮投票論でしかないから、人が人を選ぶことに終始し、結局公共事の審議と決定から、人々を切り離す恐れを招く。たとえば、2022年夏の参議院議員選挙で野党各党は消費税の削減を一様に主張したが、どれもこれも似たり寄ったりで、いずれかを選ぶことを通じて人民の統治能力が上がる方向につながるわけでは

なく、消費税の引き下げをめぐって様々な数字が「叩き売り」されるような状態だった。国民主権から人民主権を引き出すべきなのに、反対に、国民主権の枠内にますます閉じこもる逆説を感じたのは私だけであろうか。こういうところに近代政党である革命政党の弱点はしばしば現れる。これを回避するためには、グラムシの言う陣地戦、つまり有機的な社会文化運動が議会外で広範に育っていかねばならない。そうした社会文化運動総体の中に位置づけた時に初めて人は議会内部と外部を結合し、事柄をじかに制御する能力を高めるのであって、人が人を選ぶ投票行動論に特化する場合には、革命政党への期待は旧社会における近代主義的呪縛にからめとられる。これが現代の人民的議会主義の陥穽である。

　1970年代と現代とでは環境が変わったことも指摘しておこう。不破氏が本書を書いた1970年代当時、労働運動や市民運動は自明のように存在した。だが、それらは現在も無くなったわけではないが、ずっと勢力が減っている。すると、不破氏の人民的議会主義は、ますます痩せ細った議会主義、院内主義に収まる危険が強まる。一般に革命政党の議会重視は当時の不破氏の努力で定着した。暴力革命集団とされてきた組織を議会重視の組織に変えた不破氏の功績は小さくない。しかしいま1970年とは違って、議会主義か議会軽視かというのは争点ではない。議会主義の陥穽か、それとも議会主義の人民主権的形態か、に論点は移っている。しかも、新自由主義の中で人々が私人たることを強制される段階がきている。このことは、人民主権をより一層困難化し、国民主権へ回帰させる力が強いことを伺わせるのだから、いまこそ人民主権論を全面展開する必要に迫られていると言わねばならない。

　問題は、人民主権と「議会主義」の間に生まれうる溝を国民主権を起点としながらどうやって狭めるか。その知恵があるかどうか、ということにほかならない。

## 8　不破氏の『資本論』解釈上の問題

　関連するので問題を少し広げてみる。人民的議会主義の陥穽と連絡

している理論上の問題がある。それは不破氏の個人的所有の再建論である。『資本論』第24章7節の周知の議論で、マルクスは個体的私的所有→資本主義的私的所有→個体的所有の再建という図式をだした。個体的所有の再建は、いわばアソシエーション社会の総括的な所有規定である。この解釈をめぐって、生産手段説と生活手段説がある。不破氏は『資本論全3部を読む』（新日本出版社、2022年）において、エンゲルスとレーニンと同じく生活手段説に立っている。しかし、『資本論』の当該箇所で生活手段という言葉はただの一回も出てこない。もっぱら生産手段と労働主体の関係が論じられている。あえて生活手段のことに関説しようとするならば、生産手段の所有のあり方で生産物の取得様式は決まるから、生活手段に関しても、生産手段の所有のあり方で決まることが類推されるだけである。不破氏は、『資本論全3部を読む』のなかで、個人的私的所有のもとで存在した生活手段の個人的所有が共産主義で高度に再建されるとする。だが、この解釈はおかしい。生活手段の個人的所有はすでに資本主義のもとにおいてほぼあった。「ほぼ」と言うのは、失業者の場合などには生活手段の個人的所有は切り捨てられているからだ。だが、これを捨象すると、生活手段は体制貫通的に個人的所有である。不破氏の議論では、生産手段は社会的所有に転化する（彼は生産手段の社会化というドイツ社会民主主義の用語を使うのでそこにおける個体の位置づけが欠落する）。このことによって個人的所有が「再建」されるというのだが、これでは「再建」の意味がどうしても出てこない。「否定の否定」という弁証法が出てくるためには個体的（個人的）所有がいったん消えねばならないのだが、これが生活手段に関しては明瞭には説明できないからである。「個体的所有の再建」とマルクスが言っているのは、人民主権をたんに政治の領域においてではなく、まさしく物質的生産過程で、生産手段の所有次元で保障するものだ。すなわち、歴史的には、生産手段の占有の発展（労働の社会化）を、論理的には生産手段の社会の所有を前提とし、その上で、生産組織における自己決定のモメントを人民主権のあり方として規定した総括的概念が個体の所有にほかならない。ところが、国民主権の枠内で問題をとらえてしまう不破氏は、個体的所有が生産

組織に関わる自治の要素であることを見ず、もっぱら生活手段を「持つ」という次元で捉えてしまうのである。これでは、自治社会を展望できないのではなかろうか。

### 9 社会思想史の中の個体的所有論

筆者は、一方でホッブズ、ロック、スミスにおいて使用された私人（私的所有に基づく人間のこと）の概念を抽出し、他方で自己決定を遂行する主体的モメントである個体の概念をとりだす作業を行ったことがある。すると個体的 individual というのは、私的 private と最初は同一性を持っているが、思想史の中で次第に対抗しあう関係へ変わることがわかる。だから個体的 individual というのは一つの全体概念であって、生活手段の領域にだけ関わる部分概念ではない。私的所有と個体的所有という全体的概念の格闘の歴史が資本主義を階級闘争として掴むために必要な解読なのである。このことを十分踏まえていないとどうなるか。それは自治社会の理念的イメージが弱まり、代議制の枠内に闘争を委縮させるような現象をひきおこす。自分の個体としての自己実現のために、生産、流通、分配をトータルに制御し、行動する主体をダイナミックに生み出していくことなしには、いかなる民主主義の発展も望めはしない。

### おわりに

ここまで論じたことを要約しておこう。まず国民主権を定着させることが重要である。日本ではまだ天皇制主権から時間があまり経っておらず、神道政治連盟の巻き返しさえみられる。ゆえになおその定着を励まさねばならない。しかし、国民主権論には、当然ながらブルジョア的な限界がつきまとう。そこで、議会を利用するにしても、議会主義の国民主権的形態にとどまることなく、絶えず社会文化運動総体の中に議会を位置づけて総合力で闘わなくてはならない。ここからようやく、杉原氏が論じた人民主権論が出てくる。だが、実はそこにも固有の限界がある。なぜなら、人民主権論は、まだ近代国家の枠

第15章 近代世界システムと国民主権　187

内の問題であるからだ。杉原氏の議論は、フランス革命期の、近代国家の理想像をめぐる闘争に注目したものだ。だが、現在はいわゆるグローバリゼーションの時代である。だから、人民主権論は国民国家の限界を絶えず乗り越えなくてはならなくなる。命令的委任には市民と代表の新しい関係があるが、まだ当事者自身による生産の自主管理にまでは到達していないから本当の自治ではない。「一人一党」まで突き進んでこその自治である。その点で言えば、マルクスの個体的所有論こそは、本当の自治社会（アソシエーション）に届いた議論である。国民主権論から人民主権をひきだすばかりでなく、所有論上の人民主権論を実現した時、すなわち経済学的な意味での個体的所有の再建を確立した時に、初めてグローバルな人民主権の経済的基盤が得られる。

　むろん、自治社会は本質上一国的なものではありえない。ゆえに、人民的議会主義は、国民主権と決別するだけでなく、人民主権への移行を豊かにはぐくむだけでもなく、ずばり個体的所有に立脚した世界自治社会への橋渡し役を要請される。

　私は1970年の不破氏の議論に50年もたっていささか後知恵でアプローチした。その理由は、議会主義をヴァージョン・アップすべき時期に来ているからである。私がもともと不破氏の『人民的議会主義』に期待したのは、国民主権→人民主権→個体的所有という変遷をトータルにカバーする自治社会の論理であった。このような脈絡で定式化すれば、近代世界システムと国民主権をどう総体的に乗り越えうるのか。ここにこそ人民的議会主義のヴァージョン・アップの主題が浮かび上がってきているというべきであろう。こうした世界規模の社会運動の中でこそ、自治社会はその姿を現すであろう。要約すれば、近代主権国家の目的は私的所有の保護である。これに対して世界政府の目的は、個体的所有の保護にほかならない。

# 第16章　ふたたび　国民主権を問う

　「近代世界システムと国民主権」を再論したい。まず、表象においているのは、GAFAMなど先進テクノロジー産業が世界市場で圧倒的な独占化を進行させているという事実である。

　Iaas（Infrastructure as a Service）の世界市場動向をみると2021年にAmazonは市場の40.8％、マイクロソフトは19.7％を占有しており、二社で60.5％を占めている。これにアリババ、グーグル、ハーウェイを足すと5社で80％を超えるという。もし世界市場において一社の市場占有率が100％まで届いたら、企業目的は達成されたことになる。個別企業がこれ以上の占有率引き上げを望む必要が消える。自由競争→独占→完全制覇。ところで完全制覇の状態というのはいったい市場社会なのか、それとも事実上一社による計画経済なのか。ともかく、私たちの世界はそういう極限的な状態に日々迫りつつある。

　この過程は、たんに経済現象としてあるばかりでなく、民間独占資本が国民国家を抱き込んで人々を操作するような、そうした一種の全体的管理世界化のもとで進行するだろう（Sh.ズボフ『監視資本主義』2019）。これを地球規模で制御しなおすことなしには個体も各国国民も人類も解放されえない。

　この視点からみると、世論をつうじて国民主権をひとつずつ変えていくという一国ごとの社会主義路線は構えが小さすぎる。これからは先進国でも低開発国でも、およそ世界の心ある人々は、IMF、WTO、国連の一部を牛耳っている世界独占資本がつくる現実と向かい合って行かざるをえない。

　がんらい革命政党というのはそのような発想だったのである。たとえば『共産党宣言』1848にはこう書かれている。「コミュニストは、一方では、プロレタリアの種々のナショナルな闘争において、全プロレタリアートの共通の、国籍に左右されない利益を強調し、おしつらぬく。他方、彼らは、プロレタリアートとブルジョアジーとの闘争が経

過する種々の発展段階において、つねに運動全体の利益を代表する」(『共産党宣言』国民文庫版訳44頁)。ここに言う「運動全体の利益」という言葉はとても重要である。なぜなら、それは実体化された様々な集団(国家、民族、企業、家族など)の利益ではなく、「共通の、国籍に左右されない利益」を擁護するものであるからだ。

スターリンのように、労働者階級が住民大衆の指導階級であり、その労働者階級を指導するのが革命政党であるとされるなら、議論はつねに一国モデルで考えられてしまう。だが、「全プロレタリアートの共通の、国籍に左右されない利益」を地上のどこかに存在する「中央委員会」のような機関から「指導」することなどおよそ不可能である。反対に、全世界の「運動全体の利益を代表する」よう努力するのがコミュニストであり、「かれらは、特殊な原則をうちたてて、プロレタリア運動をその型にはめこもうとするものではない」。

いま世界にはいかなるインターナショナルも存在しない。それには理由がある。

第一に、1920年代以降に作り上げられたコミンテルン型の革命政党路線は、インターナショナル的な性格をもっていたが、それはソ連共産党が世界を指導する本家革命政党であり、各国支部はそれに従うという虚構を基礎とした。これは、「特殊な原則をうちたてて、プロレタリア運動をその型にはめこもうとするもの」であったため、いまは完全に無効化している。

第二に、革命政党の組織論はスターリン的であった。そこには、「指導」、「統制」、「鉄の規律」などといった政治的ジャーゴンが溢れていた。現存する世界の革命政党の多くは長らく、マルクス主義とスターリン型党組織論の混合物であった。ソ連共産党の解体後、コミンテルン型の各国革命政党は消滅しつつある。1991年以降の課題は、あたらしい水平的国際組織の創造とスターリン型組織論の理論的清算(上級下級などの発想の払拭と主権をボトムに置く制度改革)である。そうすることなしには「運動全体の利益を代表する」ことは難しい。革命政党が市民を「指導」するのではなくて、世界市民がそれにふさわしい世界政府の基礎をなす連帯を育てていかなくてはならない。この際に一

国主義的左翼は世界規模の独占支配と十分噛み合うことができない。

　一方でGAFAM的独占資本は市場占有率をあげて、傍若無人に行動しているのに対して、どうやったらこれに対して「一国一共産党」などという原則が拮抗できるであろうか。ヨーロッパ左翼は、いま人気のある右翼に押されっぱなしである。J・ハーバーマスは、右翼が勝つのは良いことだと痛烈なことを言う。なぜなら冴えない左翼は右翼に刺激されてはじめてピリッとするからだと（『デモクラシーか資本主義か』岩波現代文庫、2019）考えるからだ。なるほどそうかもしれない。いずれにせよ、世界独占資本と革命政党の圧倒的な力のコントラストを考慮すると、巨大な思考回路の変革が迫られることになる。まずそういうことを認めておこう。

　すると、国民主権（ブルジョア共和制）から出発するのはよいとしても、そこにとどまることは、現状を考慮するならば、到底できない。国民主権とは、政治と経済が公私二元論で分離したままの状態を反映する一国政治システムであり、それじたいが近代世界システムの構成部分でしかない。したがって、国民主権から出発することはやむをえないことではあるが、かつて杉原泰雄氏が提起したようにただちに人民主権に切り替えていかねばならない。人民主権も、スケールとしては国民国家の枠内にあるが、議員の行動を民意から独立したものではなく、命令的に委任されたものに変える主権形態である。それは、国民代表制を国民国家の枠内で否定する運動なのである。ところが、国民主権を人民主権へ切り替えていくという問題意識が現在の左翼には非常に弱い。それは、変革をあいかわらず一国で考えており、世界システム論のなかで考えていないからである。国民主権から人民主権へというのも結局世界規模の民主化のなかで課題になると言わねばならない。

　各国別に人民主権を確立した後はどういうことが想定されるであろうか。ここから先はウォーラーステインさえまだ十分考えていない問題領域にはいっていくことになる。国民主権を人民主権へ転換することに成功したら、その次に課題になるのは、いよいよ世界資本の市場独占にメスを入れる作業に着手していかねばならない。ここで、資

本による世界市場独占とはいったい何かということを理解しておくことはきわめて重要である。市場独占は労働の社会化の現実的な、グローバルな形態である。しかし、一皮めくれば、資本が支配しているということは、現に働いている労働者たちが国境を越えて、世界的に連携しているということにほかならない。何億人、何十億人という数の労働者が国境を越えて現にものをつくり、販売し、流通させている。人間と自然の世界規模での物質代謝過程を、資本の支配のもとで実行しているわけである。GAFAMのみならず、現代の独占資本はこうした労働者の結合（コンビネーション）を組織することなしには一秒も生き延びることはできなかった。これを私たちは経済のグローバル化と呼んできた。そのかぎりで、現代の労働者は、事実においてとっくに国民国家を超えており、現代世界の物質的再生産を現実的に担っている。ただし即自的に、あるいは無意識的に、である。これを剰余価値ではなく世界市民の公共目的のための生産に組織しなおすことが必要である。

だから世界独占を達成した企業、たとえばAmazonで労働組合が生まれることは画期的なことである。Amazon内部からアソシエーション的に労働を再組織する力が芽生えるからだ。世界独占資本の民主主義的制御というと、一部の理論家はすぐに世界政府による総資本の制御を想定し、そこへ結びつく国連改革などを考えるわけであるが、それだけでは足腰が弱すぎる。労働に根ざした運動がないと、独占資本は簡単に国連を脅迫するであろう。だから内在的な制御なしには独占資本を牛耳ることは不可能である。いうまでもなく一国的左翼政党では世界独占資本のグローバルな行動を十分制御することはできない。現代の左翼政党は、近代世界システムを乗り越えることを目標に掲げるものでなくてはならない。言い換えるとそれは、国民国家と国民主権を超えるということである。国民主権を超えるとは、人民主権をつうじて世界市民主権をとるということである。

ではそれはいかにして可能なのであろうか。二つの可能性を生かすことが必要になる。一つは、下からの道である。下からの道とは、経済のグローバリゼーションを労働のアソシエーションへと、いわ

ば足もとから組み替えていく運動である。

　もうひとつは、上からの道である。上からとは民衆から命令委任された世界政府の力で各国民国家を通じて世界資本を制御する運動である。

　非常に遠大な話のように聞こえるかもしれない。しかし、そうではない。現に目の前で戦争が起こるたびに国連改革が提起されている。ロシアのウクライナ侵略後のアジェンダの一つは常任理事国の拒否権を解体することである。そして、世界的企業による強搾取が問題化するたびに、Amazonの場合のように、労働者のアソシエーションは促されていく。旧統一教会のような国際宗教資本の活動を追い詰めていくことも世界市民の理性に関わる。これらは、いずれも理論上は「資本主義的蓄積の歴史的傾向」（『資本論』第24章第7節）に合致している。資本主義的蓄積のスケールは、もちろん、世界規模でのものであって、一国モデルを前提において労働者階級を指導するというようなスターリン型組織論を念頭に置くことはできない。偏狭な一国主義は、グローバル化のなかで無力化したし、いまもますます無力化しつつある。

　国境をこえて、人種や国籍を超えて働いている何十億もの人々がどうしてどこかの国の「革命政党」の言うことを聞くであろうか。拙著『近代社会と個人〈私人〉を超えて』において触れたことがあるが、世界市民主権のなかでの個体 Individuum の位置づけを考えるならば、次のようなことが言えるであろう。通常、私たちは社会の規模が大きくなるごとに代表制の機関は日常の労働・生活過程から遠隔化されたところで作動するようになると考えがちである。たとえば封建的領邦国家では、地元の王に政治的決定権があったが、近代主権国家が登場すると領邦国家の決定権ははく奪され、主権国家の中心（首都）において政治的な決定が行われるようになると考えてきた。これは社会のサイズが大きくなると中央集権化が進み、ローカルな主権は疎外されるという根深い観念をつくりだした。では、主権国家から世界政府へ権力の移行が進む場合も、同様に中央集権化が進み、現実の労働・生活過程からの遠隔化はさらに一層進むのであろうか。それは違う。領邦国家→国民主権国家の転化の過程で、なぜ権力が民衆から遠隔化され

第16章　ふたたび　国民主権を問う

たか。それは労働力の商品化と密接につながっている現象である。資本は、労働力の商品化と一体に進むべく、民衆から労働処分権（自己の労働を決定する権限）を奪わねばならなかった。資本の下で仕事はボスが命令するものであり、労働者は命令に従うことになった。

代議制民主主義とは、資本の生産過程における労働者からの労働処分権のはく奪を政治の次元で追認するためのものである。資本のもとでの労働処分権のはく奪と政治のもとでの代議制民主主義は、このように、二重の疎外をおしすすめるものなのだ。民衆は、労働処分権をはく奪されるだけでなく、このはく奪の上に立脚した代議制民主主義を「国民主権」という名で押しつけられた。近代政治はいかなる資本主義国家でもそうであるように、人々の私的所有の保障という名義のゆえに「正義」であるとみなされた。それが近代政治の仕組みである。社会のサイズが大きくなると権力は人民から遠隔化するという宿命観ができあがった理由は労働力の商品化にあった。

しかし、主権国家→世界政府の過程ではまったく違ったことが起こるのである。なぜなら、社会のサイズの拡大は、何よりも、世界市民の労働処分権を奪還する（つまり個体的所有の再建の）ためにあるからだ。たしかに、主権国家でできなかった政治的調整が世界政府で必要になる以上は集権化の次元が上がっていくことはある程度は避けられない。この意味で空間サイズが大きくなれば、調整のサイズの拡大も論理的に必然である。しかし、一体何のために世界政府をつくるのかと言えば、世界独占資本から生きた諸個体の労働・生活過程の自治権を奪還するためなのである。

ここで、先ほど述べた労働のアソシエーション的編成のことを考えなくてはならない。誰のために、何を、いつ、どれだけ、どこでつくるのかということは、労働処分権の範囲に属する裁量の問題である。労働処分権とは、自分の労働活動を遂行する当事者が資本の支配に抗して活動を自己決定する権利のことである。労働処分権は、労働力の商品化を廃絶した段階では、個体 Individuum に帰属している。それゆえ、世界政府の決定は、空間的に言えば主権国家よりも一段次元が上がるとはいうものの、決して遠隔化しない。反対に、このプランの

作成に参加しつつ、決定を是とするかどうか、つまり、自分自身の労働行為が世界政府のプランの一部に組み込まれることを認めたうえで実行するかどうか、まさにそれをチョイスするかどうか決定する最終的判断は労働する個体に帰属するのである。したがって、個体が自己の労働をどう処分したいのかを最大限生かすためにこそ世界政府は働かねばならない。この意味では社会のサイズの拡大と社会の自治力の拡大は、一つの調整課題ではあるが、サイズが大きくなれば自治力が奪われるという宿命的関係はない。この調整をする主体はどこまでも労働する諸個体の側であって、労働・生活から遠隔化する世界政府なるものは存立を許されないのである。

　これまで、マルクスの個体的所有概念について、それはマルクスのたんなる主観であり、哲学的アイデアであり、願望にすぎないという解釈があった。しかし、それは違う。個体的所有の再建は労働力の商品化の廃棄と裏表の関係にある。ゆえに資本によってはく奪されていた労働処分権は人間諸個体に返される。自己労働を何のために、どう使うかを決めることなしには、社会の自治力は上がらない。具体的に言えば、あなたは鉄砲や爆弾をつくりたいだろうか。国民主権のもとでは生きていくためには仕方なくそれを作る人が生まれるものだ。しかし、世界政府のもとでは NO と言えるし、言わなければならない。社会の自治力をあげていくためには、人が人を選ぶだけの国民代表制は廃棄される。人民主権がそれに取って代わるであろう。それとともに、労働処分権が現場に返ってくる。現場での意思決定はたんに望ましいものではなくて、自治力をつけるうえで避けられないものなのである。

　J・J・ルソーは、人民主権論を展開したとき、国民代表は不要で、人民代理（命令的委任）でなければならないと言った（『社会契約論』第3編第15章）。国民国家が成立するとき、もはや樫の木の下の民主主義はそのままの姿では生き残れないのであるが、代表を代理に置き換えることで直接民主主義的な要素を盛り込む必要を彼は考えた。この思想は杉原氏の人民主権論に継承された。なぜ直接民主主義が重要かというと、国民代表制のような、人が人を選ぶ選挙では、市民が事柄そ

第16章　ふたたび　国民主権を問う　195

のものを判断する能力を奪われる恐れが高いからである。これにたいして人民主権（代理にたいする命令的委任）ではそうはいかない。ルソーの名言に倣うならば、「政府は主権者ではなく、主権者の召使い（執行人）にすぎない」のである（同、第3編第1章）。

　事柄そのものを判断することなしに人民主権はありえない。現代の資本主義は、二重の疎外を強制し、政治では国民代表制をとり、経済では労働処分権を奪う。こうして人は二重に事柄の判断から遠ざけられる。これでは当事者がスポイルされ、非自治社会が帰結するのは必然であり、自治社会を運営することはできない。左翼政党は、それゆえに、社会の全領域において自治社会を運営する制度改革と新しい文化運動を豊かに開花させる必要がある。国民代表制をそのまま継承する義理はないどころか、この疎外された条件下で労働処分権を奪還することがいかにして可能なのかという課題意識と展望をもたねばならないのである。

　今後、世界政府を構想するにあたって、ルソーの思想はますます重要である。世界政府の代理（代表ではなくて）は高度に世界市民的でなくてはならず、また、労働処分権を奪還した労働主体は現実的に自己の主人となるのである。グローバリゼーションの時代に個体的所有を考えるとは、世界政府—社会的物質代謝過程—労働処分権の奪還（個体的所有の再建）—自治社会の形成を構想することでなければならない。

# 第III部

## アジアへのまなざし

# 第17章　アジア論的転回

　このところ、自分を語る一人称がどれもしっくりこなくなってしまった。「私」「僕」「俺」「拙者」など、いずれも自分をひどく卑下するか、ぎゃくに傲慢になるかのいずれかであり、対等・平等・自由な自称というものに、我々はまだ十分に到達できていないのではないかという気えしてきた。

　お隣の韓国では、自他の間柄に応じた場面で自称を使い分けるらしく、一人称はナ（対等な場合のわたし）とチョ（目上に対する場合のわたくし）である。性の違いがないが、年齢にたいしてひどく敏感で、見た目が若いと馴れ馴れしくナを使うのに、年上だとわかると突如チョに切り替えたりしなければならない。中国では一人称は「我」である。これは、仏教のアートマン（真我）に由来する。アートマンは、「意識のもっとも深い内側にある個の根源」のことだ。仏教は、アートマンをそれに先行するバラモン教やヒンドゥー教から受け継いではいるが、仏教自体がめざす悟りとは、我を突き詰めることではなく、反対に「無我」を知ることである。してみると、中国人が「我」という場合、「まだ悟りの手前にいる」という意味になるから、いわば「仮免」で生きてます、という意味が込められている。言ってみれば、車道を自動車学校の車ばかりが走っているような様子であるから、何だかとてもユーモラスだ。

　日中韓の「私」の問題は、アジアにおける公私の問題につながる。中国思想史家の溝口雄三が解明したように、中国では古代から一貫して公優先である。「私」（人欲）は宋の時代から出てくるが、西洋（デカルトとホッブズ）のように自立せず、公に包まれた私として控え目に存在し、今なお現代中国政治のポピュリズム的傾向を規定している。そこに1978年以降の改革開放の「私」（市場経済）が導入されて、1949年の中国革命以来の公優先の社会主義に、木に竹を接ぐかのように「私」が奨励された形になった。中国がこの先、結局は西洋モデルに合流す

ることになるのか、それともしぶとく世界に類例のない公私観念を創造するか、まだわからない。溝口自身は後者の可能性に期待していたように見える。

　それに比べるならば、韓国や日本は外来の既製品の資本主義を丸呑みしたから、儒教倫理は解体し、日高六郎の言う「滅公奉私」になったか、ますますなりつつあると言える。さらにそこへ新自由主義という怪物が押し寄せてきてしまった。

　むろん新自由主義の波はアジア全体に押し寄せた。これがアジアにとって一概によいとばかりは言い切れない。柄谷行人がいう「戦争・環境破壊・経済格差」に悩むのは、新自由主義を受けいれてしまった論理的帰結なのである。「自分探し」などと気楽に言っていた時代はまだ良かった。いったん「私」のその内奥に行き着くと、エゴイズム／ニヒリズムの泥沼に落ち込み、新しい個体と公をつくる気概が生まれてきにくいだろう。

　かつてM・ウェーバー（1864-1920）は最晩年に世界宗教の経済倫理という学問領域を開拓し、アジアの諸宗教が世界資本主義といかなる関係に立たされるかについて、大きなヒントを遺した。その大きな業績をうけつぎ、その後100年に及ぶアジアの急成長を考えるべき時期に来た。

　私見では、インド、中国、韓国の学者たちは多かれ少なかれウェーバーを意識しながら、「ヨーロッパ中心主義」を乗り越えようと躍起になっている。むろん、すぐれた日本の研究者も、印日中韓の歴史に分け入り、その動態のなかから世界をリードする精神が誕生するかどうかを注視している。いま「市場経済、民主主義、法の支配」といった西側の価値観の中に入った日本に満悦する歴代内閣は、相変わらず「脱亜入欧」をオウム返しし続けている。それは、中国、ロシア、北朝鮮に対する過剰な敵視を招く。むろんそれら3か国を弁護する必要はないけれども、いまだに福沢諭吉流の近代化論に同行する義務もない。より広く、より深い普遍性の高い価値を地道に追求することが望ましい。

　いずれにせよ、西洋思想史を学びつつも、アジアの学問はもっと超

越していなくてはならない。そういうわけで、私は2023年から西洋近代社会思想史の正体を一層個性的につかむために、アジア論的転回を遂行することにした。あとどのくらい時間が残されているか知る由もないが、漱石、安重根、魯迅、ガンジーらが作ってくれたアジア発の普遍性の伝統をうけついでアジア思想史の見取り図を探求していきたい。

# 第18章 アジア比較近代化論　序説
―覚え書き―

## はじめに

　M・ウェーバー（1864―1920）晩年の偉大な仕事は、アジア宗教社会学であった。本格的なヒンドゥー教、仏教、儒教、道教の研究以外にも、ごく簡単なイスラム教に関するノートが残されている。これらはいずれも、彼のプロテスタンティズム研究と緊密につながっていた。プロテスタンティズム研究（『プロテスタンティズムの倫理と資本主義の〈精神〉』1905）で彼は、プロテスタンティズムが近代の発生にとって重要な貢献をしたというテーゼを発表した。実際、WASPの国アメリカが20世紀初頭から世界をけん引したために、そしてまた1991年にアメリカを総帥とする自由主義陣営がソ連・東欧圏を打ち負かしたという事実の裏づけをもって、ウェーバー・テーゼは定説になった。近代が造形した「職業人Berufsmensch」を乗り越えるに足る人間像をソ連はつくることができなかった。

　もともとウェーバーは宗教そのものの研究を目指したわけではなく、宗教の経済倫理的な機能を研究したのであった。プロテスタンティズムが近代と正の相関をもっていたとすれば、アジア宗教は近代と逆相関であるかまたは相関が低いというのが彼の観察である。こうして、西洋（欧米）とアジア宗教が全体としてどのような位置価をもつかという見取り図ができあがった。

## 1　アジアにおける既製品としての資本主義の受容可能性の程度

　最近のいくつかの研究では、ウェーバーは中立的に諸宗教を比較しただけであって、プロテスタンティズムに対して過剰な思い入れをもってはいなかったと言われる。しかし、そうではあるまい。ウェーバーは、研究の目的を「中立性」に置くような学者ではない。世界は、欧米が開拓する近代資本主義の拡大であると見通したうえで、アジアの

諸宗教が自力で近代や帝国主義を生み出すことができなかったのはなぜか、また、欧米から既製品としての近代資本主義が入ってくることを許容する準備があるのかどうか、もし許容するとすればそれはどのような要素でそれが可能となるか、などをウェーバーは一貫した視座から比較史的に考えたのであった。

　ウェーバーの仕事は、一人で行いうる最大限のスケールをもち、しかもヨーロッパ人ならではの「ウェスタン・インパクト」の仕掛け人側から行われた学問的遺産として残された。その後約100年が経過した。この間に、アジアは大きく変貌した。日本、韓国、中国、インドの思想史や社会学などの関連領域の学問が興隆してきたとき、ウェーバーの宗教社会学は、よきにつけ悪しきにつけ、近代化の見取り図を与えるものとして参照点となった。ウェーバーの洞察のうち何が妥当性のあるものであり、何が間違っていたかを検討する課題を避けて通ることはできない。ここで触れることはできないが、実際アジア各国の研究者はウェーバーの没後ただちにこの仕事に着手し、すでに相当の蓄積を残してきた。

　それにしても、ウェーバー没後100年の時点で彼の比較宗教社会学の課題を受け継ごうとする者は、特別有利な事情のもとにある。ウェーバーは、ドイツの植民地になっていた山東半島を日本が奪取した（1915）ことを目の当たりにし、日本の近代化がヨーロッパの近代化を部分的に凌駕したことを認めざるをえなかった。それは、『儒教と道教』（1915-1919）の発表とほとんど同時期の出来事であったし、『ヒンドゥー教と仏教』（1915-1919）の直前の出来事であった。このためにウェーバーは、アジア宗教の評価に種差を加えている。すなわちウェーバーによれば、韓国、中国、インドについては近代化の萌芽がほとんど見られない、もしくはそれが非常に弱いのにたいして、日本については西洋の既製品としての資本主義を受けいれる準備があったものとして、際立った違いがあると想定したのであった。

### 2　アジアの近代化を見届けなかったウェーバー

　このように、ウェーバーの晩年のアジア世界像は、急激に近代化し

た日本となおその萌芽さえ見つからぬ印中韓を対照させたものであった。この事実は、著作の基底を形づくっている。ウェーバー自身はそれ以上の考察を残していないが、後から考える我々は、印中韓については、植民地（印）、半植民地（中）、併合（韓）を初発条件としつつ近代化がどのように始まり、発達したか、理解できるのであるが、ウェーバーにとって事柄はまったく条件依存的contingentであった。しかも彼は、その後の世界恐慌、第二次大戦、連合国とファシズムの闘争を知らないのであるから、アジアの近代化を予想することが困難であったことは言うまでもない。加えて彼自身が西洋帝国主義者の一人であったから、アジアの植民地をいかにして経営するかには意識が向かうことはあっても、現地の反帝国主義、反封建制、反植民地主義が西洋に抵抗して自力で近代化を達成したところまでは想像できなかった。

　私としては、生前の出来事であるインド大反乱1857、辛亥革命1912、朝鮮開国1876についてウェーバーがどう受け止めたかについて関心を持つ者であるが、寡聞にして知らない。ウェーバーのように問題の構造を根底から掴もうとする志向の強いものは、アジア宗教を扱う場合も古代から出発する。『儒教と道教』がまさにそうである。しかし、必ずしも通史的な把握ではない。おそらく、中世、近世まではカバーしきれないまま突然の病死を迎えた彼は、アジアの過渡期を扱うことがかなわぬまま研究を中断せざるをえなかった。したがって、アジア宗教がインド、中国、朝鮮、韓国でどのように近代化の思想的準備を始めたかをウェーバーはほんのわずかしか考えていない。それは悔やんでも仕方のないことである。

　だが、まさしくウェーバーが逝去した後のアジアは、まさに激動の100年を経験した。1920年のアジアと21世紀の現在とではまったく様相を異にする。ウェーバーが近代化の宗教的条件があると見た日本だけでなく、韓国、中国、インドの近代化はそれぞれきわめて高度に達成されたし、中国とインドについては、その人口規模が巨大市場であるばかりでなく、いまや「世界の工場」として世界をけん引しており、2050年ごろには世界のGDP大国になるとの予測が出ているほどなのである。アジアの近代化を世界中の誰も無視しえないどころか、ゆく

第18章　アジア比較近代化論　序説　—覚え書き—　　203

ゆくはアジアが世界社会の中心になっていくかもしれない。

　そうすると、ウェーバーがそうしたように、アジア宗教が近代資本主義にたいして障害であるとか、宗教と無関係に運動しなければ資本主義化は望めないと考える必然はとっくの昔に消えてしまった。むしろ話は真逆なのだ。インド資本主義がヒンドゥー教と関係していること、したがってヒンドゥー教は逆説的に新自由主義の宗教的源泉となっていることは伝統とスーパー近代の結合として改めて考察の必要を提起している。このことは、モディ政権の母体であるインド人民党の性格をみれば明らかである。また中国が「改革開放政策」1978後、なお儒教的であることもまた、中国共産党のポピュリズム的な政策態度と密接に関係していると思われる。韓国では、いわゆる民主化以降（1980年代）儒教は弱体化してきているように思われるが、新自由主義と家族単位の競争の結合という意味においては儒教はなおまだら模様に、また波乱含みのまま機能する余地がありうる。日本は、宗教のポジティブな働きはあまり見られないにしても、1997年以降、自民党は神道の結びつきを表立って強化した。それは、日本の自由民主主義というものが初発から欧米的純粋種への確信を失っているからであり、しかも冷戦以降「アフター・リベラリズム」（I・ウオーラーステイン）に巻き込まれたことの証明であろう。

## 3　市民的資本主義はもはやゴールではない

　私の問題関心は、まだきわめて粗削りであるが、ウェーバーが開拓し一人で築いた比較近代化論の構想を引き継ぐことである。だが、ウェーバーと違って、私はもう彼の「市民的資本主義」という理念型をゴールに設定することはできない。「市民的資本主義」の全盛はもう終わっている。「市民的資本主義」がつくった公私二元論と労資二元論を合成したものが近代世界システムであるならば、新自由主義とは、まさしくこの近代を内在的に崩壊させる条件が成熟する時代である。それはアジアでいかなる形態をとって進行するのであろうか。アジア資本主義は、いまやますます世界資本主義の主導的エンジンになってきている。すると、伝統と近代の相克は、「伝統を踏み台にし

た近代の克服」と「近代を踏み台にした伝統の克服」の往復運動となるに違いない。それは、言い換えれば、欧米型資本主義によるアジア型資本主義の包囲と逆包囲が往復する過程を伴う。こうして、様々な資本主義が林立して世界資本主義が総体として発展すればするほど、アジアの様々な資本主義は相互に刺激しあい、また緊張しあい、その相克のなかから近代化そのものを反省させる運動を不可避的に呼び起こすであろう。まさに、このような諸勢力の運動がもたらす不協和と相互調整のなかから、長期的に見て未来社会の思想的座標軸がアジアにおいても世界においても模索されていくことになるに違いない。

## 4 思想的座標軸の問題

　この思想的座標軸とは、では一体何か。それは、世界を構成するヨーロッパとアジアのそれぞれの懐に隠されている、同時代の思想的に共時的な要素の構造連関から次なる時代の思想がどういうふうに通時的に生成するかを、事前に、思想構造的において知ることである。一言で言えば、世界思想の正統とは何かということに帰着する。

　丸山眞男はかつて「日本における思想的座標軸の欠如」1961を問題化した。だが、いまや課題は決して「日本の思想」だけにとどまらない。丸山の指摘は世界を考える場合の重要な参照基準になってくるのではあるまいか。というのは、もし上に見たような世界資本主義の発展が諸資本主義の林立と相克であるならば、それらを「市民的資本主義」を範型に整理することは正統を考える上で狭すぎるし、また、正統思想の形成過程を抜きにして相互調整を条件依存的contingentなものであるとみなすだけではラフすぎるからである。まして、思想抜きに「世界政府」をただ制度的に語ることは思慮深さに欠けるであろう。

　ゆえに「日本における思想的座標軸の欠如」を埋めていくことは、ますます「世界における思想的座標軸の欠如」を克服するうえでの必須の作業となる。なぜならば、日本は加藤周一と丸山眞男が問題にした「雑居文化」を整理することなしに、世界史的水準にたつことはできず、世界史は日本が「雑居文化」を「雑種文化」に高めるのと同様の課題をいずれ共有するからだ。いわば、日本的カオスの克服が世界的

コスモスの創造へつながるのである。

　「あらゆる時代の観念や思想に否応なく相互関連性を与え、すべての思想的立場がそれとの関連で─否定を通じてでも─自己を歴史的に位置づけるような中核あるいは座標軸に当たる思想的伝統」(丸山『日本の思想』1961)をじつのところ21世紀を生きる世界の民衆はまだ持っていない [1]。それは、研究者の机上から無闇に作り出せるものではありえない。無から有をつくることはできない。現にある現実的矛盾、あらゆる民族的諸文化の文明化が命じるところにおいてのみ、この座標軸は生成するのだ。


### おわりに

　ただしこの手掛かりになるものはすでに21世紀の現在、ある程度準備されている。それは「世界人権宣言」と「国際人権規約」を基礎とし、新自由主義的な世界資本主義に抵抗する様々な「反システム運動」を媒介にして、個体の再建という思想へ収斂する道筋であろう。これをアジアの地盤から強靭に追求することが、「世界史的個体」を生み出すうえで決定的に重要である。いずれにせよ、思想的座標軸は、様々な地域の思想的伝統の過去総括の上に立って新たにつくりだされねばならない。このような思想的創造に参加することは、万人が自己のアイデンティティを獲得するうえでの喜びであり希望である。「ザイン」と「ゾルレン」のはざまにたって、研究は、ただそれを事実史のなかから、事実に即して引き出すだけである。私としては、このようなコンテクストのなかに自己を位置づけつつ、アジアを構成するインド、中国、韓国／北朝鮮、日本の5か国の近代化の類型を相互に対比しながら、考察を進めることを課題としたい [2]。


### 注
(1) ウェーバー以降の時代において、一人で比較史的な近代化論の枠組みを提出したのはＳ・Ｎ・アイゼンシュタット（イスラエル　1923-2010）である。彼の比較史的近代化論がいったい何をめざしているのか、その実践的帰結は何か、私は容易につかめ

ない。ただ、彼がヤスパースの「枢軸の時代」という概念を使って、宗教圏を整理した点には彼なりの着想がみられる。ここから見ると日本は枢軸時代の宗教圏にまったく無関係に近代化に成功した例だという。だが、圏外からの近代化というのは、いかなる意味を持つのか。アイゼンシュタットは、ウェーバーが『ヒンドゥー教と仏教』において「侍（武士）」に着目し、「それにしても確乎とした契約的な諸関係をつくりだす解約可能な俸禄関係は、西欧的な語義における『個人主義』のために、中国の神権政治などよりはずっと（合理的な経済倫理をつくるうえで）好都合な根底を提供した。かくて日本は、資本主義の精神を自分のうちから創造することはできなかったけれども、既製品として外部から比較的にたやすく資本主義をうけつぐことができた」（古在由重訳、同401頁）と指摘したことを見落としたのであろうか。中国、朝鮮、日本はいずれも儒教的なイデオロギーの強力な国家であった。だがその中に種差があった。中国と朝鮮においては、皇帝や王の家産官僚制を構成した士大夫が科挙制のもとで文官として働いた。これにたいして日本の武士は、天皇制の「虚位」（福沢諭吉）をよそに、儒教を軸にしながら神道、仏教、道教、キリスト教が並立した文化の中にあった。ただし儒教には聖人の存在が必然であり、聖人は中国の皇帝でなければならなかったために、武士は文人に徹することはできず、さりとて徳川の太平の中で武人としての要素を弱めざるをえなかった。ウェーバーは、封建制と儒教の関係を認めはするが、封建制が儒教とともに崩壊したときに、旧武士は白紙（タブラ・ラサ）に直面したとみる。この白紙状態は、非常に意味深い。というのもウェーバーによると日本の白紙は近代化に抵抗する宗教的伝統主義を拭い去ることに貢献したのであって、こういう白紙はアジアのどこの国にも見出しえなかったものなのである。それゆえに日本の近代化、つまり既製品としての資本主義の受け入れは速かったというのである（第3章第7節その四、日本）。問題は、ウェーバーの言う「白紙」の構造的特質をどう考えるかということである。もちろん、これは幼児的白紙ではない。そうではなくて、これは後に加藤周一が指摘した「雑種文化」1956に非常に近いものをさしていたのではなかろうか。加藤は、「伝統的な日本文化」と「西洋化した日本文化」という「二つの要素」の絡み合いを主題化した。丸山眞男は、加藤の雑種文化論を「雑居」とつかみなおし、「無構造の構造」と言い換えた。考えてみれば、丸山がいみじくも言い当て、洞察した「無構造の構造」は、すなわち「思想的座標軸の欠如」であった。この欠如態こそが戦後日本を急激に発展させたところの、意図せざるものであったとも言いうる。しかし、丸山は「無構造の構造」を対象化して後に古層論ないし通低音を対象化するに至る。この作業は、雑居を雑種に高めるうえで避けられぬ仕事である。だが、ここで考えねばならない。丸山と加藤が全力で取り組んだ「雑種文化の可能性」や「古層の対象化」は、さしあたり日本思想史研究の方法論的成果とされているが、果たしてただ日本論の内側にとどまるものであろうか。

　丸山を国民国家論に囚われたナショナリストとして批判する向きがあるが、問題は方法の生かし方なのではないだろうか。「無構造の構造」は、むしろ世界社会の内部に現在あるものだといいかえてもよい。すなわち、「思想的座標軸」が必要なのは、むしろ世界中の人びとなのである。主権国家の狭い利害、キリスト教とイスラム教、伝統的な諸価値観、東西思想の対立などはこれから我々が立ち向かわねばならないイデオロギー的カオスである。これにたいして、いったいどういう世界文化をつくるか、どういう世界思想を構造的に生み出すかというところに我々の精神革命の課題がある。時代を先取りするものとしてのユートピアの展望を視野に入れて問題を考えることを

我々は強いられているのである。

　ウェーバーには、たしかに一種の「近代主義的偏向」があったかもしれない。しかし、彼は頑強に近代資本主義の思想的な座標軸の優位を主張したのである。もしそうであるならば、私たちがなすべきことは、「脱近代主義的」な方向で思想的座標軸を発見し、世界中の人々と協力してその座標をきたえていくことであろう。

(2) 加藤周一は『雑種文化論』1955年で、二つの要素の一方への純化に反対するという意味で、価値判断抜きに伝統と近代の関係の可能性を考えた。これを受けて丸山は、加藤への最初の回答を『日本の思想』1961年で書き、続いて本格的な回答を「歴史意識の『古層』」1972年で書いたと言える。加藤は、丸山の反応をみて、『日本文学史序説』1975年を書いた。『序説』がどの程度丸山の「古層論」を咀嚼しているか、私は十分な回答をもつわけではない。しかし、もっと後になると、遅くとも丸山の没年1996までには加藤は、丸山が出した古層論という回答を最終的には受け容れたようにみえる。二人はよく似ているが、違う点もある。丸山は思想的座標軸をかなりウェーバーの「市民主義」にもとめている。しかし、加藤は当初からその基軸になるものはマルクス主義すら超える何ものかになると予想していた。「西洋のイデオロギーの人間的基礎に相当する動きが、当方（日本のこと・・・竹内）にもまた熟していることが、どうしても必要な条件である」(「雑種的日本文化の希望」1955年）という発言はこのことを示す。丸山は思想史家としてこれまでの思想史の歩みの中に座標軸たりうるものを与え、過去総括的に未来を見たのに対して、加藤はより超越的、予見的に、あるいはより創造的に未来をみつめていたようにみえる。その後のことは次なる世代の課題である。

# 第19章 中国思想史における私人概念の変遷
## ―善悪の構造転換とかかわって―

## はじめに

　中国思想史上、孔子、孟子は性善説、荀子、韓非子は性悪説と言われる。だが、二つの説の内的連関とは何か。この点を説得的に追求した研究は少なく、思想史的に位置づけたものはさらに稀である。以上の点について、人間本性に関して「善」と見るものと「悪」と見るものがあるという具合に並置するのは正しくない。性善説が先行し、性悪説が続いたのには法則性があり、固有の意味があるからだ。逆であってはならなかった。これらの前後関係によって、以前に「悪」とされたものが「善」または「悪ならぬもの」とされるに至った。この意味での善悪の構造転換は古代から清末までに着実に起こった。現代中国、ことに改革開放後の中国は、このうねりの中にあると考えなければ到底理解できない。

　一般的に言えば、善と悪の問題は、西洋思想における古代・中世的な最高善が「私悪private vices」によって退けられる過程に対比できる。すなわち、善を共同体的価値とすると、悪はさしあたり私的なもの、放縦、勝手気まま、抑制すべきものとして扱われる。ここで、善は全体（共同体）、悪は部分（成員）に対応している。だが全体／部分という構図が崩れ、本来的な意味での私／公という軸が現れてくると、善と悪の位置が逆転するのである[1]。すなわちそれまで善であった全体が悪となり、悪とされてきた部分がいったん解体され、代わって「私」が善になって「公」を下から組み立てる。善悪の構造転換はかなり普遍史的に起こるべくして起こるものである。

　もともと世界4大文明の時期から説き起こせば、中国のほうが西洋よりも先進地域であった。このときにすでに古代中国には私人概念が存在したらしい。西洋はまだ森と草原の時代である。西洋はギリシア文明においてようやく私人概念を、やはり悪として獲得する。私の見

るところ、似た者同士であった東西に大分断が起こるのは、モンゴル帝国による東欧侵略のあと、いわゆる大航海時代においてであった。15世紀末以降の重商主義的帝国主義の闘争の中で、西洋は積極的な＜私人＞概念に到達した。

　これにたいして、中国の私人は西洋的＜私人＞と近似した道を歩むが、独自の「私人」となり、清末まで相対的に「停滞」する。1840年に西洋的＜私人＞は中国を侵略し、分割、植民地化をほしいままに行った。この思想的背景に＜私人＞と「私人」の違いがあった。これを契機に中国は反帝、反封建、反植民地へ急激に動き始め、辛亥革命をへたあと1949年以降の「独自の社会主義」を選んだ。この革命は、中国の「私人」に、よい意味でも悪い意味でも劇薬となった。中国革命のスローガンのもとで三重の苦しみに耐えてきた「私人」（農奴）は救済されたが、決して＜私人＞を志向することは許されなかった。西洋帝国主義（および日本帝国主義）を敵とする中国革命は西洋的＜私人＞ではなく、「中国人民」という集団的主体を創出しようと企てたからである。ところがこの企てはうまくいかなかった。したがって中国の「人民」は社会主義固有の個体を樹立できないが、かといって西洋的＜私人＞を樹立することもできなかった。現在までのところ中国の「私人」概念は西洋的＜私人＞と社会主義的個体性Individualitätの中間にとどまったまま、けっきょくは限りなく＜私人＞へ漸近しているように見える。まさにこの点に「中国社会主義」のジレンマがあると私は考えている。およそ、このような仮説のもとに中国古典を系統的に読んでみよう。

　中国思想は、一国のタテ軸に沿って読むだけでは今日あまり意味をもたない。とくに20世紀末になるとグローバルな新自由主義的世界が成立するので、もともと西洋で起こった事柄が、様々な変則、変形、曲折をへながら間欠泉のように噴きだす。西洋思想は、そのまま非西洋で繰り返されるわけではないが、かといってただ類型的に違うものを生むというだけでもない。東西交通が頻繁になればなるほど、世界がグローバルな相互依存関係へと発展するのは法則的である。西と東は、それだけ一層近似化するし、せざるをえないのだ。当面の異同は

西洋と中国の私人概念の違い——これを「私人（中国）」と〈私人（西洋）〉に分けて表記しよう——に表現されている。

　以上のことを考えるうえで私の仮説は既存の近代化論または社会主義論を下敷きにしない。しかし、私なりの別の下敷きは存する。ここで詳しく論じることはできないが、私の思想史の方法は、西洋近代中心主義に陥ることはないが、国ごとに複数の近代化の経路があるという相対主義を想定するものでもない。西洋で生まれた西洋近代批判が中国でも基本的に貫徹するという見通しに立つ。こういう見方は、西洋にも中国にも、いままでのところまだ見あたらない。こうした見方が出てくるためには、西洋の多大な影響のもとで暮らしながら、しかも中国の隣に位置する日本に筆者が生きてきたという特殊な事情のみならず、中国の改革開放路線がある程度の時間的幅で正体がみえやすくなることが必要であった。

　ともあれ、こうした視角にもとづく分析作業によって、西洋近代と中国近代をひとつの普遍史的展望のもとに考えていけるようになるのではないかと期待している[2]。

## 1　性善説の存立根拠

　ふつう性善説は、孔子（紀元前552年または紀元前551年-紀元前479年）、とりわけ孟子（紀元前372年?-紀元前289年）の説だとされる。孔子は、周の時代（紀元前1046〜紀元前256）の初期を規範的社会モデルと見定めたが、すでにその衰退は春秋時代（紀元前771）に決定的となった。孔子は周の衰退過程で、その秩序再興のために自説を説いて回った。その言行録を400年後に本にしたものが『論語』である。

　『論語』には、性善説をじかに論じた箇所はない。よく知られているとおり、孔子にとって「善」とはすなわち「仁」である。そして、「仁」とは「孝悌」である。「孝」は親を大切にすることであり、「悌」は年長者を敬愛することである。上に立つ者はおごそかに仁徳をもって下の者に臨み、目下の者は目上の者にたいしてへりくだることが諭された。つまり、縦の人間的秩序一般を孔子は考えたのだ。

　こうした思想の背景となった社会経済史的基盤は何かについて中

国思想史家の李沢厚は、「初期奴隷制」であったという[3]。儒教の本質は、奴隷制社会の支配を正当化する論にほかならない。だが、発展段階論で儒教を考察する場合、難しい問題が発生する。それは周という過去の体制を理念化した儒教がいったい何ゆえに、古代から現代に至るまで生き延びえたのかという、中国思想史上の謎である。この問題は、いち早く1926年に顧頡剛によって提起された。顧頡剛の回答はほぼ次のようなものであった。「『論語』では、古代の徳の管理者である『君子』と『学者』が、大転換の時代における新たな倫理パラダイムの創造（過去の後付けという形）の真の担い手であった」[4]

『士』は当初は武人であり、春秋・戦国時代に急進的な変容を遂げて初めて書記に転じた。大転換というのは、『上流貴族の衰退と下層庶民の台頭』を指す。孔子を含む学者階級は貴族と庶民の中間にあり、上下の移動の場であった。このことは学者階級の社会的性格に根本的な変化をもたらした。戦国時代になると、学者階級の『士』は、士農工商の『四民』のひとつに分類される。この変容のなかで、士に昇格した庶民は道徳的規範を明文化する機会を得たが、貴族から士に下った者は、周の礼的秩序を再確認する機会を得た」[5]。つまり、身分の流動化によって儒教は生きのびた。

李沢厚もまた端的に、奴隷制において発生した儒教が、なぜ、どういう理由で封建制末（清末）まで生き延びただけでなく、現代中国の支配者の統治論にまで浸透したか、という問題を提起した。李はこれにたいして、孔子、孟子の説は、氏族社会の崩壊過程において、氏族社会—部族社会—部族社会同盟という広域化に対応しようとしたものであって、非封建社会にも広汎に適用しうるように非常に抽象化され、かつ、柔軟化されていたためであると説明している[6]。私は顧と李の両説を批判的に検討しよう。

顧頡剛、李沢厚の説では、主として清末までの儒教の有効性を説明することはできても、なぜ現代中国にも儒教が「残存」するのかを十分説明しきれていない。二人はかなりマルクス主義に依拠しているが、その理解度は弱い。もっと強力な根拠を実はマルクス自身が与えている。私の考えでは、旧共同体の上下関係は改革開放下の「社会主義的

市場経済」においても意義を失わない。すなわち経済の市場化は全般的なゲゼルシャフト化をもたらしはするが、企業内の協業はコンビネーションである。中国の協業は、資本主義的協業一般がそうであるように、きわめて専制的である。だから、ドライな市場化をどれほど発展させていっても、専制的な協業（コンビネーション）を「人と人との垂直的関係」として受容させることは重大な課題である。中国の場合、儒教の伝統は思想的資源を与えてくれる。しばしば中国共産党が儒教を批判することがあったとしても、実は共産党一党独裁がコンビネーションに立脚する総括形態である限り、儒教を温存する方が得策なのである(7)。

　さて、思想史へもどると性善説を固有の強いアクセントをもって主張したのは、孔子よりも孟子である。どんな人であろうと井戸に落ちかけた幼児を見たら助けるという具体例は広く知られている。これを孟子は「惻隠の心」と呼ぶ。およそ人間たるものは利害得失を離れて忍びなさを感じる気持ちをもち、これこそが孔子の言う「仁」の萌芽なのだと彼は位置づけた(8)。したがってこの善なる本性を伸ばしていけば、良い社会ができるという儒教の教えができあがった。

　孟子の善は、孔子の言う「仁」を、人間がもともと持つ共同体的心性一般へ拡張したものであった。「仁」は教訓的なものから、その発生源へと掘り下げられ、源から育てることは可能なものとされた。このようにして、孔子にとっての善なるものは「仁」であり、立派な人がもつべき資質であったとされただけであったが、孟子は「仁」を、たとえ遠くて高いものであっても誰でもが持つ萌芽から学びうるものに変えたのである。

　そもそも孔子が「善＝仁」を説くのは、周の末に「悪＝不仁」の気配を感じたからである。そうでなければ、善（仁）をもちだす必然がない。仁と現実の乖離が儒教を生んだのだ。孔子は、悪（不仁）が周をほろぼしたのだとみるので、周を再興するために善（仁）を復権させねばならないと考えた。この意味では、周の没落の必然を認めたうえでの「仁」であるから、すでに反動的復古ではなかった。孔子によると、善（仁）はすぐに身につくような資質ではない。むしろ善（仁）は、も

第Ⅲ部◉アジアへのまなざし

第19章　中国思想史における私人概念の変遷　—善悪の構造転換とかかわって—　213

し放置すれば埋もれてしまうような脆いものだ。だからこそ、たえず学ばなければならない。それを体得した人が君子であり、そうでない者は小人である。この意味で、善（仁）は悪（不仁）と相対して、あるべき「規範」となった。いわば善は悪の際にある。そう考えるならば、孔子の（仁性善）説には、すでに性悪説が前提されていたことになる。であるから、孔子のこの恐れの中に性悪説が出てくる理由があり、この意味において一方で孟子の性善説が出てくるとともに他方で性悪説が孔子の懐から出現するのである。

## 2　性悪説の存立根拠

　荀子（紀元前313年？―紀元前238年）は、春秋（紀元前770―紀元前403）のあとの戦国時代（紀元前403―紀元前221）の思想家である。彼は、孔子の儒学の系譜にあるとはいえ、周の秩序が乱れて部族社会同盟が公然と闘う時代を生きた。だから、仁義なき戦いのさなかにものを考えた。そうだから、孔子とは違った点を強調するようになった。荀子は「人間は誰でも、生まれつき欲望をもっている。たとい聖人だろうと例外ではない。その欲望は、やり方によってはコントロールすることができる」[9]と論じる。聖人とは最高の徳を持つ者だけに与えられる称号であるが、その人すら欲望がある。「人の性は悪、その善なるは偽なり」[10]という。だが、ここで言う「偽」とはいつわりの意味ではなく、人為的なもの、後天的な努力という意味である。

　私はすでに、孔子が善（仁）を説く場合、実は反対項に悪（不仁）を前提としていたと述べた。だから、荀子が「人の性は悪」という場合も、決して孔子の善（不仁）を単純に無視したわけではない。荀子はただ「生まれつき」の欲望がそのまま放置されることを悪としたのであって、学習さえすれば善へ向かうことはできるというのだ。だから、荀子が性悪説を打ち出した場合、善が悪を論理的に前提にしているという点に限れば、孔子と同じであり、違うのは「生まれつきの欲望」＝悪の重みを見つめるリアルさである。なぜリアルさが増したかと言えば、戦争は人間と聖人の欲望をむき出しにさせたほど激しかったからだ。その分だけ荀子は、善（仁）にむかう実践に、より強い情熱を傾けね

ばならないと考えたわけである。

　戦国時代の韓非子（紀元前280年?‐紀元前233年）は、荀子の考えを一層リアルに考えて性悪説を発展させた。韓非子の固有性は、善悪の軸に、公/私という軸を加えた点である。有名なのは、「ム（私）に背く、これを公という」という記述である。漢字学の白川静は韓非子のこの箇所に特別の注意を促している(11)。韓非子に至って、善悪と公私が対応関係に置かれる。つまり、「善」は公であり、「悪（不仁）」は私である。しかも韓非子はこう言う。「民衆の当然の考えとしては、みな安全で利益になることに身を寄せ、危険で苦しいことは避けるものである。・・・（中略）苦しみと危険があることを、民衆はどうして避けないでおれようか。・・・（中略）また賄賂を贈って国の要人に頼って身を寄せると、望みがかなえられ、望みがかなえられると利益になる。安全で利益になることに、どうして向かわないでおれようか。こうしたわけで、国家の公民は少なくなり、権勢家（諸侯のこと　竹内）に身を寄せる私人が多くなるのである」(12)。

　中国だけでなく、西洋古代にも通じることであるが、人間が公民であることを最高善と評価し、それにたいして欲望に従うのは「私人」であるとするような思考様式は、ソクラテスにもみられた(13)。共同体的人間とはまさしくそういうものである。しかし、戦国時代になると、戦争は共同体間の一種の交通形態であるから、内外の緊張は嫌でも高まる。一方で、民衆（聖人ですらも）は安全と利益を追求するものだということを認めざるをえないが、安全と利益を求める「私」を排除しなくてはならないとする共同体の締め付けもまた強まる。

　韓非子はここで悪を進化させる。彼は、いわゆる「善」よりもいわゆる「悪」の実在を深く把握するようになり、孔子→荀子→韓非子の系譜上における「悪」はなお「悪」ではあるが、「悪」の中身は事実上ホッブズの自己保存 self-preseravation (14) に接近しているのである。しかし、それでもなお共同体は崩れなかった。また崩れぬ限りにおいて＜私人＞は成立しない。儒教の枠内にいる韓非子は、ホッブズと正反対に「私」の優位を排除し、「公」を優先させた。

　韓非子にはそれができた。共同体が崩れかかると、それだけ一層

第Ⅲ部●アジアへのまなざし

第19章　中国思想史における私人概念の変遷　―善悪の構造転換とかかわって―　　215

「私人」への危険視を強め、「私人」を徹底的に差別することにおいてである。君子から見れば、諸侯と民衆の「私」は放置すれば利に走る本性的悪である。だからこそ「私」＝悪はもっとも忌むべきものであった。ここで韓非子は新しい要素を導入した。彼は、善と「公」、悪と「私」を対応させることによって、したがって「公」が「私」を抑圧できるように儒教を変形させた。この結果、悪たる「私」は共同体秩序の下位または周辺に位置づけられた。だが、たとえ周辺的で従属的な位置においてであろうと、「私」が悪であるにせよ、それが「民衆の当然の考え」とされたことは重要な前進であった。

### 3　韓非子から李卓吾までを媒介するもの

　戦国の韓非子から明代の李卓吾（1527－1602）までは、12世紀の朱子学の確立を挟んで、正統派士大夫の儒教イデオロギーが長らく続く。この間およそ1700年の時が流れている。儒教の内部での「私人」の台頭の跡を追跡する作業については哲学史や思想史ですでに多くの研究がある[15]。

　具体的には呂不韋（？～B.C.235）編『呂氏春秋』（紀元前239）、司馬遷（B.C.145.135～B.C.86）『史記』（紀元前92-89）、周濂渓（1017～1073）『太極図説』、張載（1020-1077）『正蒙』、朱熹（1130-1200）『朱子語類』、王陽明（1472-1529）『伝習録』を押さえておくべきであろう。だが、ここでは個別の思想家には立ち入らず、大きな流れのみを、すでに多くの先達が解明している点からまとめると以下のようになる。

　『呂氏春秋』は、性悪について触れるが、「世の貴富なる者の声色滋味にたいする態度は、乱れやすい」という、これにたいして聖人は同じ声色滋味にたいして「生に利益があればそれを取り、生に害があれば捨てる」[16]という。聖人は「貴富なる者」に優越する分別がある。また『史記』は、一言で言えば聖と悪の闘争を描いた史書である。聖人の徳が悪を滅ぼすのである。しかし司馬遷『史記』「本紀」に登場する人物は同時に「異様なる個人」である。ここで描かれる「個人」は、なまなましい躍動する個人であるけれども、項羽や劉邦は共同体（軍）の頂点で「喜怒哀楽」をこらえねばならぬヒロイックな王や武人であ

る[17]。張載の「天人合一」説はまだ合一という予定調和を疑わない。だが、天人の「人」は、もはや聖人君子だけでなく、人一般へ拡大している。周濂渓の『太極図説』によれば「聖人は全く天地自然と合一している。故に人間道徳はこうした聖人の境地を習得するところに存する」とされた。

　ここで特筆すべきは、朱熹による朱子学の体系化である。朱熹は善悪の理論的処理においてまことに壮大な宇宙論を展開した。孟子が万人の心に「善＝仁」を植えつけたとすれば、朱熹は理気論によって、それまでは一種の処世術でしかなかった儒教を宇宙から人間までを貫通する形而上学に体系化した。彼は全宇宙の原理である「理」が森羅万象を主宰すると見る。したがって「天」は理で動き、人間もまた理の内にある。ところが、理は気とともに個物に内在するがゆえに、理気の結合割合が個物間に濃淡を生むことになる。人間に即せば、理はすべての人間に宿る「性」である。個別の人間に聖賢暗愚の違いが生まれるのは気の作用が理の貫徹を妨げるからである[18]。

　聖人君子は理を100％会得した者であるのに対して、ふつうの人間は気に邪魔されて、理を体得できず、情欲にまみれて「悪」をなすのだ。

　朱子学のもとでは儒教の基本的シェーマである「天人合一」は、いかに性悪をリアルにみつめるとしても、天と人の関係を律するのは「理を媒介にした調和」であるとするから、人間の欲がいかにしたたかで、避けがたいものであるとしても、最後には理がまさると教えてきた。ところが、孔孟を起点とする性善説の系譜は、共同体の秩序の弛緩、戦争と貨幣経済の発展におうじてますます悪を「事実fact」として認めざるをえなくなり、これがいよいよ最後の段階にくると天と人の予定調和（「天人合一」）そのものが崩壊するという地点まで行き着くであろう。朱熹は、理気論によって「天人合一説」を理の気への優越の視点で体系化した。これは中国封建制を正当化する中心的イデオロギーとなった。ところが、朱子学があまりに閉じた体系であったために、社会の変動に適応できず、朱子学は長きに渡り、儀礼化し、形骸化した。それゆえに朱子学批判は聖人君子の理想化を攻撃するものとして出現するばかりでなく、朱子学の大衆的裾野に杭を打ち込むものとなった。

## 4 王陽明による宗教改革 ―ルターと比較して―

　朱子学を批判したのが王陽明（1472〜1528）である。彼は、やはり朱熹がそうであったように悪の問題で悩んだが、朱熹とは違って、規範主義に固執するのをやめた。これは、儒教の長き歴史におけるヒエラルキーの否定の始まりであった。王陽明は、天理の主体を聖人から大衆に転化させ、いわば万人君子論を立てたのである。

　このことの背景にあるのは16世紀以降の商人の台頭であった。余英時によれば、明代の儒者は商人に対して以前とは異なる態度をとった。ことに王陽明は「終日商売をしていても、聖賢たることの障りにはならない」と言い切るまでになった[19]。これは、士農工商の身分で従来最も蔑まれた商人の人欲（私欲）の論理を、士の身分の次なる位置へ引き上げることを意味した。商人の論理が士に及ぶということは、四民の序列が士農工商から士商農工へと革命的に変動することを意味する。当然ながら、これとともに天と人欲、理と気の関係もまた変わるがゆえに、善と悪の価値観が根本から揺さぶられることは免れがたくなった。

　王陽明とルター（1483〜1546）は東西の同時代人である。王陽明は朱子学という体制イデオロギーの外在性を内面性の立場から批判した。「万人は聖人である」という言葉が示すように、君子や文人だけが儒教の主体ではなく、民衆もまた聖人になりうると考えた。朱子学が万人に理を認めた以上、朱子学を民衆側から批判すれば論理必然的に万人聖人説がでてくる。

　ルターはカトリックという体制イデオロギーの外面性を内面性の立場から批判した。「万人は祭司である」という言葉が示すように、王や教皇だけがキリスト教の主体ではなく、民衆もまた聖職者であると考えた。

　この意味で、両者はともに先行する教義を劇的に転換させた、偉大な宗教改革者である。だが、両者の間には決定的な違いがある。

　第一に、ルターは大航海時代に世界を独占したローマ教皇―スペイン絶対主義に対抗していた。それゆえに、反ローマ的な動きはけっ

きょくのところ旧カトリック勢力による世界分割（教皇子午線）にたいして、再分割を遂行するプロテスタント帝国主義と結びついた。

第二に、ルターは現世の主権が魂の問題に介入することは許されないと論じたから、政教分離を体現した公私二元論の世界を生み出すことに寄与した。

第三に、ルターは職業労働が神の与えた使命であると位置づけたために、神のもとにおける人間の平等を日々の労働に求めることになり、結果的に労働の抽象的一般性を認めた。

第四に、マルクスが「アダム・スミスは経済学上のルターである」（『経済学・哲学手稿』1844）と論じたように、ルター（カルヴィンも含めて）の宗教改革は、ブルジョア的な内面性（孤独な信仰主体Einzelne）と職業労働の外面性をパッケージ化して与え、近代的生産力の性格を規定するものになった。

これにたいして王陽明の朱子学批判は、これら4点の広がりをもっていない。①明（1368〜1644）の時代、中国は大変な経済的活況をもたらし、外国貿易も盛んであったが、アジア圏を越えなかったために、世界市場の発展から切り離され、結局のところ、中華帝国内の完結性を超えなかった。王陽明の死後、西洋知（鉄砲）を使って軍事的優位を整えた豊臣秀吉に膝もとの朝鮮半島を脅かされた。②王陽明自身が士大夫に属し、王のもとでの科挙官僚制内部で手柄を立てようとしたから、身分制を超ええなかった。③王陽明は儒教を大衆化したにもかかわらず人間を「人欲」としてしか捉えず、「工（労働）」の主体としてつかまなかった。④したがって、庶民はどこまでも改心の主体であるにすぎず、人間労働をつうじて富をふやす主体なのだという点まで到達できなかった。

王陽明がはじめて「内面性」を発見したことは、心がなければ真理は得られないというかたちで、朱子学の「外面性」を批判することを可能にした。しかし、王陽明自身は、正しい儒教の伝統の中に留まるつもりだった。

しかしひとたび「内面性」の原理に立つと、それは「外面性」と闘うための武器となった。『伝習録』1519には王陽明の嘆きがじつになま

なましく書かれていて、彼がおかれた歴史的局面がよくわかる。「聖人の学は日に日に遠く日に晦く、功利の風習はますますとどまるところを知らず、その間に、仏教・老荘の学に耳目をひかれることもあったが、この仏教・老荘の説も、功利の心に勝つことはついにできなかった。さらにまた、群儒がそれぞれの見解を折衷し綜合したこともあったが、その群儒によっても、功利の見を破ることはついにできなかったのです」[20]。

　世の中が、功利、我執、私欲、打算に流れるのに対して、王陽明は抵抗している。だが、「功利の毒は人の心髄にまで浸透し、この幾千年の間に、完全に習い性となってしまった」[21]のだから、堕落した世間が正しいのか、それとも抵抗する自己が正しいのか、という葛藤が起こる。王陽明によれば、たとえ世間から狂人であると言われても、内面性に立たなければならない。

　「いったい、衆人が嬉々として生を楽しんでいる中に、自分一人だけが涙を流して世を憂え、或いは世を挙げて安逸にはしっている時、自分一人だけが頭を悩ませ額にしわよせてそれを憂えるなどというのは、およそ狂人でないとすれば、必ず大きな苦悩を内に秘めた人でなければならず、天下の至仁の人でないかぎり、誰がこれを理解しえましょう」[22]。

　王陽明によれば、儒教の教義ではもはや何ともならぬまでに世間は堕落しているが、この事実を踏まえたうえでなお「内面性」に立脚したから、彼は私のみが正しいと論じた。われわれは王陽明が内面性を原理的に立てたことに画期的な意味を認めるものであるが、内面性が社会性と切り離されている点に難点があり、彼の独善がうまれた。こうなった彼は、自分の内面性が孤立した内面性ではなく、公につながる普遍性のあるものだということをなんとか主張しようと試みた。カテゴリー的には「私」＝我執を悪とするが「自己」＝良知を善とした。こうしておけば、万人が良知＝自己を発揮しさえすれば、天下の乱れはおさまると論じうるはずだと考えたからである[23]。

　けれどもこれはただ言葉を変えただけであって、問題は何も解決しない。「私」が悪＝特殊であり「自己」が善＝普遍であるということは

なんら根拠づけられていないのだからである。しかも王陽明はあいかわらず公を善とし、私を悪とする体制を取り戻そうとしているのだから、悪しき「私」にまみれた俗世のどこから「よき自己」が出てくるのかを説明することができていないのだ。これは、全体が善で部分が全体に導かれるかぎりで部分たりうるという共同体論で私／公を処理するから起こる袋小路である。

　それでも王陽明は、人欲／私欲は悪であると言いつつ、善悪論を掘り下げた。彼は言う。「あらかじめ特定の善があり、またそれと相対して特定の悪がある、ということではない」(24)。これはどういう変化なのだろうか。儒教を一種の主体形成論として読むならば、上限は「至善」である。誰でもが「至善」になれる。だが、いったいいかなる下限から出発して上限まで自己形成できるのか。下限にあるのは「心の本体」である。しかし、「心の本体」はアプリオリに「善」とは断言できなくなっていた。悪とも言えない。習慣が人を堕落させているからというよりも、民衆の「人欲／私欲」を「悪」と断定できなくなっていたからだ。そこで、「心の本体」は「無善無悪」であるとの考え方が出てきた(25)。この儒教改革は、まだ過渡的である。なぜなら儒教の上限（秩序維持）は不動だが、そこへ向かうべき下限（心の本体）はもはや善であるとも悪であるとも決定できないという事態が進んでおり、儒教的リゴリズムを押しとおすことは否定されるからだ。王陽明は一方で「人欲／私欲」は主体形成を妨げると述べながら、他方で「心の本体」は善と言い切れず、「無善無悪」と言わざるをえない、一種のもどかしさのなかにあった。

　西洋思想史が示した解決法は、全体whole／部分partの図式を捨てて、私private／公publicの図式を打ち出す、ということであった。王陽明の発見した内面性は、西洋思想史の＜私＞に迫るものであった。王陽明は、「内面性」はいかなる権威にも屈しない強いものであると論じた。だが、これは私／公の私を告げる近代的な「内面性」ではまだなく、孔孟的な全体／部分を重んじようとする態度をまとったままである。だから、王陽明の「内面」を近代的な＜私＞に転化させ、また公を既存の共同体的全体から切り離して、近代的公へ転化させることが

第Ⅲ部 ◉ アジアへのまなざし

第19章　中国思想史における私人概念の変遷　——善悪の構造転換とかかわって——　　221

できなければ、本当の解決にはたどり着けないのだが、王陽明にはまだその道筋が見えているわけではなかった。この意味で、王陽明は儒教の枠内で儒教を否定する端緒にたったわけである。

　西洋の宗教改革は、それまでの政教一致的秩序を壊し、公私二元論をつうじて近代世界システムを切り開いていったが、中華帝国の儒教改革は、国内での宗教国家と国外での朝貢システムを破壊するところまではついに到達できなかった。

　王陽明とルターは出発点において、まことに近似した場所に隣り合わせていた。微小な差しかなかった両思想は、後続する約400年の間の進み方の違いによって、西洋と東洋、帝国主義と植民地、攻撃する側と防衛する側、中心と周辺へ序列化された。

　それでもなお、晩年の王陽明は心の本体が「無善無悪」であると述べた。これは善悪の構造転換の現われである。もし、その通りであるなら、公による善の独占はありえないことになるし、また民衆側が道を外れて悪に染まりやすいという前提も消えてしまう。この結果儒教的公私の序列は根本的に崩れてしまう。この意味で朱子学と陽明学の対立は、全体／部分から私／公へ転回する瀬戸際まで来ていた。

## 5　李卓吾の人欲

### (1)　李卓吾の革命性

　明末の李卓吾（1527-1602）は、王陽明が排斥した「私」、言い換えればすでに圧倒的に世間に広がっている功利の心を頭から「悪」と断定することを避け、ごくふつうのこととして認める。すなわち李卓吾は、王陽明がどうしても堕落としてしかつかまなかった「私＝人欲」の普遍性を、ついにあっけらかんと肯定したのである。「着物を着て御飯を食べるのは人間の道理であり、これをやめては人間をやめたのと同じです」[26]。ここに言う「穿衣吃叛（着物を着て御飯を食べること）」はおよそ人間主体であれば歴史貫通的にみとめざるをえない事実を抜き出したものであって、聖人であろうと平民であろうと上下に関係なく人たるものはこうした「人欲」をもつという、一種の欲望論的還元をおこなったものである。それはそのかぎりで一種の平等の自覚である。

しかしながら、この議論で明らかになるのは『論語』でいう「君子は義に喩り、小人は利に喩る」[27]にたいする批判である。義を喩ることのできる君子といえども、小人とおなじように、服を着、飯を食らうことを欲さぬわけにはいかない。

　つまり民は「穿衣吃飯」を求めているのだから、政府は徳治だけで天下を治めることはできない。いよいよ徳治主義の限界を李卓吾は照射した。この意味で、物質的欲望への人間主義的開眼は、まことに画期的なものであり、中国思想史における徳治主義の終わりの始まりを意味する。

　李卓吾は、儒者のなかに偽善者は少なくないが、「かえって市井のつまらぬ人間のほうがましで、この人たちは自分のやっていることをそのまま話すのです。商売をするものは商売を説き、農耕するものは力田を説き、はっきりしていて味があり、まことに有徳の言で聴く人を飽きさせません」[28]と言う。ここには、儒者よりも農民と商人に着目するリアルな目がある。そうなってくると、一概に儒者が善を極めており、それに比べて民衆のほうが悪にまみれやすいとは言えない。李卓吾は王陽明からさらに一歩出て、人の「穿衣吃飯」、すなわち「人欲／私欲」に善を見いだす。

　中国の仁という概念はきわめてふかいものである。それは人の道であり、人が人に対してどう振る舞うべきかという道徳的−倫理的な実践的カテゴリーである。ところが、仁は所与の収奪構造を前提にしている。孟子が「仁政」を論じたように、井田制という土地所有の下で一里四方の土地を井字形に分け、九つの区画ができる。一井900畝とする。その真ん中を公田とし、八家は私田とする。農夫は、公田で共同作業をおこなったのちにはじめて私田の仕事に移るものとする。先に公田があるのは、君子の田が私田よりも尊く、上だと思わせるためである[29]。

　井田制は、一見すると9つの区画のうち8つが私田だから、私田を優遇するもののように見えるかもしれない。だが、まったくそうではない。そもそも私田を百姓に与えるのは君子である。先に公権力があって、この公権力が公田と私田の1：8の分割区画を上から設定す

るのである。だから百姓は所有の主体ではなく占有主体にすぎず、統治対象である。このことを前提にして『孟子』は「君子がいなければ野人を治める者がいないし、野人がいなければ君子を養うことができない」と上下関係を機能主義的に合理化し、郊外の税率を9分の1、都市内の税率を10分の1と定めた。

　孟子の言う井田制は古代均田制のことであって、底辺に奴婢としての私人がいた。商品経済の発展によって、おそらく孟子の時代以降にこれは解体過程に入った。帝国の最大地主たる王のもとに諸侯が林立し、実に複雑な過程をへて宗代に地主＝佃戸制が確立した[30]。

　奴婢であった私人はここで封建農奴になった。この地主／農奴の封建制を維持するイデオロギーが士大夫層を基盤とする朱子学であった。李卓吾は、かかる地主＝佃戸制の限界を前提にして、誰でもが欲望主体であると論じたのであった。それは中国の儒教的伝統のなかではじめてホッブズの＜私人＞を、消費主体という限定の下で、認めるものであった。

　ホッブズは、彼以前の伝統的哲学が「主権者たちの自由」だけを語り、「＜私人＞の自由」を認めてこなかったと根底から批判した[31]。それとともに、善と悪の定義をも完全に私人主義的に転換させた。ホッブズによれば、王や共同体が善を定義することはできない。「だれかの欲求または意欲の対象は、どんなものであっても、それがかれ自身としては善とよぶものである。そして、かれの憎悪と嫌悪の対象は、悪であり、かれの軽視の対象は、つまらない、とるにたりないものである」[32]。

　李卓吾の「穿衣吃飯」は、ゆくゆくはホッブズの私人主義的な善悪論に向かうべきものであった。しかし、「私人の自由」は認められておらず、「穿衣吃飯」を民本主義的に把握することさえ、中華帝国の権力にとって許しがたいことであった。老境をむかえていた李卓吾が危険思想を持つ者として捕縛され、獄中で自殺したのは、私人概念がたとえ消費主体という限定で提起されたとしても抑圧されたことを物語っている。

## (2)『リヴァイアサン』1651と李卓吾

　ホッブズが＜私人＞を発見したとき、すでに私人が実在として経てきた歴史が裏打ちされていた。資本の本源的蓄積過程が14,5世紀から進行し、コロンブスの新大陸発見があり、ヘンリー8世による宗教改革が遂行された。ホッブズ自身が聖公会の信者であった。『リヴァイアサン』は書いている。

　「物質の豊富さについていえば、それは（われわれの共通の母の二つの胸である）陸と海とから、神が通常、人類に無償で与えるか、労働labourにたいして販売する、諸商品commoditiesに、自然によって限定されることがらである。

　というのは、この栄養の物質は、動物、植物、鉱物からなっていて、神はそれらを、われわれのまえに、大地のなかや表面ちかくに、おしみなくおいたので、それらをうけとるための労働labourと勤労industryのほかには、なにも必要ではないのである。それで、豊富plentyは（神の好意についでは）人びとの労働labourと勤勉industryにまったく依存しているほどである」[33]。

　ここでホッブズは、自然の恵みを所与としたうえで人間労働が大きな役割を果たしていることを評価している。それどころか、すでに労働（力）の商品化まで視野に入れている。

　「人間の労働man's Labourもまた、他のどんなものともおなじく、便益と交換しうるexchangeable商品なのである」[34]。

　ホッブズによれば、ここに、自然ー労働ー人間というかたちで人間は労働をつうじて自然に働きかけると同時に人々の間で富を商品として交換しているのである。対自然ー対人間の富の世界は、所有権なしには安定しないのだから、ホッブズは、所有権の問題を、対自然と対人間の記述のすぐあとに、それらの結合点として次のように記述する。

第19章　中国思想史における私人概念の変遷　―善悪の構造転換とかかわって―　　225

「この栄養の諸素材の分配distributionは、自分のものMineとあなたのものThineとかれのものHis、一語でいいかえれば所有権propriety を設定することconstitutionであり、それは、あらゆる種類のコモン―ウェルスにおいて、主権者権力Sovereign Powerに属している」[35]

　このように、ホッブズは素材materialの次元で自然―労働―人間を押さえながら、富をまさに商品として交換する次元をクロスさせ、対自然および対人間関係における富の安定を獲得させるためには主権者が私人の所有権を設定しなければならないと言うのだ。
　これだけ用意周到な論理の密度をもってホッブズは＜私人論＞を展開した。ゆえに＜私人＞は、李卓吾とは成熟度を異にしており、たんなる欲望の主体や衣食住を欲する主体ではない。＜私人＞は、労働によって自然に働きかけ、そこで得た富を、市場で商品化し、また労働をも商品化させるほどにまで成熟した商品経済のなかに生きており、他者との頻繁な契約と交換のなかにおいて主権者によって所有権を保障されるべき人間なのである。
　これと比較すれば李卓吾の位置は鮮明になる。李卓吾が農民と商工人に着目するばあい、積極的に彼らの利己心を勧めているわけではなく、儒者の欺瞞に比べて「味がある」と言うまでである。いわんや、彼らの耕作活動や商業活動に対して積極的に所有権を認めるべきであるという主張はしていない。だから、労働にもとづいて得た富を私的所有する正当性に固執することもない。この結果、私人―人欲―善―労働―生産物―所有―国家という論理的連鎖が出てこないのである。

　李卓吾はルターと同時代人であり、ホッブズよりもおよそ60年前に生まれた人である。ルターが反カトリックを鮮明にして闘争できたのは、自分を上から覆っていたカトリック帝国の傘から抜け出したためである。つまりローマ教皇とスペインによる支配圏のひざ元から革命を企てたからである。このことはまたホッブズにも妥当する。広域の

ローマの前近代的支配圏から近代国家の独立への線上でルターとホッブズはつながっていた。ルターとホッブズは、異端審問や言論出版の禁止の処置を恐れはしたが、けっきょくは領邦国家の庇護や近代国家の進行によって天寿を全うできた。
　これに対して、李卓吾も西洋の二人と同様に私人を押し出したのであったが、彼はまともに中華帝国内部で、しかも士大夫として革命を試みたために、彼を助ける領主は現れなかった。この違いは、ひとえに、西洋で近代ヨーロッパ世界システムの種が急激に展開したのに対して、アジアの冊封システム下には中華帝国の壮大な存在感を脅かすものは、唯一豊臣秀吉の朝鮮侵略を別として、存在しなかったことによる。それだけ、広域にわたる中華帝国の儒教支配はカトリックよりも強かったと言ってよいだろう。
　李卓吾が出現した社会的基盤は士大夫にあった。士大夫とは、王のもとにある官僚制の文官である。中国で文官はアプリオリな身分ではなく、ひろく人民から選抜された。科挙は公務員を民間から選抜するという意味では近代的な要素をもっている。しかし、たいていの文官は人民から離れ再封建化し、堕落する。それでもごく一部の者は民衆のために、いわば近代を広げて働こうとした。後者のなかから李卓吾のような変革者が現れた[36]。
　李卓吾は、民に根差した士大夫を国家へ送ろうとしたのである。溝口雄三が強調するように李卓吾が求めた儒教の変革は、最初は排撃されはするが、「穿衣吃飯――着ること食べること」を提供できない体制は存続できないことを正当に主張した[37]。しかし、「穿衣吃飯」は聖人と庶民の区別なく、万人を欲の次元へ還元した時に得られる。「穿衣吃飯」は言い換えれば消費欲である。しかしものを消費するためには農民、商人および職人が働かなくてはならない。ところが李卓吾には、消費欲の肯定はあるが、それを可能とする衣食住的物質的生活の生産、すなわち労働＝工の視点が欠けている。労働＝工と所有の視点が「穿衣吃飯」に欠けているのは李卓吾があくまで士大夫の立場にとどまり、みずから働くことなく、したがって生産まで降りていくことなく、自分も庶民もものを消費する点では同じではないのかという地

点で悟ったからである。しかし、もしそこまでならば、ブルジョア思想としては甚だ脆弱である。

これに対して、西洋思想史において公私二元論を初めて提起したT・ホッブズは、コモン-ウェルスの栄養は自然によって与えられるものであるとしたうえで、「豊富は人々の労働と勤労にまったく依存している」[38]と述べていた。つまり、彼の＜私人＞論は労働論に踏み込んでいる。「万人の万人に対する闘争」は、労働生産力の低さから出てくるのではなく、私的所有権の不確かさから出てくるものだったのである。

だから、労働の成果を国家主権を構成することによって私的所有権の保障として公認してやるならば、市民社会と政治社会の二元的構造が成立し、社会が再生産できるようになる。

李卓吾の「私人」論はこの意味でホッブズの労働論の裏づけを持たなかった。それはただ「人欲」の規定以上に進化せず、自立した労働＝所有論を国家に対して要求しない。中国的儒教国家が西洋の市民政府と違う理由は、中国の「私人」が西洋の＜私人＞と異なって労働＝所有論を欠いていたためであった。

にもかかわらず儒教の性善説は構造転換に向かっている。孔子、孟子、荀子、韓非子で性善説から性悪説が内在的に派生し、二つの説が併存した後、時代を降りるにしたがって性即理（朱熹）、心即理（王陽明）と万人の内面の探求は続き、李卓吾においてついに根本的に理は人欲と結びつく。それは人間論に映し出された。はじまりには、人間の本性は善であるが、努力を傾注しなければ、悪に染まるとされた。天は善であるが、天に反する人欲、私欲、私は悪とされた。朱子学は理気二元論によって民の気を理によって押さえつけた。ところが李卓吾は従来悪とされた人欲／私欲を、如何なる説教によっても免れがたい人間一般の肯定されるべき本性として認めた。これに合わせて儒教は、民衆の人欲を満たす君主を求めるようになるから、徳治の中身がはじめて庶民の生活需要から判断されることになる。王と聖人はまだ雲上に存在するが、彼らが有徳であるだけでは統治できない。民衆の物質的欲望を満足させるに足る具体的な政策を与えなくてはならなくなっ

た⁽³⁹⁾。これは民生の充実をめざす理念が台頭することを可能にする。

## 6　中国の私人概念の歴史的変遷

　中国思想史家の西田太一郎によれば、戦国時代からすでに雇用された農民がいた。「傭保」という。前漢には、奴、婢、妾、傭、徒、謫、蒼、頭、白衣、私人、家人、贅等と呼ばれる者がいて、総じて奴婢であった。奴婢は何度か反乱を起こしたが、そのたびに弾圧され、一層激しい苛斂誅求（かれんちゅうきゅう）（税金や搾取をはげしくおこなうこと）が続行されたという。また、奴婢を支配する統治者こそが「公」であるから、公平、公正、公然、公忠というイメージへと広がるのに対して、「私」はますます個別性を意味するようになり、「公」とは「私」の否定であるから、「遂に 公共・公衆の議を有するに至った」、「公の公共すなわち普遍者を意味するに至ったのは戦国中期以降であって荀子前後に始まる」⁽⁴⁰⁾と西田は指摘している。

　ここで注目したいのは中国の「私人」である。＜私人＞は、ヨーロッパではホッブズによって発見され、『リヴァイアサン』以降近代自由主義の主体となった。ところが中国では事情が異なる。儒教の中の「私人」は、それが諸侯の利己心であろうとまた奴隷や農奴の土地所有欲であろうと、次第に重みを増してくるのである。共同体のなかに私的所有の比重が高まるのは東西に普遍的な傾向であった。中国でも明の時代には商品経済の発展程度は西洋にひけを取らないほどであった。しかし、それにもかかわらず、「私人」は、君子から見ても、また諸侯からしても、差別対象でなければならなかった。

　中国における君子─諸侯（士大夫）─私人という強力なヒエラルキーのなかで、儒教の伝統はきわめて強く、性悪説の台頭、王陽明による教義の解釈変更、李卓吾の人欲の肯定にもかかわらず、清末まで＜私人＞は徹底して否定の対象とされた。封建制下で差別された「私人」は、ヨーロッパの＜私人＞のような変革主体にならなかった。政治的に見ると、農奴や小作人を解放したのは1949年の中国革命である。

　中国革命の時点で奴隷、農奴や小作人は、人口の実に9割を占めていた。中国革命の本質は、農奴、小作人の「自前の土地を所有したい」

第19章　中国思想史における私人概念の変遷　─善悪の構造転換とかかわって─　　229

という「人欲」を満たすことであった。ここで「私人」は＜私人＞に転化するチャンスを得た。ところが、それはブルジョア革命によってではなく、社会主義革命によって行われた。

　革命を起こした毛沢東は＜私人＞を認めたわけではない。逆である。彼は、「私人」が＜私人＞に転化することを恐れた。彼は「私人」をまさに「穿衣吃飯」の次元に固定し、エゴイズムの主体として登場することを抑圧し、民衆欲望の共通項だけを「善」とみなした。ゆえに中国革命は＜私人＞のための革命ではなくまさに「人民」のための革命であった。

　中国革命が想定する「人民」は、ヨーロッパのような個別化された＜私人Einzelne＞（ブルジョア的市民）を通過しなかったし、またマルクス的社会主義が＜私人＞を前提にした「労働の社会化」を否定的に媒介することで得られる「個体Individuum」を想定することもなかった。中国人民は、＜私人Einzelne＞と「個体Individuum」のどこかに位置する中間物である。

　溝口雄三は、この中間物を「つながりの共同」[41]と呼んでいる。西洋においては＜私人＞がブルジョア革命をもたらしたから、その否定たる社会主義は＜私人＞を超克する「個体」でなければならない。ところが、毛沢東的社会主義においては人間の規定が不確かである。なぜ中間物ができたのか。

　第一に、古代における中国の「私人」とは奴隷を指すから、存在としては必要だが、価値としては最低で、凡庸、下劣、下賤とされた。

　第二に、戦国時代に韓非子は、諸侯のもとに身を寄せる「私人」が増えることを恐れ、いかにして君子が体現する公的秩序へ奴隷を引き入れるかを思考した。

　第三に、明の王陽明は、事実において功利を優先する「私人」の大勢を呪詛したが、心の本体は「無善無悪」と説いた。これは儒教体系とともに中国封建制を解体させる大きな問題提起であった。

　第四に明末清初期に私的所有意識が確立し、李卓吾は「そもそも私とは人の心である」（『蔵書』）と喝破した。それまで「私」はさげすまれたものであったが、「人の心」へと一般化された。

第五に、辛亥革命期に孫文（1866〜1925）は、中国人はまるで散沙（砂粒）のようなものであるから、「散沙の自由」を捨てて国家建設のために結束しなければならないと訴えた。「私」は事実としてはすでに蔓延していた。しかし孫文は散沙（ばらばらな私人）の自由を伸ばしてゆくのではなく逆に抑圧することが必要であると考えた。この点「公」が大切だという儒教の教義を維持しながら、土地公有制のなかへ「私」を埋め込もうとしたのである。

　第六に、中国革命（1949）において、ついに新政府が地主制を解体したとき、土地は没収され、小作人に分配された。しかし、小農民は、決してヨーロッパ的な「個体的私的所有」の主体だったのではなく、いきなり「人民」という集団的主体へと駆り立てられた。

　第七に、1978年、鄧小平はその改革開放政策において、中国共産党の統治＝「公」の独占の枠内で「社会主義的市場経済」を認め、民衆の「私」は解放された。一党独裁のもとでの市場開放がどこへ導くのか、誰も知らない。

　第八に、現代中国で、「公」の枠内で猛烈な勢いで「私」が爆発している。それは国家主導によるプライヴァタイゼーションの効果である。後述するように現代中国に民法典2020が整序されたことは、公私二元論という意味での近代が中国国家の力で作られたことを意味する。

## 7　中国の「公」と「私」

### (1)　中国における「公」の圧力

　以上のように、「私」は「公」（中国共産党）のもとにある程度まで統制されつつも、次第に自律度を高め、いまや金持ちが民間企業経営をもとに「先冨」するまでになり、同時に消費社会化に伴って消費財の所有主体になった。先冨論は、天安門事件1989年とソ連崩壊1991をみた鄧小平の策した新自由主義的実験であった。だが、それから30年たち、伝統の「天」または「公」を独占する中国共産党は「私的」資本蓄積を停止させることはできないところまできている。

　社会主義論を専門とする藤田勇は、現代中国についてもはや国家所有が20％を切っており、「限定的にせよ、『社会主義』と規定するこ

とはできない」[42]としている。藤田の堅実な社会科学的分析を軽く見ることはできない。だが藤田が言及した国家所有とは政府所有を指し、実際には共産党の処分権のもとにあるもので、人民による管理と統制の外にある。だから、政府所有比率がたとえ上がろうが下がろうが、社会主義とは何の関係もないのである。公私二元論を前提にして、公のモメントが強化されれば社会主義化するというのは偽りの幻想である。鄧小平はこの幻想を捨てた。政府所有だろうと民間所有だろうと生産力を上げる手段であると位置づけた[43]。この考え方は、毛沢東主義からプライヴァタイゼーション（民営化）へなし崩し的に移行するのに都合がよく、社会主義を生産力主義に置き換えるものである。

がんらい労資二元論の軸で、資本が労働者をコントロールするか、それとも労働者が資本をコントロールするかが社会主義のメルクマールである。その極限は「個体的所有の再建」（『資本論』の資本主義的蓄積の歴史的傾向）である。ここには国家への言及はない。それは労資二元論の水準で論理展開されているからだ。すでにロシア革命（レーニンにも）で現れた傾向であるが、個体的所有論が抜けたままで革命を起こすと、国家（計画）と市場（無政府性）の関係（公私二元論における公の優位）だけが前面に出て、労資二元論の軸が後景へ退いてしまう（労資二元論の公私二元論への還元）。

しかし、これほど実態から離反した社会把握はない。仮に国家が私的資本家の生産手段を没収したとすると、国家所有下の生産手段に対するコントロールを労働者がどの程度実質的に行いうるかが労資二元論の軸から理論的に問題とされねばならないはずだ。ところが残念ながら、旧社会主義国の指導者の頭には「個体的所有の再建」論は微塵もないから、党＝国家が人民を代行して資本をコントロールすることになっている。この体制は、労働者ひとりひとりの「労働処分権」の回復という本来の主題を棚上げとする。それどころか、労働者や市民が政策に文句を言うと「国家安全法2015」や「党規違反」で逮捕し「粛清」する。

社会主義的市場経済から何が出てくるのか、容易には予測できないが、大事なことは、がんらいマルクスの理論体系は労資二元論（ヨコ

軸)を基礎とする公私二元論(タテ軸)の突破にほかならないという点をしっかり把握することである。

　20世紀の歴史を振り返るとき、社会主義が中央集権的なものであるという印象をまぬがれることはできない。国家が生産手段を社会化(じっさいは国有化)するのだという理論は、いくつかの社会主義者の著作を読めばすぐにわかることである。他方では、社会主義に対抗するF・ハイエクやM・フリードマンらは、この点を嫌悪したからこそ、国家による中央集権的な統治という前提を集中的に攻撃した。

　しかし、双方の陣営が忘れているのは、マルクスには「労働処分権の回復」や「個体的所有の再建」という概念があって、二重の意味で自由な賃労働者は、労働力を売買することによって、労働処分権を失うが、アソシエーション社会においてふたたびそれを取り戻すということの深い洞察である。

　もし、生産手段からの自由が廃棄された場合、個体としての労働者は、ひとりひとり、自分の労働処分権を回復する。ということは、連合した労働者たちは、もはや賃労働者ではないから、自分の労働活動をなぜ、何のために、誰のために、何を、いつ、いかにして(5W1H)遂行するかに関して共同(アソシエーション)の中で決定に参加するわけである。労働処分権の回復は、当事者の属する職場や地域を基礎に行われなくてはならず、誰かに頼んで見ず知らぬ「人民代表大会」の決定を請け負うようなかたちをとることはありえない。

　その意味で、労働処分権の回復とは、本質的に分権的である。現在の技術的条件を前提にするならば、個体の意思と世界社会の意思をコンピュータにつないで絶えず擦り合わせて、行為調整することはさほど困難なことではない。困難は、むしろ、指導部や大勢に流されることなく、自己流に考える自由の実践のほうだ。

　このような社会主義観が広がるにつれて、一方における旧い中央集権的な社会主義観と他方における＜私人＞の分権的な自由を手放さない新自由主義系の理論は、いずれも「糠に釘」状態に置かれよう。

　そもそも旧社会主義論は中央集権を主張して、何を達成したかったのだろうか。官僚や党の独裁は目的ではなかったはずである。手段は

第19章　中国思想史における私人概念の変遷　──善悪の構造転換とかかわって──　233

自己目的ではない以上、様々な中央集権論は、労働処分権が命じるところの「当事者分権制」に席を譲るほかない。また、新自由主義者たちは、近代経済の分権的性格を肯定したいのであるならば、それを労働者による分権制へ付け替えることにどうして反対するのだろうか。いずれにせよ、既成の議論は「労働処分権の回復」というテーゼを前にして力を失う。

### (2) 中華人民共和国民法典における「私人」

中華人民共和国憲法（1982）を参照すると、独自の社会主義論の中核は、「人民民主主義独裁」「社会主義国家」「民主集中制」という3つの原理である。これらは内的に密接に関係しているけれども、すべての要素が国民国家を前提している。国民国家を旧支配者から守ること、市場に対する国家の統制、意思決定における中央の優越。しかし、これをいかにして「労働者分権制」＝「個体的所有の再建」へ置き換えるかは、これまでの歴史ではまったく検討されていない。

現代中国は毛沢東主義を基礎にして鄧小平路線を接ぎ木した体制である。とすれば、この体制は、いかなる未来を中国に与えるのであろうか。これを見るうえで『中国民法典』2020は画期的な素材である。これまでの中国「社会主義」は労資二元論を基礎にして公私二元論を突破する路線を掲げることなく、社会主義を公私二元論（タテ軸）にすり替えることをつうじて、生産手段の国家的所有を求めた。ソ連の一国社会主義に似せて、中国もはじめは国家による市場の統制を社会主義であると考えてきた。

ところが、1991年のソ連崩壊以降、この社会主義モデルが通用しなくなると、公私のバランスを逆転して、国家の市場統制から市場を解放するという逆揺れに向かっている。詰まるところ、国家優位か市場優位かの、公私混合経済の両極で揺れることになる。

しかし、これでは的確な解は得られない[44]。国家による規制を強化すれば格差問題を解決できるとみる（新左派）も、また反対に市場の規制緩和をすすめれば中国がまっとうな市民社会になる（リベラリズム）というのも、いずれも幻想である。そうではなくて、公私の生

産手段の所有者（国家資本と民間資本）を労働者がどこまでコントロールできるかを正面から把握しなければならない。

ところが、中国共産党幹部も知識人たちもこのことを理解していないのである。つまり、中国の社会主義の行末の問題が「私人」、＜私人＞、個体の連関をどう掴むかにかかっているわけである。

こうしたなかで2020年に第13期全人代第3回全体会議で「中華人民共和国民法典」が決議され、翌年より施行されたことは、本稿の主題に密接に関わるので注目すべきものである。

民法典の起源は1978年の改革開放政策の導入により、1979年に民法起草班を設けたとろから始まった。しかし、その後紆余曲折があり、民事単行法を個別に制定して後に民法典を制定する方針に改めたという。民法典ぜんたいの性格は、西洋市民社会に漸近しつつあるとはいえ、私人の国家に対する関係は西洋と同一ではないようだ[45]。1981年段階では民法はソ連経済法理論の影響を受けたものであったが、その後これを縮小し、主として英米法と国際条約を継承するものとなった[46]。

「民法典」の目的は第1篇総則の第1章第1条にあるとおり、「民事主体の合法的な権益を保護し、民事関係を調整し、社会と経済の秩序を維持する」ことにあるが、あくまでも「社会主義現代化の建設事業の発展の需要に適応する」ことが必要とされている。

民事主体とは、自然人・法人・非法人をさす。注目されるのは、「民法典」には9箇所で私人概念が使われている点だ。ここでは3例のみあげる。

①第207条「国家、集団および私人の物権並びにその他の権利者の物権は、法律により平等に保護されるものとし、いかなる組織又は個人もこれを侵害してはならない」

②第266条（私人的所有権の内容）「私人は、その合法的に取得した収入、家屋、生活用品、生産用道具、原材料等の不動産及び動産に対し、所有権を有する」

③第267条（私人財産の保護）「私人の合法的な財産は、法律により

第19章　中国思想史における私人概念の変遷　—善悪の構造転換とかかわって—　235

保護されるものとし、いかなる組織及び個人に対しても、それを横領、略奪又は破壊をすることを禁止する」

　このように「私人」は「自然的私人」「自然的個人」とも言い換えられ、心身の人格を持つ民事主体の一つである。「民事主体」は自然人、法人、非法人団体からなり、このうち「自然人の合法的私的財産は法に基づき相続することができる」(第124条2)とされた。もちろん、土地は基本的に国家所有である（249条）から、自然的私人の私的所有は消費財と住居の建物部分に限られる。
　民法典の形成途上でソ連法の影響を受けた「大経済法学派」と西側法の影響を受けた「大民法学派」が論争したと言われるが、大雑把に言えば「脱ソ連法」の主張が強くなり「大民法学派」が勝利した。だが、民法学者の間で、「私人」の自衛権について議論はあったが、明文化されることはなかった。ここに、西洋の〈私人〉と中国の「私人」の決定的な違いがある。
　というのは、ホッブズの述べた〈私人〉の「自己保存」の権利は国家にたいして有効なのである。『リヴァイアサン』は「人は、彼の生命をうばおうとして力づくで彼におそいかかる人々に、抵抗する権利を、放置することはできない」[47]と論じた。たとえ国家主権であろうとも、〈私人〉の持つ自己保存の自由を妨げることはできない。ホッブズは国家主権の絶対性を論じたのであったが、その彼でさえ国家主権の絶対性をまぬがれる〈私人〉の抵抗権を論じた。「もし主権者が、ある人に対して（正当に有罪とされたものであっても）、彼自身を殺したり、傷つけたり不具にしたりせよと命じ、あるいは、彼をおそう人々に抵抗するなと命じ、あるいは、食物や空気や薬やその他の、それなしには彼が生活できないものの、使用をやめろと命じるならば、それでもその人は、したがわない自由をもつのである」[48]。ホッブズが〈私人〉概念に依拠したのは、労働と所有が生命の保存にとって不可欠である以上、それを脅かすことはたとえ絶対的主権であってもできないとの認識からである。
　中国の憲法にも民法にも、「私人」の抵抗権（中国語では自衛権）の規

定はない。それは、中国国家が、国家と個人(「私人」)の対立を想定しておらず、また想定するべきではないと認識しているからである。

以上のように考察してきてわかることは、中国で2千数百年にわたって「悪」とされてきた「私人」がついに民事主体として『民法典』に明記されたということである。すなわち、「私人」による富の形成なしには、中国国家は存立できない。したがって、「私人」はついに「非悪」を超えて「善」となった。この意味で、中国の「私人」は西洋の＜私人＞に漸近しつつある。にもかかわらず、差異は消えていない。西洋の＜私人＞は自己保存を善とする。ゆえに、国家が自己保存を侵害する場合には国家に対する「抵抗権」をもつ。これにたいして、中国の「私人」は民法上同一の「抵抗権」をもたない。中国の「私人」は経済上の所有権の次元では西洋的＜私人＞に近づいている。しかし、中国的「私人」は国家に対する「抵抗権」を持たない点で西洋的＜私人＞とは異なる何者かなのである。この違いは、西洋近代国家が人権を犯す悪になりうると想定しているのに対して、中国国家は人民の国家である以上、悪を犯すことはないとされるからである。

## 8 東西普遍史の構築に向かって

以上のように中国の「私人」概念の変遷を検討して、ようやくヨーロッパと中国を比較史的にみる展望台にたどり着くところへ来た。むろん、ホッブズが発見したようなヨーロッパ的な＜私人＞は中国の「私人」と比較した結果わかるように、過去にも現在にも中国に存在しない。

この点で、かつて島田虔次の言った中国における「近代的思惟の挫折」1970は意味を失っていない。なぜなら、西洋近代を範型とした場合、中国には「近代的思惟」がなかったからだ。それにもかかわらず、1978年以降の中国はいわゆる「社会主義的市場経済」のもとで「私人」概念を公認するに至ったのだから、近代的思惟は「挫折」したとはいえ、なおホッブズの思想に向かって漸近しているのである。

他方で島田を鋭く批判した溝口雄三は、「挫折」ではないという意味で「中国前近代思想の屈折と展開」と思想の発展を再定義した。溝

口は正当にも「挫折」で終わるものではなく、屈折しつつ展開すると述べた。ところが、溝口は、西洋を範型とすることにたいする反動を強調しすぎて、西洋とは別の類型で近代中国は展開するというふうに掴む。この結果、溝口は西洋と中国はそれぞれが別々の「充実した近代」だと主張した。

　私見では、西洋近代はただの類型（特殊）ではなく、貫徹する普遍である。貫徹する近代は、「挫折」を凍結しないし、またたんに別類型をもたらすのでもない。

　というのは、西洋と中国がそれぞれ複数の近代化を辿るというだけでは、問題は何ら解決しないからだ。溝口には普遍─特殊─個別の論理がない。まず、東西に共通する近代という規定がなければならない。それを規定せずにおいて、どうして類型が違うのに、両方を充実した近代などと呼べるのか。したがって、普遍の次元で、近代とは公私二元論をさすものと考えるほかはない。西洋はこの意味での近代を＜私人＞を基軸にして創造した。中国は、西洋近代に侵略されたために、この近代を拒否したので、辛亥革命から短い時間で社会主義革命に至った。この意味で西洋近代を経過しなかった。

　ところが、中国はグローバル化のなかで生存しようとするかぎり、一国で西洋が作った近代世界システムを覆すことはできないから、かえってその一部になっていかざるをえない。溝口は世界システムの影響力を軽視したために、中国の「公」は西洋型とは異なる「つながりの共同性」であると述べて別類型とみなして固定した。これは、西洋的＜私人＞が作る公publicnessがないということを衝く点では正しい。だが、＜私人＞が作る「公」publicnessがない社会状態（中国）と＜私人＞が作る「公」がある状態（西洋）をどうして同じ近代という同一の用語でくくれるのか溝口は示していない。

　もしヨーロッパ的近代の特質が公私二元論であると規定できるならば、中国の近代はヨーロッパ的近代の拒否なので、公私二元論を作り出すことはできない。しかし、だからと言って、公私二元論を廃棄することもできない。すると、どうなるか。おそらく、上に見た『民法典』の分析がそれに答えるものである。

ここで少し工夫して、公私二元論は政経分離よりも広い概念であると考えてみよう。たんに機能主義的な観点からみれば、公私二元論とは政経分離（世界システムへの同化）のことである。なぜなら政治と経済はそれぞれが権力と貨幣というメディアによって行為を調整するシステムにすぎないからだ。政と経はそれぞれ一個のシステムであるというだけならば、西洋と中国は同一であると言って過言ではない。

　しかし、ヨーロッパ近代が創出した公私二元論とは、このような機能主義的観点に尽きるものではなかった。そもそも公私二元論は、国家という権力から自由な＜私人＞を認めるという普遍的意味をもっていた。この自由は自然権と不可分である。ホッブズがそう規定したように「自然権とは、彼自身の自然すなわち彼自身の生命を保存するために、彼自身の意志するとおりに、彼自身の力を使用することについて、各人がもっている自由であり、したがって、彼自身の判断力と理性において、彼がそれにたいする最適の手段と考えるであろうような、どんなことでも行う自由である」(49)。それゆえ、＜私人＞は、国家から逃げる自由（消極的自由）をもつばかりでなく、国家をコントロールする自由（積極的自由）をもつ（J.ロック）。だから西洋が普遍的近代を作り出したという意味は、消極的／積極的な自由によって、＜私人＞が政府をコントロールする仕組みができることをさす。ところが現代中国の「私人」は「抵抗権」を奪われているので、この意味での特殊な近代をつくるにとどまり、普遍的近代をつくるところまでは到達しない。つまり現代中国は、政経未分離ではないが、ポスト政経分離でもない。政経分離に近づいているが、概念的な意味で公私二元論（私は公をつくり、公は私を守るためにある）を達成したわけでは全くないのだ。端的に言えば制度はあるが魂が入っていない。

　このことと関係して、もうひとつ論じるべきなのは代議制民主主義についてである。マルクスが論じたように、代議制民主主義は公私二元論の表現であり、これが政党をもたらす根拠である。中国共産党が一個の政党である理由は、孫文の国民党を蒋介石が継承したことに対抗するためであった。しかし、共産党は国民党と議会で戦ったというよりも、武装闘争で戦う軍事集団であった。

第19章　中国思想史における私人概念の変遷　——善悪の構造転換とかかわって——　　239

この結果現代中国の普通選挙は共産党独裁の後付けとして出てきた。中国共産党大会は全国人民代表者大会を「事実上の国会」として動かす。なぜ国会が存在せず「事実上の国会」が必要なのであろうか。全人代の2980人の議員のうち共産党所属議員は2085人で約70％を占める。共産党以外の政党は衛星政党と総称される。九三学社（64人　知識人層）、中国民主促進会（57人　知識人層）、中国民主同盟（57人　中道左派）、中国民主建国会（57人）、中国農工民主党（54人　知識人層）など8党が存在するが、憲法では「中国の諸民族人民は、引き続き中国共産党の指導のもと・・・重要思想に導かれ」（憲法前文　1982）ると規定する。一般の中国国民は県級以下の代議員を直接選挙で選出するが、それより上級の全人代議員は共産党が指名した名簿リストにある者から信任または選挙で選ばれるため、全人代に共産党の思想から外れる代表が選ばれる余地はない(50)。

　1982年に公布された現在の憲法で「人民民主主義独裁」「社会主義国家」「民主集中制」が国家の3つの原理であるとされている。しかし、専門家が言うように中国憲法には「社会主義」とは何であるかの規定はない。だが、中国の自己認識では中国共産党に指導される政治経済体制が社会主義なのである。

　共産党1921が、党大会とは別に「全人代」1954をもつのはなぜであろうか。それは、共産党の存在性格がpartyであるからだ。部分利害しか持たぬpartyが、党大会だけでは国民国家を支配する正当性をえられない。だが、党が公正な選挙に勝つだけの基盤がないままで支配の正当性を調達するためには、疑似的な議会をつくるしかない。それゆえ、共産党は公私二元論の形式だけを借りて、実態は独裁によって国民国家の支配の正当性を調達するほかはないのである。共産党は疑似的に公私二元論の形式を使うが、しかし＜私人＞による公正な投票voteなき独裁たらざるをえない。これが「全人代」が形成される理由である。

　鄧小平以降は、憲法の「計画経済」という用語は削除され、社会主義市場経済に変わった。「私人」は＜私人＞になっていないが、消費者という限定のもとでだけ解放されたのだ。＜私人＞はコモンーウェ

ルスの国民代表を直接選出する主体であるというのがホッブズの思想であったから、中国的「私人」は西洋的＜私人＞が有すべき投票権をもたない。

では多くの自由主義者が言うように、近代を獲得するために中国は真っ当な直接投票を認める議会制民主主義を採用すべきなのであろうか。私はそれを否定しない。だが、元来の社会主義は議会制民主主義ではなく、経済を自主的に管理する労働者民主主義を実現することによって国民代表制度を無効化するものだった。それゆえ、問題の本当の焦点は政治独裁の最終的な根拠になっている「労働力の商品化」を廃棄するとともに、労働者一人一人が職場と地域で自己の労働処分権を奪回し、自主管理を進めることである。この段階で共産党独裁（指導）は障害物となると同時に死滅する。

つまり、中国を西洋化（リベラリズム化）するという自由主義派の主張は中国をせいぜいのところありふれた公私二元論（近代世界システム）へ引きずりこむだけで終わる恐れがある。だからといって中国共産党の一党独裁を維持したままで市場統制を強化するという新左派の主張も、世界の社会主義化になんら寄与せず、コマンド型経済に近づけるだけであろう。

いずれにせよ両派は＜私人＞を個体化する展望を見失っている。かえって中国共産党の専制とポピュリズムを延命させるだけである。だから「中国独自の社会主義」とはいったい何であるかが、明晰にならない。実は、中国共産党自身が「社会主義」を正確に定義できないのだから、その中での「独自性」を言えるわけもないのだ。鄧小平も習近平も、いずれも政治的プラグマティズムでその時々の情勢に反応するだけである。原理を持たないプラグマティズムを明晰な基準から批評する研究はまだない。個体的所有論だけがその基準を提出できると私は考える。原理的に考えた場合、およそ一国規模で社会主義は成立しない。「個体的所有の再建」は世界市場を労働者が制御する場合にだけ成立するからである。

鄧小平から習近平に継承された同路線下では、相変わらず国家／市場の理論的枠組みが重宝に使われている。それは社会主義とは生産手

段の国家的所有だという見解が作る古い土台に、欧米流の新自由主義を接木したものである。これに対応して、中国論壇には「新左派」と「自由主義」の対立があると言われる。私見によれば、いずれの陣営も公私二元論に囚われており、国家／市場のあいだを揺れ動いているにすぎない[51]。公私二元論のなかに囚われた社会主義論においては、もし国家的統制を強化すれば国家全体主義に接近する恐れがあるし、ぎゃくに国家統制を緩ませれば、ますます企業全体主義に近づくだけだろう。いずれにせよ、中国はがんらいの「個体的所有の再建」から遠ざかるだけである。共産党と論壇の理論的混迷は中国社会主義の方向の模索と内的に関り、世界の将来に大きな影響を及ぼす。

### おわりに

中華人民共和国憲法（1982）を参照すると、独自の社会主義論の中核は、「人民民主主義独裁」「社会主義国家」「民主集中制」という3つの原理であるという。これらは内的に密接に関係しているけれども、すべての要素が国民国家を前提にしている。国民国家を旧支配者から守ること、市場に対する国家の統制、意思決定における中央の優越。しかし、これをいかにして「労働者自主管理」へ置き換えるかは、これまでの歴史ではまったく検討されていない。

やや大胆に、かつ論理的に考えると、つぎのような方向が出てくるのではないか。すなわち、中国は一党独裁下で新自由主義（「私人」化）を展開していきつつあるが、ここから類推するに、政治的な一党独裁と経済的な資本独裁という二つの専制主義を同時に育てていくことにならざるをえまい。これら二つのモメントは必ずしも排斥しあわない。ぎゃくにもたれ掛かり、癒着する恐れも高い。一党独裁は領土内に正当性の基盤を置くのに対して、資本独裁はグローバルな市場に基盤を持つ。したがって、共産党のガバナンスを超えて資本が活動することは避けられないから、いったん党の統制を超えるようになれば、資本独裁が党の在り方を裁量する時期がいずれ到来する。そのときに、資本から見て利用価値がまだあれば一党独裁は継続するが、賞味期限が

切れれば共産党は捨てられるだろう。

　共産党による資本の統制と資本による党の統制は緊張をはらみながら互いに因となり果となり、循環していく。政経の依存と対立は、中国民衆に反資本、反国家というふたつの反専制主義闘争 struggle for anti-despotism を、結果として育てる。非常に長期の苦しい過程であるが、ふたつの専制主義を制御する民主主義は、ますます政経の「労働者自主管理」へ近づいていかざるをえまい。それゆえに、マルクスに反して始まった中国革命路線は、いびつに歪めば歪むほど、それだけ一層マルクスの「個体的所有の再建」テーゼの実現へ向かってひきずりこまれていくだろう。

　現在は、まだ国家が善であり、その統制の枠内で私＝民間資本もまた善とされ、国民は消費者的私人性を付与された段階である(52)。中国史上一度も国家は悪であるという所まで進んだことはない。とは言え、ここまで到達するのに、いかに長い時間を必要としたか、私は中国思想史に分け入って見たところである。国家資本と民間資本のそれぞれで、あるいは両者の混合体制において、どのように資本蓄積＝労働の社会化がすすむか。そのなかからコンビネーションをアソシエーションに組み替える動きが客観的主体的にどう準備されてくるか、中国思想史の時間軸が世界資本主義の空間軸の大きな挑戦を受けて、主体的に切り返すところの歴史的焦点に注目が集まるのはまさにここである。

**注**
(1) 全体／部分から私／公への範疇的転回については、拙著『近代社会と個人＜私人＞を超えて』(お茶の水書房、2022年) の第1章をご覧いただきたい。この転回をめぐって西洋と中国には次のような違いがある。すなわち、西洋で全体／部分が主として使われた時、中国ではすでに全体と公、部分と私が互換的に使われており、公が善、私が悪とされていた。このために中国では、全体／部分を私／公に置き換える動きが西洋に比して出てきづらくなり、「私」に対する肯定は思想史上何度も試みられたものの、制度化されたのはようやく2020年になってのことであった。理屈の上では、「私悪こそ善である」と言い切れば済むことであるが、儒教的伝統の強力な縛りが、容易にはこの転回を許さなかった。なにゆえに西洋と中国の間の範疇的転回に差が生まれたかという社会経済上の根拠の問題については今後の課題としたい。
(2) 筆者の普遍史の出発点はM・ウェーバーの『儒教と仏教』(1915-1919) である。ただしウェーバーは市民的資本主義と儒教・道教の関連如何という視点で研究し、架橋できない溝をみいだすところで終わるので、普遍史を書けない。記述は、西洋には〇

〇があるが、中国にはそれらが欠如している、というパターンを繰り返す。ウェーバーは主たる素材を孔子、老子、孟子、荀子、董仲舒、時代的には春秋戦国から漢の時代を取って来たからますます架橋は難しくなった。中世、近世中国儒教の展開をウェーバーは考察対象から外している。本章はこの穴を埋め、かつまた、ウェーバーが知りえなかった「中国社会主義」を考察することで、東西比較を緊密にすることをめざしている。

(3) 李沢厚『中国の文化心理構造』平凡社、1989年、19頁。李（1930—2021）は西洋哲学と中国哲学に精通する立場から、中体西用（中国思想を基礎にして西洋思想を取り込む）ではなく、西体中用を主張した。また、彼は丸山眞男の著作を積極的に受容・紹介したばかりでなく、1989年3月には、自ら希望して 近藤邦康 の仲介により、丸山に対面した 。その後アメリカで死去した。

(4) (5) 汪暉『現代中国思想の興起』三咲書店、2004年、上巻第一部、144-145頁。願は「孔子の教養を唯物史観から見れば、彼の思想は封建社会の産物である。秦漢時代以降が封建社会でないなら、なぜ彼の教義がこれほど長い間支配的であったのか？」と問うたと汪暉は引用している。

(6) 李沢厚、前掲書39頁。

(7) コンビネーションを管理するうえで儒教が現代に役立つことは、たとえば守屋淳の記述が参考になる。「『論語』は、封建的な内容であるがゆえに、現代人にも役立つ」、「多くの人々は何らかの組織に属し、壮年期の大半の時間をそこで過ごしている。こうした組織―会社や官公庁、社会団体の多くは権限と責任に基づいた上下関係で成り立っているし、上司や部下、勤務地、さらには仕事内容まで基本的には自分で選べないことが多い。自由でも平等でも有り得ない面を濃厚に持っているのが、われわれが生きる社会の姿なのだ。守屋淳『ビジネス教養としての「論語」入門』日本経済新聞社、2011年、12〜13頁。

(8) 『孟子』岩波文庫、公孫丑章句 上。

(9) 中国の思想刊行委員会、松枝茂夫、竹内好監修、杉本達夫訳『中国の思想6 荀子』徳間書店、1996年、39頁。

(10) 同、40頁。

(11) 『韓非子』五蠹。白川静『常用字解　第二版』平凡社、2003年、266頁。

(12) 『韓非子』五蠹、第49の12。

(13) ソクラテスは参政院議員という公民の立場にあって、「同市民」の下位に「賤民」が存在することを前提に、市民に向かってこう弁明する。「好き友よ、アテナイ人でありながら、最も偉大にしてかつその智慧と偉力とのゆえにその名最も高き市民でありながら、出来うる限り多量の蓄財や、また名誉や栄誉のことのみを念じて、かえって、智見や真理やまた自分の霊魂をできうる限り善くすることなどについては、少しも気にかけず、心を用いもせぬことを、君は恥辱とは思わないのか」。「徳が富から生ずるのではなくて、むしろ富および人間にとっての他の一切の善きものは、私的生活においても公的生活においても、徳から生ずる旨を付言する」、「私は、ご覧の通り、私の一生を通じて、公人としても（いやしくも公に活動したときには）、私人としても、この態度を変えぬ一人の男である」、「正義に反して少しの譲歩をしたこともない」。プラトン『ソクラテスの弁明』岩波文庫、1927年、44,45、51頁。ソクラテス、プラトン、アリストテレスは、共同体としてのポリスの維持が善であり、部分または私人の欲得に走ることは悪と考えた。プラトンについては『国家』第4巻18、岩波文庫版上、

313-314頁、アリストテレスについては『政治学』第１巻第２章、岩波文庫版、20-21頁を参照。
（14）Hobbes,Th,*Leviathan*,Penguin Classics,1968,Part 1,chap.14,p.189,トマス・ホッブズ、水田洋訳『リヴァイアサン①』第一部第14章、岩波文庫、1954年、216頁。
（15）丸山眞男は、西洋思想史、中国思想史、日本思想史に同一の法則性を認めた、おそらく最初の人である。三者は共通して「規範」と「自然」の同一性から出発する。いわば「あるべきもの」と「あること」の同一性である。これが旧共同体の支配者が望むものであることは言うまでもない。しかし、共同体が崩壊するにしたがって、規範と自然は分裂するようになるから、強引に「規範」を純化する「規範主義」と「自然」を容認する「自然主義」はますます対立するようになる。けっきょくのところ、規範主義の虚偽性を自然主義が打倒するにいたる。中国で言えば周濂渓（1017 〜 1073）は、「規範」と「自然」を同一化した。これが「天人合一説」であり、朱熹はそれを完成した。（丸山眞男『日本政治思想史研究』東京大学出版会、1952、20-30頁）。丸山は、朱子学的思惟様式の解体については、その日本的なケースを追ったが、中国思想に即したものに関しては島田虔次、溝口雄三、李沢厚、汪暉などの業績がある。なお、現代中国で「天人合一説」がどう扱われているかはさまざまである。たとえばごく通俗的には『人民中国』人民中国雑誌社、北京、インターネット版、2008年9月をみることができる。中国古代より「天人合一」思想が「天と人は理を介してひとつながりである」と考え、「この思想は、現代中国にも脈々と生き続けている」としている。これは「天人合一」説の持続を共産党が誇っていることを示す一種の政治的な説明である。しかし、思想史研究の次元では、「天人合一」は徐々に崩壊するのだから、単純に「生き続けている」とは評価できない。いかにして解体するか、にもかかわらず再生する根拠はどこにあるかが追跡されるべきだろう。
（16）町田三郎『呂氏春秋』講談社学術文庫、2014年、春の節、19頁。
（17）武田泰淳『司馬遷』中公文庫、2022年、65頁。武田は『史記』に「異様な個人」を認めている。「異様な」というのは「非常に個性が際立った個人」という意味であろう。けれども社会科学の見地から言えば、武田が「異様な個人」と呼ぶ『史記』の人物は固有の歴史的性格をもつ。それは、近代的個人Einzelneではないし、また未来を先取りした個体Individuumでもない。では、秦の始皇帝や項羽や劉邦のような「個人」がなぜかくも具体的で、魅力的なのか。それは、共同体的でありながら、同時にEinzelneであらねばならないという矛盾が各人格に投影されているからである。すなわち、王や武人は喜怒哀楽をふつうの人々と同じく感じながら、しかも同時に共同体の頂点にいる責任から戦略的行為を貫かねばならない。ウェーバー的に言えば、感情的行為と目的合理的行為の間の葛藤があるために、王や武人は近似的に理性を非理性（喜怒哀楽などの感情的要素）から独立させねばならないのである。『史記』においては、精神と状況のあいだの内外のドラマ性が、現代サラリーマンのEinzelneの組織的しがらみと相似するために古典はなお現代人の胸を打つのである。
（18）丸山、前掲書、23頁。
（19）余英時著、森紀子訳『中国近世の宗教倫理と商人精神』平凡社、1991年、158-162頁。『陽明全書』台湾中華書局、1965年、冊3、25巻、10 〜 11頁
（20）王陽明、溝口雄三訳『伝習録』中公クラシックス、2005年、193頁。
（21）同、193-194頁。
（22）同、264頁。

(23) 同、269頁。ルターを李卓吾と比較することも可能である。この点については島田虔次『朱子学と陽明学』岩波新書、2019年、160頁。
(24) 『伝習録』329頁。
(25) 無善無悪については同406頁。
(26) 李贄、増井経夫訳『焚書 ―明代異端の書―』平凡社、1969年、37頁。
(27) 『論語』里仁第四。
(28) 李贄、同「答耿司寇」86頁。
(29) 『孟子』勝文公章句 下。
(30) 守本順一郎『東洋政治思想史研究』未来社、1967年、44-46頁。
(31) Hobbes、Th、*Leviathan*,Penguin Classics,1968,pp.266,水田洋訳『リヴァイアサン』第二分冊、1964年、92頁。
(32) *Ibid.*,p.295、訳137頁。
(33) *Ibid*,p.205、訳138頁。
(34) *Ibid.*,pp.295、訳第二分冊138頁。なお、ついでにつけ加えるならば、ホッブズが所有権propriety を説明して、「自分のものMine」「あなたのものThine」「かれのものHis」の三種をあげている点について、第三のものHisは、ブルジョア社会における3人称を意味する。
(35) *Ibid.*,pp.295、訳第二分冊138頁。
(36) 島田虔次『中国における近代思惟の挫折』筑摩書房、1970年。
(37) 溝口雄三『中国前近代思想の屈折と展開』東大出版、1980年。
(38) Hobbes,*op.cit.*,p.189,ホッブズ『リヴァイアサン②』1964年、137頁。
(39) 劉岸偉『明末の文人 李卓吾』中公新書、2005年は一種のポスト・モダニズム的な新解釈である。劉が「もの」と「消費」をキーワードとして読むというところに、生産主義から消費主義へ移行するという立場が示される。しかしこれは思想史研究としては少々荒っぽい議論である。李卓吾の発見した消費は、王、士大夫、農民のいずれにも共通した消費的側面である。誰でも消費する、ということは前近代的な消費ヒエラルキーの身体主義的還元である。したがって消費は、李卓吾の場合でさえ、まだ支配者側の視点の側にある。消費論を労働論に置き換えるときにはじめて近代が出現する。前近代的消費から近代的労働へ、視点が移行するのだ。劉が称揚する消費主義は、20世紀において生産の過剰を需要の創造によってごまかすときにはじめて出現したポスト・モダニズムから出てくる。前近代（前労働論）的消費と後労働論的消費は異なるものだ。李卓吾の言う「ものの消費」は前近代（前労働論）的消費であり、まだ労働論と所有論へ届いていない、というふうに捉えないと彼の思想の正確な位置づけはできないのではないだろうか。
(40) 西田太一郎「公私観念の展開と私人の意義」『志那学』9巻1号、1937年、103頁。
(41) 溝口雄三『中国思想のエッセンス I 異と同のあいだ』岩波書店、2011年、239頁。
(42) 藤田勇『自由・民主主義と社会主義』桜井書店、2007年、668頁。
(43) 鄧小平の南巡講話1992の言葉は以下の通り。「計画が多いか少ないかは、社会主義と資本主義の本質的な違いじゃない。計画経済イコール社会主義じゃないし、資本主義にだって計画はある。逆に、市場経済イコール資本主義じゃない。社会主義にだって市場はある。社会主義の本質は、最終的にみんなが豊かになることじゃないのか。」ここには、「資本の生産力」を組み替えるという思想はない。理論的には、一種の超歴史的生産力主義である。

(44) 私の知る限り、唯一の例外は余斌（中国社会科学院）である。余斌著、荘厳、角田史幸訳『さあ「資本論」を読んでみよう』（こぶし書房、2014年、原著2011年）において、彼は「資本主義的蓄積の歴史的傾向」におけるマルクスの成熟期の社会主義論にもとづいて「公的所有を基礎にした個人的所有の再建」を社会主義の定義とする。ここから「旧ソ連と中国の以前の公有制経済には、労働者のポスト交替の欠如という最大の欠点があった」（同、255頁）ことが導かれる。つまり社会主義ではない。なぜならば「個人的所有制とは、個人が生産力の総和に対して有する占有のことであるが、この種の占有は個人が連合して初めて可能になる」（同、255頁）からだ。このような自由の下で、「民主主義は必然のみでなく、真正なものとなる」（同、254頁）。余斌は、つまり国家社会主義者でもなく、また、西洋自由主義者でもない。新左派と自由主義の対立を超克するとともに現在の中国共産党指導部の理論上の欠陥を内在的に指摘できるのはまさしくこうした研究であろう。ここに中国で初めて個人Individuumが定義され、理論的歴史的に把握された。
(45) 道垣内弘人他監修、渠涛訳『中華人民共和国民法典Ⅰ　対照条文編』商事法務2022年。
(46) 同『中華人民共和国民法典Ⅱ　資料編』。
(47) Hobbes, *Op. cit.*, part1, chap.14, p.192. 訳『リヴァイアサン①』第一部第14章、221頁。
(48) *Ibid.*, part2, chap.21, pp.268-269. 訳『リヴァイアサン②』第二部第21章、96頁。
(49) *Ibid.*, part1, chap.14, p.189, 訳『リヴァイアサン①』216頁。
(50) 渠涛は解題において「中国民法典」2020年が、従来の中国における「市民社会の未形成」から「条件成熟」ないし「市民社会形成の助成」へ向かうものと位置づける。市民社会概念にここで踏み込む余裕はないが、渠涛によると中国の民法学者は民法上の「人格権」は政治・社会等の方面の権利を含まないと考えているそうである。たしかに、結社やデモの自由を含む国家に対する抵抗権が公民の権利として書き込まれていさえすれば、法区分のどこに分類するかは技術的な問題であるからたいした問題ではない。けれども、憲法1982には結社の自由の規定はあるがストライキ権の規定は存在しないし、労働法にも同様の規定がない。総体として、憲法、民法、労働法において国家に対する私人＝市民（私人／公民）の抵抗権が保障されていない。これではホッブズが＜私人＞に帰属させた国家に対する「抵抗権」は中国には存在しないと言わざるをえない。ホッブズがまさに＜私人＞概念に依拠して「抵抗権」を論じたこと、またその延長上にロックの「革命権」があること、これががんらいの「市民社会の形成」の意味ではなかっただろうか。筆者が本章で西洋の＜私人＞と中国の「私人」の差があるというのは、たんに民法上の扱いの違いではなく、法の総体において市民の国家に対する抵抗権が欠如している点を指したものである。渠涛「Ⅱ解題―中国民法典立法をめぐる諸問題」『中華人民共和国民法典　Ⅰ　対照条文編』529-530頁。
(51) 新左派と自由主義の対立については張博樹著、石井知章、及川淳子、中村達雄訳『新全体主義の思想史』白水社、2019年。張の主張は商品経済が道徳に対して進歩的でありうるが、同時に衝突もするという「二律背反論」である。しかし、これはあまりにもアメリカ流の近代経済学的な発想に道徳論を折衷したものである。中国市場経済は、もちろん、基本的に独占資本主義的な市場経済であるから、たんなる「二律背反」ではなく、主要な傾向において反道徳的であり、それは一層国家によるゆがんだ統制をひき起こす。ところが、リベラル派の論客である張は政経分離のシステム論の枠内にいて、市場経済の進展をすすめればおおむねリベラリズムが根付くと考えて

第19章　中国思想史における私人概念の変遷　―善悪の構造転換とかかわって―

いるようである（第14章）。だが、中国が「独自の社会主義」を希求するとすれば、張は単純にリベラリズムの立場に立って外から訴えるにとどまらず、彼なりに「社会主義」を定義する必要があるのではないか。結局、張は中国を月並みな自由主義国家にしたいだけである。これでは中国人民の「社会主義指向」にたいして本当のジンテーゼを出すことはできないように思われる。

(52) 現民法典起草代表者梁慧星によれば、1956年の「中国民法草案」はロシア・ソビエト民法典を手本とした。第二次民法典は中ソ論争をうけて、ロシア・ソビエト民法の影響から脱却しようとするものであった。この結果1985年以降「英米法と国際条約を継受する」方向へ移ったという。「中国が最終的に真の人権、民主、法治国家、及び現代化の基礎をうちたてる」と梁は述べている。しかし残念なことに、起草責任者の脳裏にある「真の人権」には国家にたいする市民の抵抗権が欠如している。「第3版の序文」『中華人民共和国民法典　Ⅱ資料編』商事法務、2022年。ゆえに、西洋近代の自然的＜私人＞と現代中国民法典の自然的「私人」は、漸近しながらも、なお異なるものである。なにゆえにこの違いは残るのか。これはまことに興味をそそる問題である。私見では、中国法において国家の善性は保持されたまま、その国家によって民法上の「私人」が、いわば道具的に、あるいはプラグマティックに導入されたからではあるまいか。こうして見てくると、中国には国家悪という視点は著しく弱い。これは、いずれにせよ中国思想史全体における善悪の構造転換の問題であり、今後注目していきたい。

# 思想的展望

# 第20章　無条件降伏の思想

### はじめに

　日本政府は、1945年8月14日にポツダム宣言を受諾した。ポツダム宣言は、米中英による会談の共同文書だが、日本が降伏した相手は連合国のすべてである。一体、何のために無条件降伏をしたのか。それは、もし降伏しなければ連合軍が日本総攻撃を続けることになり、本土決戦に追い込まれれば、日本人すべてが死んでしまうことは確実で、最後の最後となって、国民の命をまもるために日本政府は無条件降伏を決断したといえる。私は、日本国憲法第九条を無条件降伏との連続において把握すべきだと考える。

## 1　明治憲法はいかにしてホッブズを生んだか

　明治以来、いったい、国家とは何のために、誰のためにあるのかを問うたのは一人植木枝盛 (1857—1892) である。彼は24歳の時「東洋大日本国国憲案」1888年第44条で「日本人民は生命を全うするの権利を有する」と書いた[1]。枝盛は日本のホッブズである。だが、明治憲法は枝盛などをまったく無視し、国家は人間の生命の自己保存のためにあるという論理を抜き取って、むしろ反対に日本臣民は国家そのもの（国体）のためにあると教えてきた。明治憲法の学校版である教育勅語 (1890) は、臣民が「天壌無窮の皇運を扶翼すべし」と教えてきた。
　ところが、この明治憲法下の政府が国民の生命をまもるために無条件降伏を決断したとすれば、イヤイヤながらホッブズ＝枝盛を認めたことを意味するだろう。世の中には無条件降伏を屈辱だと考える人がいる。だが、もし戦争を継続すれば国民が多数死ぬことが明白であるとき、政府が無条件降伏を選んだ。明治憲法はそれまで否定してきたホッブズの自己保存権をしぶしぶ認めざるをえなかったのだ。このことをもっと思想化すべきではないだろうか。

## 2 現代の核戦争の前提を考える

　丸山眞男は「三たび平和について」1950で言う。「原子力戦争は、最も現実的たらんとすれば理想主義的たらざるをえないという逆説的真理を教えていること。・・・交戦権を単に国策遂行の手段としてだけでなく、およそあらゆる目的の手段として否定したこの憲法の精神は、見方によっては迂遠きわまる観念論ということになろう。しかし、むしろ一歩事態を深めて見れば、まさにそれが、上に見たような現代戦争の現実認識に最も即した態度であり、自国または他国による武装に安全保障を託するような考え方こそ、却って安易な楽観論であるとわれわれは考えざるをえない」。

　現在、北朝鮮が怖い、中国が怖い、ロシアが怖い。核兵器が怖い。だから軍事費を2023年度から5年間で1.6倍にすると政府はいう。いまのところ、通常兵器をもって対抗する発想だが、このままいけば「抑止力」を完備するには日本の核武装を選ぼうと言い出す可能性は高い。現に日本維新の会はそう言っているではないか。

　しかしホッブズは言う。「自然権とは、各人が、かれ自身の自然すなわちかれ自身の生命を保存するために、かれ自身の意志するとおりに、かれ自身の力を使用することについて、各人が持っている自由であり、したがって、かれ自身の判断力と理性において、かれがそれに対する最適の手段を考えるであろうような、どんなことでも行う自由である」[3]。

　すなわち、生きるためならどんなことでもやって良いが、ただしそれはかれがかれの「判断力と理性」に基づくものでなくてはならない。やられたらやり返すしかないと、君の「判断力と理性」が命じるなら相手を殺しても仕方がない。だが、暴力は暴力を生むのだから、相手を殺すことは、かえって、自己保存の道ではないと君の「判断力と理性」が命じるならば、慎重に考慮して「無条件降伏」を選ぶのも自己保存の道である。

　もともとホッブズは私人の生命の自己保存のために国家をつくると言った。その後、イギリスだけでなく多くの国が徐々に近代国家をつ

くった。私人の論理を国際社会に拡大して、個別的国家に生存権（自衛権）があるとすれば、ある国の生存権が別の国の生存権と衝突したとき、国家間の武装闘争となるけれども、戦争が総力戦化し、最後には熱核戦争となる現代戦争では、国家の生存権の行使は民間人の生命の自己保存と抵触するだろう。ちょうどホッブズが「万人の万人に対する戦争」を避けることで民間人の生命の自己保存を可能にしたのと同じように、諸国家間の武装闘争を禁じるというところまで行かねば総力戦の現代を生き延びることはできない。

それだけではない。生きるためならば人を殺してもよいというホッブズの論理はあくまでも「判断力と理性」におけるものと限定されている。「判断力と理性」は、国家間武力闘争を禁じる余地がある。

### 3　ホッブズを分節化する

ホッブズにおいては私人 private man と個体 individual は混同されていたが、時代は動いているから今これらを分離できる。

するとホッブズの命題は二種類の対立命題に分節できる。

① 私人 private person の私的所有 private property を守るためには他国の武装に対して自国の武装を選ばねばならない。
② 個体 individual の生命 life を守るためには、自国の武装は無用だし、国家間の武装闘争も無用である。「私人の自己保存」と「個体の自己保存」はまったく別のものである。ゆえに、それぞれの「判断力と理性」も異なる。

このような創造的解釈を通じてホッブズに内在して、ホッブズの可能性を開くならば、②個体の生命を優先して、①私人の所有を後回しにしなければならない。ホッブズが私人と個体を混同していたことを反省してみれば、核時代の国民国家の限界を読み解く必要がますます高まってきた以上、こうした新しいホッブズ解釈が必要なのだ。

## 4　個体の自己保存と「平和の政治学」

　粘り強い段階的軍縮と国家の自己保存権の放棄が必要となる。だが、もし、その放棄途上でよその国が攻めてきたらどうするか。国家の個別的自衛権（自己保存権）と集団的自衛権（日米安保）で闘うという人が結構多いかもしれない。日本の政党で国家の自衛権（自己保存権）そのものを放棄すると主張するものは甚だ少ない。だが、それは違うだろう。　現代政治は私人と国民国家の相似を前提に組み立てられているから、私人の自己保存権を国民国家の自己保存権へ拡張する。しかし、そうした前提に立つかぎり、現代戦争で個体の自己保存権を保障することはできない。国権で闘えば、皆動員されて、殺すか殺されるかの瀬戸際に立たされるのだ。

　では、どうするか。「自衛権はある」から「自衛隊を活用する」などと言わない方がよい。そうではない。あの明治憲法下の東条内閣が1945年に無条件降伏したことの思想的意味は何なのか。あれをただ一回限りの降伏ではなく、持続的な降伏思想へと高めるのだ。およそ国民の生命の自己保存を原理として認めなかった明治憲法下の東条内閣が無条件降伏によって「丸腰」にされてもよいと覚悟を決めた。そこから憲法第九条は出てきたのだから、九条こそホッブズの①から②への転換、すなわち「個体の自己保存」の原理を選んだことを意味する。

　北朝鮮であろうと中国であろうとロシアであろうと、日本に攻めてきたら、ふたたび「無条件降伏」しよう。もし、1億人が奴隷にされても、歯を食いしばって耐えよう。そこから、スパルタカスが出てくる。奴隷制が解体したら、ゼネストをやって、自由権や社会権を獲得し、再度憲法第九条を提起しよう。そうすると、侵略ほど高くつくものはない。日本を侵略したら、自国の版図は広がるようだが、そこから反奴隷制、自由権、社会権、平和的生存権闘争が出て来てしまうのだから、現在のロシア、中国、北朝鮮は内側から変革されてしまう。プーチン、習近平、金正恩の体制は基礎から壊れてしまう。

　私のアジア戦略はこういうものなのだ。憲法第九条が世界中にひろがればよいと私も思う。だが、そう言っている間に攻められたら、自

らを私人としてではなく、個体として貫くしかない。この意味で個体の世界主義に立つのが「無条件降伏の思想」である。「一身にて二世を経る」という言葉があるが、「一身にて百世を生きる」覚悟でことに当たれば、何も怖いことなどない。これが日本の社会科学者がこれまで書くことができなかった「平和の政治学」でなくて何であろうか。

注
(1) 家永三郎編『植木枝盛選集』岩波文庫、1974年。
(2) 『丸山眞男集 ⑤』岩波書店、1995-1997年、10頁。
(3) ホッブズ、Th, 水田洋訳『リヴァイアサン①』岩波文庫、1954年、第一部第14章。

# 第21章 「見えざる手」から「見える手」へ

　A・D.チャンドラー Jr.という高名な学者がいる。『経営者の時代』1977を書いた。それはアメリカにおける多国籍企業の成立、発展史である。チャンドラー Jr.は、市場的調整market coordinationと管理的調整administrative coordinationを分ける。市場的調整が有効なのは、家族企業が支配的であった時代においてである。それは、1840年代から第一次大戦1919までで終わる。その後市場的調整はますます近代企業に内部化internalizeされ、管理的調整が有効に作用するようになると言う。彼はこれを「見えざる手」から「見える手」への移行と呼んだ。

　大企業は、ますます多国籍企業になる傾向がある。ゆえに、多国籍企業は、世界市場という「見えざる手」をますます「見える手」に取って換える。

　私たちは、しばしば世界市場は想像を超えるほど巨大であり、誰にも見通すことはできないと考えがちである。F・ハイエクなどはその典型である。ハイエクは、市場を見通すことは全知全能でありえぬ人間にはできないからこそ「見えざる手」が偉大であると考える。市場は、設計construction不能な作用をするひとつのメカニズムであり、無知を前提にして、それはかえってよく機能すると考える。

　しかし、社会科学において重要なのは、抽象力以前の表象Vorstellungである。誰であれ、現実を表象してから分析という作業に入るのだから、おおもとの表象がゆがむと、分析＝抽象はおかしなことになる。

　現代の世界市場とは、いったいどういうふうに作動しているのであろうか。表象を鍛えるうえで、ハイエクとチャンドラー Jr.をぶつけてみるのは意味のないことではない。私の理解では、ハイエクはあまりにもA・スミス（1723～1790）に戻りすぎている。ハイエクの論理は、きわめて明晰であるが、表象は18世紀末で止まっているのだ。

したがって、あまりにも多くを「見えざる手」にゆだねてしまう。ハイエクにとって、まるで歴史は存在しない。いわば歴史貫通的に「見えざる手」を信奉しさえすれば、いかなる過ちも起こらなかったはずだということになってしまう。ソ連もファシズムも福祉国家も、何の必然性もない、「原理からの逸脱」でしかない。

これにたいして、チャンドラーJr.は、すぐれた歴史的感覚をもち、20世紀初頭のバーナム以降の経営者革命論やバーリー、ミーンズの「所有と経営の分離」論の系譜にたっている。雇われ経営者層が、機能資本として会社を支配するだけでなく、「生産と流通」を管理的に調整するようになると主張する。チャンドラーJr.から見れば、ハイエクは、「市場」を語るが、近代企業のことを何も知らず、まるで家族企業が永久に存続するかのように思い込んでいる。

重要なことは、歴史と論理の両方に精通することである。おそらく「市場」と「企業」の関係について、最も早く気づいたのはマルクスであって、ハイエクとチャンドラーJr.のそれぞれの、一面的には真理である見解を、彼は「資本の支配」の二つの側面として把握していた。「近代的工場の内部では企業家の権威 Autorität des Unternehmers によって分業が綿密に規則づけられているのに反して、近代社会には、分業について、自由競争以外には他のなんらの規則も権威もないのである」「社会的分業という権威 Autorität が支配することが少なければ少ないほど、工場内分業はますます発展し、そして工場内分業はただ一人の個別者の権威 Autorität eines einzelnen にますます支配される」(*MEW*, Bd.4, S.151)。言い換えるならば、「市場(社会的分業)」は発展すればするほど、その胎内から「企業(工場内分業)」を生み出さざるをえず、「企業」はますます独占化して「市場」を廃棄する条件を生み出す。こうして、「見えざる手」はますます「見える手」によって置き換えられていくほかはない。

とはいえ「見えざる手」が「見える手」によって自動的に、きれいさっぱり排除されるわけではない。ただ「見える手」が支配的になり、「見えざる手」を小さい隙間に追いやるだけである。それでもひとたび「見える手」が支配的になれば、一体誰がその「見える手」を握るの

かということが「世界史の法廷」に上告される。

　ハイエクは、永久に「市場」は不滅であると言う。対してチャンドラー Jr.はいまや「企業」が「市場」の全能を奪いつつあると言う。だから、ここでもう一歩想像力を働かすべきである。「市場」と「企業」の相互依存と相互対立は、「資本の支配」の二つの側面でしかないのだが、それは「市場」の権威から「企業」の権威へゆっくりと移行する。この移行は二つの側面がますますひどい二律背反、二者闘争、緊張、対立に陥るというかたちをとるに違いない。いずれの権威がどの程度の比重で支配するかは、その時々に変化するであろうが、重要なことはこの闘いが「市場権威主義」と「企業権威主義」の間での闘いとなることである。これらの間の闘争に人々が巻き込まれるということである。これほど希望のない闘争がほかにあるだろうか。

　人類はここまで来れば、理性は次のように考えよと促す。「市場＝見えざる手」とは便利なものであったが、いったい誰にとって便利であったのか。「企業＝見える手」とは社会を見渡す力を与えるものであるが、いったい誰が誰を見渡しているのか。このことを真剣に考えるならば、おのずと答えは出てくる。「企業権威主義」の権威を個別的企業者から奪いとり、「見える手」を労働者がとりもどすこと、そして同時に、「見える手」を使って「市場（社会的分業）」、すなわち「見えざる手」による「市場権威主義」をふつうの人々が制御すること、これだけが未来に差し迫る悪しき権威主義から脱出する唯一の出口なのである。

# 第22章 「法の支配」再考

## はじめに

 2005年5月4日麻生太郎外務大臣（当時）は、ベルギーの首都ブリュッセルのNATO本部（NAC北大西洋理事会）で「我々は民主主義、人権、法の支配という価値観を有しており、元々、意識を共有する仲間です」と論じた（「新たな安全保障における日本とNATO」外務省HP）。当時は小泉第二次内閣の時代であった。「価値観外交values diplomacy」は、安倍内閣から始まったとしばしば言われるが、正確に言うと、すでに淵源は小泉時代にあり、アメリカの新保守主義から示唆をえたとされている[1]。その後、2023年になって、ウクライナ戦争を契機に、NATOと安保体制を結合させる政府の動きは加速された。だが、それが周到に準備されたものだったことを確認しておくことは重要なことであろう。とはいえ、本稿は外交問題を論じるのではない。日米欧の結束の基盤となる「価値観」なるもののなかに常に「法の支配」という概念があることに注目する。
 今日、「法の支配」という概念に反対する人はほとんど存在しない。それは、Cha. de. モンテスキュー（1689-1755）以来の「法の支配」がもつ「普遍性」が先進国ですでに行き渡った結果である。当然ながら、リーガル・マインドを範とあおぐ法学者は「法の支配」の圏外を構想する余地は皆無に近いだろう。
 およそ近代法学の基礎は、「人の支配」にたいして「法の支配」を樹立することで得られたと言って過言ではない。君主の専制支配を抑えるために、諸侯や平民などの身分は「法の支配」を獲得するために長い闘争を経てきた。それゆえ、「法の支配」には厚みのある民主化の歴史が裏打ちされている。逆説的な言い方をすれば、民主化とは「法の支配」の独裁的地位が樹立される過程であったとすら言いうる。
 しかし、学的立場からすれば、「法の支配」の満場一致的独裁は問

題なしとしない。モンテスキュー自身がそう考えた通り、法はつねに諸関係の表現である。ゆえに「法の支配」にはそれを必要とするある実在的社会的諸関係が存在し、しかもそれは絶えず変化している。この点を考慮しておいて「法の支配」概念を批判的に考察するのが本稿の目的である(2)。

## 1　価値観と「法の支配 rule of law」

　価値観 sense of values というのは、ふつう、何に価値があるかをめぐる様々な考え方を指している。人の価値観は、時間的、空間的にきわめて多様である。ゆえに価値観は複数で表記される。すなわち、価値観という言葉はもともと、価値が諸価値のなかにあって、自分の価値観は他人のそれにたいして相対的なものであることを教えている。だから、価値観を扱う場合、人はとても慎重であるべきだろう。

　ところが、先の外務省の「価値観外交」というのは、一般の価値観という言葉とは異なる意味合いを含んでいる。なぜなら、元来は特権的な権力者（たとえば王）の恣意的な支配と戦って勝ち得たはずの「民主主義、人権、法の支配」を、多様性の推進としてではなく、反対に、これだけが「普遍的」であるという反・多様性の主張を含むものとして考えているからだ。つまり、価値観外交という場合の価値観とは、諸価値の平和共存を目指す言葉ではなく、我こそが普遍的価値であるから他の価値は排除されるべきであるという含意を帯びている。麻生氏の演説が何やら後味が悪いのは、「法の支配 rule of law」がめざすはずの多様性を一元化していく志向を宣言しているからである。

　むろん、麻生氏の頭には、中国やロシアなどの台頭にたいして「民主主義、人権、法の支配」を対置するというアメリカの世界戦略に同調したいという思いがある。だから、価値観外交というのは、正確に言うと複数ではなく、単数の value diplomacy である。すなわち、日本の対米従属の共同行動のなかで起きている排他的現象の一つが「法の支配」を含む価値観外交なのである。

　価値観を共有する者同士は仲よくするが、価値観を共有しえぬものとは敵対することを辞さないという狭量な戦略性を感じさせるのであ

第22章「法の支配」再考　259

れば、それは普遍性を語るに値しない。

　そもそも論で恐縮だが、問題を次のように整理してもそれほど間違いではあるまい。つまり、西洋の市民革命は、王権をはじめとする前近代的な支配を「人の支配」と規定し、これに代えて「法の支配」を確立した。法とは、A.V.ダイシー（1835-1922）によれば「裁判所によって強制される規範」である。「法の支配ないし優位」は、それに先行していた「王の支配ないし優位」に取って代わったものである[3]。したがって、「法の支配」が確立して以降、王（女王）さえ法に従うことになった。王が法に従うならば、当然近代政府governmentもまた「法の支配」に服すべきことは当然であるが、これはまた「私的な個人 private individual」が法を守っている限り、政府その他を恐れる必要はないということと対応している。

　ゆえに、ダイシーは、「法の支配」は3つの意味をもつものであるとまとめた。①恣意的権力の否定、②法の前の平等、③憲法が私人の権利の源泉ではなく、反対に、私法の諸原則（私人）が国王や公務員の地位を決定する源泉であること[4]。

　ダイシーが、1885年に「法の支配」を定義づけたのは、市民革命期に行われてよいはずの仕事が遅延したためではない。ダイシーは19世紀末の行政法学者である。だから、イギリスの自由主義が修正される時代が到来し、福祉国家の原理とか国家介入主義の原理が議論されるようになったときに、自由主義の原理を再確認する必要があらためて発生した。簡単に言えば、社会法を自由主義の枠内に封印するためにダイシーの仕事は動機づけられた。他にも多くの学者がこの時期の研究意義に気づいた。たとえばM・ウェーバーは法の形式的合理性と実質的合理性の緊張と特徴づけ、ハーバーマスは国家と社会の交錯と定義し、ハイエクは「『社会的立法』による私法の公法への転換」と名づけた。ダイシーはこうした構造転換のなかに貫く不変のものを「法の支配」のなかで探求したと言ってよい。彼には『法律と世論』[5]という著作もある。ダイシーは、20世紀前後に起こった社会主義と社会的自由主義からの挑戦、つまり社会権を含めて様々な形態で国家が社会に介入する現象の出現と修正資本主義への動きを「法の支配」

の視座から照射した学者であった。
　「法の支配」論は、したがって、既述3つの意味①恣意的権力の否定、②法の前の平等（社会権の最小化）、③私人の根源性、を再確認する目的をもって書かれた。ダイシーの議論は、これはこれとして、首尾一貫したもので、国家介入主義段階の「法の支配」のあるべき規範性を定式化した見事な仕事である。それは安易な「政治主義」「官邸主導」などを認めるものではない[6]。
　ダイシーの議論は、現在も生きている。たとえば、手元にある大浜啓吉氏（1946-）の『「法の支配」とは何か』[7]を見ると、そこに公私二元論的アプローチが濃厚に読み取れる。たとえば、「『法の支配』の根底にあるのは、『自由で平等な尊厳ある個人』と『社会』の観念です。『尊厳ある個人』を起点にして『社会』が構成され、『国家』は社会に生起する公共的問題を解決するために人為的に作られた機構にすぎません」（はじめに）。大浜氏の言う「自由で平等な尊厳ある個人」とは、ダイシーが言う「私人private person」のことである。私人と個体individualを混同するダイシーや大浜の理論は、公私二元論の特徴であるから、一般に自由主義者は皆この前提を認めている。だが、これによって民主主義はきわめて近代主義的に矮小化されていることに、論者は無自覚である。本稿は、公私二元論に一定の歴史的意義を認めはするが、同時にそれに伴う理論上の限界を見失わない立場で考察をすすめたい。
　すなわち公私二元論の枠内で行政法が語られると、民間領域内の労資関係は私人間関係として理解される。すると、民間領域の外側に存在する行政権力が労資関係に介入することは悪とされるのである。実際、大浜氏は「もはや古典的な《資本と労働》という階級対立の観念はアピール力を失い、それに代わって『能力による格差』はむしろ健全な社会のメルクマールになった観があります」[8]と述べている。
　こうして、行政法というジャンルは、公私二元論のゆえに起こる社会問題を、その枠内で最小限の国家介入によって解決する学問であるという限定を受けることになる。こうした立場から大浜氏が新自由主義を支持するのは決して理由のないことではない。

もともとダイシーの著作は英米法の基礎を論じたものであった。したがって、それは近代世界システムに好都合な理論である。英米法のモデルは、それが時間的空間的に拡大するとき、最初の内在的障害にぶつかった。それが19世紀末の社会的自由主義と社会主義であった。だが、20世紀を回顧してわかるのは、福祉国家と社会主義国家は本気で公私二元論を超克するものではなかったということである。それらはせいぜいのところ近代世界システムの公私二元論の比重をいくぶんか公重視にシフトさせるものであった。

　しかし、たとえこの程度のシフトであっても、自由主義者たちは近代世界システムを原理的に防衛しておくために、より進化した自由主義、すなわち新自由主義を必要とした。ハイエクらは1947年にモンペルラン協会を立ち上げ、のちに日本の木内信胤（1899-1993、世界経済調査会理事長）を誘った。鈴木善幸内閣（在職1980-81）、中曽根第一次、第二次、第三次内閣（在職1982-1987）で「行政改革」（1981-1983）を背後で指導したのは木内であった。この流れは、小泉、安倍、菅、岸田政権へとうけつがれる。

　このように、1970年代半ば以降、新自由主義は世界の先進国の諸政府に取り入れられて、福祉国家を破壊し、いわゆる「社会主義」を自己崩壊させることに成功したのである。21世紀にはいって韓国、中国、インドの動向を見れば、新自由主義的な世界支配はさらにいっそう進化して、アジアもかなり一元化されつつあるといってもよいだろう。

　では「法の支配」は世界規模で達成されただろうか。必ずしもそうではない。現実には、イスラム圏、中国、ロシアなど旧社会主義圏の一部、さらに低開発諸国は、ダイシーの3つの意味での「法の支配」を満たしていない。

　「恣意的権力の否定」、「法の前の平等」、「私人の支配」のいずれもが不安定、未熟であり、総体としての「法の支配」から見て評価できるまでには達していない。岸田総理が世界問題評議会ICWAで「自由で開かれたインド太平洋FOPIのための新たなプラン」（2023年3月、於ニューデリー）を発表した。そこでも、中核的理念は「自由」「開放

性」「多様性」「包括性」「法の支配」の尊重となっており、ひきつづき新自由主義の世界支配網が展開中であることを確認しておいてよかろう。

## 2　ハイエクによるマルクスおよびフロイトにたいする批判

　ハイエクの『法と立法と自由』1973-79は、彼が心血を注いだ『自由の条件』1960を、20世紀の思想全体の総括をおこなうという野心のもとに一層鮮明に発展させたものである。全体の基調は、すでにそれまでに確立した自由社会／計画社会、市場主義／設計主義、自生的秩序／組織化、社会／国家という二項対立の前者を優越させることに置かれている。この点では前著と同じ基調である。しかし、20世紀思想のなかからマルクスの影響とフロイトを一掃するということが新たに徹底されている。

　ハイエクが、マルクスとフロイトの思想を排除する理由はきわめて鮮明である。それは、「個人の私的領域」の自由というハイエクが一貫して擁護する人間論の中核をこれら二人の思想家が認めないからである。

　まずマルクスについて言うと、ハイエクによれば、マルクスは「個人的行動inidividuelle Verhaltenの適切なルールは偉大な社会において、ある秩序の形成をひき起こすが、どのようにしてそれがひき起こされるのか、・・・まったく気づかなかった」[9]。いつものことだが、ハイエクはマルクスなら区別したはずのeinzelnとindividuellを意図的に混同していることに注意しておきたい。ハイエクは、常に両者を混同することによって、「個人の私的領域」とは言い換えると「私人の領域」であり、私人間の関係の調整は「見えざる手」にゆだねられることを高く評価する。逆に言えば、「見えざる手」があってはじめて「私人の領域」の自由があることになるのだ。むろんマルクスは、スミスの「見えざる手」を知らぬわけではない。むしろマルクスの功績は「見えざる手」の着想を歴史変動の論理へ広げたことにある。マルクスによれば私人は資本家的私人と労働者的私人へ分裂し、資本蓄積を通って、個体的所有を再建することを人類の課題たらしめる。ゆ

第Ⅳ部●思想的展望

第22章「法の支配」再考

えに、私人から個体への転化は避けられない。これが『資本論』の論理である。スミス的な均衡への絶えざる収斂（再生産の維持）を通じて、資本蓄積に内在して次の社会が胚胎するという洞察がここから引き出される。ところが、ハイエクは、「見えざる手」をどこまでもスタティックに、非歴史的に、均衡論的に捉え、私人が個体へ転化するという選択可能性の出現そのものを回避しようとしている。なぜならば、私人が個体へ転化するなどということは、あってはならない道徳的悪であるという判断基準がアプリオリにハイエクの脳裏に存在するからである。したがって、ハイエクにとってマルクス批判は晩年まで譲ることのできない課題であった。

つづいてフロイトについて言うと、ハイエクによれば、フロイトは『文明とその不満』において「文化的に獲得された抑圧を取り除き、自然の欲動を解放する」[10]と論じたが、これこそは、ハイエクによれば「あらゆる文明の基礎に対するもっとも致命的な攻撃」[11]にほかならない。

ハイエクがフロイト主義を嫌うのは理由のないことではない。ハイエクの言うところの、市場秩序を構成する私人（個別者Einzelne）は、フロイトを導入して世界を観察するとまったく別の様相で浮かび上がるのだ。私人はフロイトに従うと、ハイエクが言うほどには自由ではない。フロイトによれば人間は性的衝動によって操作される不自由な存在である。ハイエクが称賛する「自由社会」の主体は、フロイトの文明論からみると神経症的人間であるということになる。しかもフロイトは、私人と法の関係を性衝動と超自我の関係に置き換えてしまう。もしもフロイトが、ハイエクのように法は私人を保証するために存在すると考えるのではなく、法は私人の性衝動をむしろ抑圧する超自我であると考えたとすれば、これはハイエクの「自由社会」論の前提にたいするゆゆしき攻撃であるということになる。

ハイエクは嗅覚が異常に鋭い学者である。ゆえに彼は、マルクスとフロイトに自由主義総体に対する最も深奥の危険を嗅ぎ取ったのである。そして、私はハイエクがそうしたのは、非常に興味深い特徴づけであると思われる。まとめていえば、マルクスもフロイトも、「個人

の私的領域」の絶対的自由を認めていないのであって、歴史的に相対的なものだという考えを受けいれるものである。すると、マルクスとフロイトを受けいれる者にとって、この相対主義にもとづいて、「自生的秩序」を疑う余地が生まれ、その分だけ設計主義に接近することになりうるのである。

　ここまでやってくると、我々はどうしてもE・フロムの存在を思い起こさないわけにはいかない。フロムは、マルクスとフロイトを独特なかたちで結合する分析的社会心理学を提唱した。そして、ハイエクがファシズムを「自生的秩序」に対する侵犯とみなしたのとは、まさに逆方向から、ファシズムを「自由からの逃走」とみなした[12]。ハイエクが依拠するのは、国家からの私人の自由という消極的自由の概念である。ゆえに、ファシズムの克服は消極的自由の回復にほかならない。これにたいして、フロムは、消極的自由を積極的自由に転化しえなかった現代人（私人）の不作為に「自由からの逃走」を見たのである。フロムの言う積極的自由を制度化するものは、人間主義的社会主義であった。

　『法と立法と自由』は、この意味で『自由からの逃走』の対極にある著作でもある。

## 3　ハイエクの「法の支配」論

　マルクスとフロイトを排除するうえで、ハイエクが依拠するのはあのダイシーであった。ハイエクにとってダイシーはまことに頼りがいのある行政法学者であった。けれども、ダイシーは19世紀末の世紀転換期の行政学者であり、その意味で福祉国家の実現前の、また現実の社会主義の登場以前の学者であったから、ハイエクはポスト社会主義の観点から原理的な再構成を要すると考えたのであろう。

　ハイエクが自由社会と呼ぶのは「交換に基礎をおく近代社会」[13]であり、最大限に発展した商品化社会にほかならない。商品交換に基礎をおく近代社会では、秩序をもたらすのは国家ではなく、市場である。それゆえ、ハイエクにとって個人Individuumとは必然的に個別者Einzelneでなければならない。個別者こそが、自生的秩序を担う人

間なのだ。国家は、秩序をつくる能力をもつものではない。私人が市場秩序をつくるからだ。国家は市場秩序を追認するだけである。ゆえに、市場を構成する私人たちが自発的に秩序を構成するかぎりにおいて、「法Recht = law」に服従する。私人たちが織りなす匿名的な商品交換を可視化するものが「正義Recht = law」である。

　ここでハイエクの紛らわしい概念を整理しておこう。ハイエクは法を、三つのレベルで分類している。

(1) 法はRechtである。法は「人間はそうすることができる」という信念である。法はすなわち正義＝権利である。それは必ずしも明文化されていなくても存在し、時間的には立法（Gesetzgebung、legislation）に先行する。
(2) 次に、法はGesetz、lawである。すなわち、明文化articulationされた実定法である。これは立法によって設計されるもので、法律と訳すことも可能であろう。
(3) 法はルール（Regeln、rule）である。それは高等動物にとっての性向や気質であり、明文化されていなくても、行為に内在していて、行為を支配している一種の規則性である。

　こうした法の3分類は、ハイエク独自のものである。彼流の分類には分類の目的がある。要するに人間の行為を支配するルールは広大な領域に及んでいて、(3)で規定されたように、意図的でもなければ、設計主義的でもない性向や気質の中で大方の行為は処理されてきたとハイエクは言いたいのである。「おそらく、普遍的なルールの発達は、部族という組織化されたコミュニティの内部ではじまったのではなく、未開人が同じような仕方でお返しがもらえることを期待して自分の部族の境界線に贈物をおいていった時の最初の無言の物々交換にはじまったのであり、こうして新しい慣習が生まれたということさえできるであろう」[14]。そして、普遍的なルールが最初慣習の中に埋め込まれていたものであったが、その後法は進化を遂げる。

　ここでハイエクは、慣習のなかのほんの一部が法Recht、つまり

「熟慮の上の人間的意志の産物」であるという考え方を導入する。それは、ギリシアやローマの古代世界においてはじめて発生した。ここで「伝統的な法の支配 die traditionelle Herrschaft der Gesetze、traditional rule of law」が発生した。しかし、決して正義としての法 Recht は「つくられた」のではなく、古代ローマの法学者は市民法を「発見した」にすぎないとされた。ここで、法を発見するのか、制定するのかというウェーバーが悩んだ問題が扱われている。ウェーバーも、社会的行為論の見地から法の発生に深い関心を持っていた。そして、習俗→習律→法の移行は流動的であると繰り返し指摘した[15]。上記3つの段階には、共同社会（ゲマインシャフト）的行為→諒解行為→利益社会（ゲゼルシャフト）的行為が対応するとウェーバーは分類していた。そのうえで、利益社会的行為は、経済的に重要な事象の出現を計算する場合に、計算の確実性を高めるために「法制定」にいたると考えていたようである[16]。ハイエクは、ウェーバーの習律のなかにイギリスのコモン・ローの伝統を対応させて考察を発展させた。ハイエクによれば、イギリスでは中世においても法形成の観念は発達しなかった。そして、17世紀イギリスで王の権力に抗したのはコモン・ローの伝統であった。ここから自然法 Naturrecht の観念が出てくる。ただし、ハイエクは、自然法がもともとは慣習的であったのに、後になると啓蒙理性による設計主義と同一視されてしまったことを嘆いているように思われる[17]。

たしかに法の自生的成長過程 spontane Wachstumsprozess は永久に立法 Gesetzgebung、legislation なしでやっていけるほどには万能ではなかった。

「熟慮の上での『法』づくりが馴染の日常的な手続きになったのは、政府組織 Organisation des Staatswesens のルールとの関連においてである」[18]。こうして、ハイエクは、自生的秩序と政府組織の関係をトータルに把握するために根本的に法の発生過程を研究している。

ダイシーの「法の支配 rule of law」の3つの意味をもう一度ハイエクの法分類のなかで考え直してみよう。ダイシーによれば、「法の支配」とは①恣意的権力の否定、②法の前の平等、③憲法が私人の権利

の源泉ではなく、反対に、私法の諸原則（私人）が憲法の源泉であること、これら3点を指すものであった。ダイシーが「法の支配」が3つの特徴をもつと考えた場合、当然、実定法の次元、とくに公法の次元で①②③が規定されていることを前提している。ところで、よく考えてみると「法の支配」はそれじたいが西欧で、歴史的に発生した事象であった。だが、ハイエクの根本思想に照らして考えてみると、これらはすべて市場の「自生的秩序」の展開過程のなかで生まれたはずのものである。だとすれば、ハイエクにとってダイシーの3つの意味の中で③の私人（Einzelpersonen）論が他の二つの要素の源泉でなくてはならない。そして、私人が織りなす自生的秩序の内部から②がうまれ、そのうえで③政府組織の活動が位置づけられるという順序で論理を構築すべきであるということになった。

こうして、ハイエクはダイシーのいくぶん平板な法理論を「交換を基礎に置く社会auf Tausch basierenrenden Gesellschaft」→私人間関係→小さい政府の役割という順序で、いわば社会哲学的に再構築した。狙いは、私人によって、最初はほとんど慣習の中で、不文律的に、非設計主義的に運営されていた秩序の中に、次第に私人がなんらかのかたちでグループ化し、そのうえで組織Organisationをつくり、それにともなって法の明文化を行うに至ったということである。当然政府組織の活動は、自生的秩序からの派生物でしかないから、私人（Einzelpersonen）のなかに埋め込まれた形で先行した自生的秩序のごく一部が組織（Organisationen）によって「制定」されるだけだという含みがある。

万人が私人であることが次第に自覚化されてくると、自生的秩序の一部は「つくられた秩序」として、つまり法Gesetzとして熟慮の上で書き込まれる。すなわち、およそ秩序には二つの発生源があって、ひとつは市場に淵源する「自生的秩序」、もう一つは人間が熟慮の上で設計した法Gesetzである。たとえば、M・ウェーバーの「合法的支配」の概念は、「任意の法が、協定または指令によって、合法的な—目的合理的または価値合理的な（あるいはその双方の）—志向をもって、また次のような要求を掲げて、制定されうるという観念」[19]を意味する。

法とは、ウェーバーによれば人間が制定するものだ。ただし、ハイエクが言わんとするのは、「法の支配」が全般的官僚制化を通って隅々に行き渡るというウェーバー流の法制化の増殖をみとめるものではない。法の支配（合法的支配）が占める比重は秩序全体の中でほんのわずかばかりの範囲で起こることでしかないということだ。自生的秩序こそが秩序の大部分を占め、法の支配は秩序の一部分を占めるにすぎないことをハイエクは繰り返し強調する。

　おそらくハイエクは、ダイシーの理論を認めているものの、その理論は国家介入主義の趨勢にたいして不承不承対応することができるだけであって、設計主義の思想と根本的に対決できるものではないと見ていた。ゆえに、私人論を「自生的秩序」のなかに位置づけて徹底し、法を限定的に位置づける理論体系を作っておきたかったものと考えられよう。すなわち、法の支配を、広義の「自生的成長過程」のなかの極小部分として位置づけ、政府組織の役割を限定的に理解するための作業を徹底して行ったのが、『法、立法、自由』1973-1979である[20]。

## 4　「成長した秩序 gewachsene, grown」と「つくられた秩序 erzeugte, made」

　ハイエクによれば、秩序（Ordnung, oder）には二種類ある[21]。「成長した秩序」と「つくられた秩序」がそれだ。人間は擬人的思考が強いために、秩序はある思考する知性が設計するものだと思い込む傾向が強い。しかし、これは間違いである。ハイエクは設計なしに「成長した秩序」を「ルール Regeln、rule」にもとづくものと呼び、「つくられた秩序」を命令（Befehl、command）にもとづくものとして厳しく区別する。興味深いことに、ハイエクは自生的秩序（die spontate Ordnung）は、なによりもまず私人 Einzelpersonen によって自然になる werden ものと考えている。自生的秩序が市場秩序を指すことはわかるが、これと対置された意味での「組織」とはいったい何であろうか。ハイエクは、一般的には社会学が組織論を扱うことを知っていて、「人知の力、とくに設計主義的合理主義一般的態度の発見の当然の結果」をさすものとする。具体的な例としてハイエクがあげ

第22章「法の支配」再考　269

ているのは「家族、農場、工場Betrieb、企業Unternehmen、会社Kapitalgesellschaftや各種団体、政府を含むすべての公共機関」である[22]。市場は抽象的、一般的な、また匿名的なルールのみによって調整される秩序であるが、「組織」はいずれも、政府機関がそうであるように、なによりもまず命令Befehl、commandに依存している[23]。

ハイエクは正当にも、「組織」が生まれる理由を掴んでいる。一方で彼は、「組織」が最終的には自生的秩序に統合されるべきであると論じているが、「組織」がルールに従うだけでは「各個別者jede einzelneになすべきことを伝えるのに十分ではない」[24]と言う。ハイエクによれば「自生的秩序」はどこまで行っても抽象的で匿名的なメカニズムであるために具体性をもちえない。だから、「組織」を動かすためには、誰かが別の誰かに対して「機能の割り当てと追求すべき目的の設定」[25]を与えなくてはならない。このために「組織」は「命令Befehl、command」に依存せざるをえない。

ハイエクが注意深いのは、市場（抽象性）と組織（具体性）の境界線である。社会学者はしばしば「組織」に無限の力を見いだすが、それは間違いである。ハイエクは、「組織」にはある限界があることを忘れてはならない、という。組織万能論（ハイエクによれば、たとえばコントがその代表である）は、「個々の理性 individuelle Verstandの能力を超える唯一の可能性が自生的秩序をつくりだす超人間的な『自己組織的なselbstordnenden』力に依存しているということ」を見落としている。組織はあくまでも市場の中の組織であるにすぎない。

組織を市場に埋め込もうとするのは、市場と組織（マルクス用語では労働の社会化）の間の矛盾に彼が萌芽的に気づいている証拠である。ところが、彼はこれ以上の考察をすることはない。これ以上考察するとハイエクの体系はたちまちぐらぐら揺れてしまうからだ。のちにA・D・チャンドラーJr.が解明したように[26]、資本主義が発展すればするほど自生的秩序（見えざる手）と命令（見える手あるいは管理）の関係に大きな変化が現れる。ところがハイエクはこの巨大な構造的変化を断じて認めることなく、また組織が市場を凌駕する可能性（ハイエクの恐怖）を認めることなく、自生的秩序の組織に対する優越をイ

デオロギッシュに繰り返すことによって、眼前の矛盾から逃亡するのである。ハイエクは自己の道徳的信念を守ろうとする余り、市場の客観的変化を見失っているのである。

　彼の信念は、たんなる信念ではなく、個人Individuumと個別者Einzelneというがんらい別のカテゴリーをつねに同一のものとみなす新自由主義者が共有するカテゴリー・ミステイクの上に成立している[27]。

　したがって「つくられた秩序（組織）」がいかに発展しようとも、所詮それは「成長した秩序（市場）」という大海のなかの小島のごとく孤立しているにすぎないとされてしまう。どこまで行っても、「組織」はEinzelneであって、市場に従属すべきなのだ。ハイエクは、この意味で若いころから晩年まで一貫して個別的人格Einzelnepersonenを個体Individuenと同一視してきた。もしそうであるならば、いったいハイエクは20世紀後半の独占資本の形成・発展をどう考えているかが問題になってくる。

## 5　ハイエクの独占概念

　ハイエクは独占Monopol、monopolyを定義して、少数化した企業または単一企業で、市場を「寡占oligopolisten」するものと考えている[28]。「独占」の概念は全編をつうじて17件みいだされる程度で、いかに彼が独占に関心が薄いかを示している。しかも、これら17件中民間領域内部の独占が語られるのはわずか4件のみで、基本的に民間独占は自由であり、非特権的であり、よいものであるとされている。残り13件は徹底的に非難される独占であって、国家Staat、governmentが行う独占である。つまり、民間独占はよいものであり、市場にたいしておこなわれる国家独占は悪いものである。ハイエクにとってこの評価は自由企業体制の根幹にかかわるものであるから、決してゆるがせにはできないのであろう。

　ついでにハイエクが独占禁止法をどう理解しているか述べておこう。第3部第15章「政府の政策と市場」の「規模、集中、および権力」においてハイエクは、独占禁止法を念頭にこう述べている。「大企業が行使できる『権力』Machtは、それ自体危険なものであり、それを制限

するために特別な行政措置が必要である、と唱えられている。多分野のどんな事柄よりも頻繁に個別企業eizelne Großunternehmenの規模と権力に対して示されるこの懸念は、自由主義的な前提から引き出される本質的に反自由主義的な結論を生み出す」[29]。ここで、前提から引き出される結論が問題である。

　同様の問題は、1960年代末に東大社会科学研究所で岡田与好氏が関与した「営業の自由」論争であった。岡田氏は自由主義的前提から引き出される反自由主義的結論の進歩的意義を評価する立場だったと記憶する。岡田氏と違って、ハイエクの論旨は「自由主義的前提liberal premises」と「反自由主義的結論anti-liberal conclusions」のうち前提を擁護し、一切の「反自由主義的結論」を無視するべきだと論じている。この逆説に対して、ハイエクはまったく論理的ではない。彼は、道徳的信念を擁護するばかりであって、論理的結論について真摯に対応しない。したがって、前提を守りさえすればよいのであって、そこから出てくる結論から人々を守ろうとはしないのだ。

　ハイエクは、独占化（企業の大規模化）が一見おぞましく見えたとしても、「大きいことに対する闘い」は不当であって、いかに企業規模が大きくなっても、また独占という懸念が高まっても、また企業が自発的に結合することがあったとしても、それは「民衆の偏見popular prejudice」に従うよりはましである[30]。ハイエクは、そもそも個別企業の最も効果的な規模がどの程度かを前もって決定することは不可能であると考える。それゆえ、独占を分割して絶えず政府が見張っているような状態は、「政府によって管理される独占」であるといってよかろうから、そうした独占は、「常に政府によって保護される独占になる傾向がある」[31]と警告した。これは別の箇所でハイエクが企業心が広がり、競争の発生を許す「市場が発達したところで、無制限の民主主義an unlimited democracyが市場を破壊する、ということは少なくともありそうに思える」[32]とした点と符合する。すなわち、ハイエクは民衆に依拠しすぎると、民主主義は「無制限」に発展するとの懸念を抱いていた。彼は、民主主義と市場が必ず予定調和的に合致するとは考えておらず、民衆が反市場的に動いて、市場を破壊す

る危険を考えていた。ハイエクは、もし民衆が独占資本を制御するという設計を構想し、議会の力に訴えるような場合には、悪しき「無制限の民主主義」が出現すると捉えて、断固とした反民主主義者anti-democratistの立場に立つ覚悟があった。

## 6　「法の支配」による世界支配

　ハイエクは、私人が織りなす自生的秩序こそが「見えざる手」によって一般的利益をもたらすという世界観をもつ。そこから私法と公法を定義する。

　「政府組織Organisation des Staatesの法としての公法は、それが適用される人々に熟慮の上でbewußt, deliberately公共の利益öffentliche Interesseに奉仕することを要求し、一方、私法は、個別者einzelnenにそれぞれの個人的目的の追求を許し、結果的に一般的利益allgemeinen Interesseに奉仕するように個人の行為を限定することを目指している」[33]。

　ここにハイエク理論の際立った理論構成が良く表現されている。一般化すれば、私／公、結果的／熟慮の上、一般的利益／公共の利益、法／命令、市場／組織、社会／国家などが二項対立させられ、常に前者が後者に優越するし、また優越すべきであるという道徳的判断が随伴する。これが彼の自由主義的前提を確認するための二分法的なカテゴリー体系である。

　私はこれらをひっくるめて公私二元論と呼ぶことにするが、先に述べたように、ここには「個人の私的領域」の絶対性という彼の道徳的信念が隠れている。言うまでもなく、法Gesetzとは、商品経済社会の上部構造的反映であるから、私法Privatrechtは、「個人の私的領域」を神聖不可侵とする自由社会の最終的拠り所である。

　ところで、ハイエクがすでに『自由の条件』で解明したように、現代は18世紀とは異なって、自己労働にもとづく私的所有が支配的な社会ではない。現代は「人口に占める被雇用者の割合」が増大した自由社会にほかならない。この認識は『法、立法、自由』でもまったく変わりはない。たとえば彼は、「われわれは、人口のますます大きな

割合が絶えず大規模化する企業で働いて」[34]いると繰り返している。ゆえに、ハイエクの自由社会とは、少数の企業家Unternehmer[35]と多数の 被雇用者Unselbständigerwenden、abhangiger Arbeiterから構成される階級社会である。

　だが、ハイエクの私人論的視座から見ると、目の前の階級社会は決して敵対的な性格をもつものではない。なぜならば、私人論的視座から見えるのは、企業家と被雇用者がたんに機能的に異なる私人として「自発的協同 voluntary association」(これはもともとH・ペンサーの用語であった)することだからである。自発的に協働しあうものの間にどうして敵対的関係が生まれるはずがあろうか。

　むろん、ハイエクが階級の敵対的性格を認めない理由は、ハイエクが「個人（個別者）の私的領域」の絶対性を道徳的に信じているからである。「法の支配」は、18世紀においてはたんなる私人と私人との水平的な関係を支持するだけであった。しかし現代では、「私的領域」はすなわち企業であって、企業家は被雇用者にたいして「命令」する「組織型の秩序」[36]を構成している。

　ここには18世紀と現代の連続性と断絶がある。一般的に言えば、「法の支配」は常に自生的秩序によって基礎づけられている。つまりいかなる人間も、「交換に基礎をおく社会」では私人Einzelnepersonであるから、各人の「個別者の私的領域」の判断にたいして他者が干渉することはできないし、またしてはならない。だが、まさにこの不干渉の原理によって現代の階級社会は守られている。なぜならば、企業家の「命令」「組織型秩序」が存立できる理由は「法の支配」によるものであるからだ。すなわち、企業家の意思決定に企業家以外の他者が、むろん労組や国家も含めて、干渉（介入）することは端的に悪なのだ。ゆえに、企業家に対する被雇用者の従属は「法の支配」によって逃れがたいものとなる。現代自由社会の側から言えば、企業内における企業家の被雇用者に対する「命令Befehl」は、「法の支配」をテコにして可能になっている。新自由主義の普及とともに、コンプライアンスということがやかましく言われるようになったのには当然の理由がある。それは「法の支配」の強調と平行しており、企業コンプ

ライアンスとは、企業が法令を遵守することを指すものである。企業の外から言われる「法の支配」は企業内部のヒエラルキーを一般性 Allgemeinheit、generality という名の鋼鉄の力でうち固めることができるのである。

冒頭に我々が見た麻生外相の発言が、その本質において何を意味するものか、いまや明らかである。西側の価値観外交とは、「法の支配」の名において、企業家による被雇用者支配網を広げ、自由企業体制を支持するような体制を樹立することによって①恣意的権力の否定、②法の前の平等、③憲法が私人の権利の源泉ではなく、反対に、私人が憲法の源泉であること、の3要素を具備する特定タイプの資本主義勢力を広げようという呼びかけなのである。現代の政治家がどの程度ダイシーやハイエクを理解しているかは必ずしも明確ではないが、結果的に両者の影響下に2000年代の新世界秩序がつくられていることは疑えないであろう。

## 7　ハイエク企業論のジレンマ

いったい、これまでまとめてきたような理論構成によってハイエクは何を守っているのであろうか。ハイエクの個人 Individuum は個別者（私人）と同義であるから、「個人の私的領域」とは「個別者の私的領域」にほかならない。これは、自由主義という思想の不動の前提である。ハイエクの理論の魅力は、その論理が堅く道徳的信念と結びついていることにある。それゆえ、この道徳的信念をひとたび共有すると、人はハイエクの論理の魔力から逃れられない。ハイエク・アディクティブと言っても過言ではない。

ところが、ハイエクの、一見すると不動のように見える理論構築にはまことに単純な急所が隠れている。それは彼の企業論にある。

ハイエク自身が認めているように、私人は論理的にも歴史的にも別の私人（被雇用者）を「個別者の私的領域」に巻き込まずにはおかない。「個別者の私的領域」とは、言い換えれば、「個別資本の私的領域」にほかならない。個別資本は私人たる被雇用者を資本空間の内なる領域にますます大量に集積する。このことは、法人 juridical person のも

とでの、高度な「労働の社会化」の発展である。この意味で、ハイエクは、眼前の自由社会が敵対的な階級社会であると認めるわけではないが、それにもかかわらず、ハイエクが全理論の起点に私人を据える以上、それだけ「個別資本」における「労働の社会化」が進行することを認めないわけにはいかなかった。「労働の社会化」は、資本家の多数の労働者に対する「労働処分権」の独占の進行である。つづめて言えば、ハイエクが私人を承認すればするほど、「労働の社会化」が進行し、ハイエクが最も軽蔑する「命令Befehl」が取り仕切る「組織型秩序」の規模がますます大きくなる。

「法の支配」は、ダイシーにおいてと同様にハイエクにとっても私人を擁護するものであった。ハイエクは、ダイシーの私人論を「自生的秩序」論で再構成したが、それを綿密に完成すればするほど、それだけ一層、市場占有率を高めるために企業はますます「組織」化し、「命令」の範囲を広げざるをえないのである。労働の社会化の法則は、最初は市場の中に「組織」をつくりだすが、「組織」そのものの規模が拡大するに伴い、市場を「組織」と「組織」の隙間へと囲い込んでいかざるをえない。そうなればなるほど、抽象法の作動範囲のなかにおいてますます「命令Befehl」の通用する活動領域は大きくなっていく。この論理を詰めていくと、市場の「見えざる手」はいつしか企業の「見える手」(A.D.チャンドラーJr.)に置き換えられていく可能性(ハイエクから見れば恐怖)が増大せざるをえない。

このことを正視できないところにハイエク理論の弱点がある。そもそもハイエクの企業論には二つの要素があった。第一に外に向けては自生的秩序(競争)があり、第二に内に向けては組織(命令)がある。この二つの要素は、「労働の社会化」を捨象するかぎりにおいてのみ、無矛盾である。ハイエクは、企業がたとえ巨大化しても、大海の如き世界市場の中を漂う小島のようなものでしかないかのように決めつけている。ところが、それは18世紀の市場イメージにすぎない。現代はもはやそのような生易しい時代ではない。GAFAMがそうであるように、世界市場における市場占有率をめぐって世界的大企業は激しく闘う。すると、小規模の企業が広大無辺の世界市場に向かって、匿名

の一企業としてプレイする時代はとっくに終わり、したがって主として「見えざる手」が市場を均衡させる効果に期待することなど到底できなくなっている。

　にもかかわらずハイエクの理論的特質において、企業とは「私人（個別者）」であると同時に「組織」であるという二重規定が抱える大きなジレンマは無視されてしまうのである。企業は外向けには市場で競争する私人（個別者）であると同時に内向けには「命令」で「組織」されるという二面性をもつ。つまり、企業自体が個別者／組織、法／命令の二要素を持つ[37]。ところが、ハイエクはこの二項対立をつねに二者択一のかたちでEntweder-Oder（あれかこれか）で考えており、前者のみが存在し、後者がますます重大な意義を帯びてくるという事態を正視しない。私企業のもとで労働の社会化が進行するにもかかわらず、未来永劫「自生的秩序」が「労働の社会化」を抑え込み、自由企業体制が永遠化できるかのように考えている。しかし、事実を見れば、それにはまったく根拠がない。

　ハイエクはまったく弁証法的ではない。もしも弁証法的な思考にもとづいて事態を見るならば、事態はよりダイナミックである。すなわち現代企業は、「私人（個別者）」であるがゆえに「組織」たらざるをえない。もしもこの事実を認めるならば、私人（個別者）はまさに私人（私企業）として生き残ろうとして、そう意図することなく、いわばいやいやながらますます「組織」たらざるをえなくなるのだ。しかし、ハイエク自身がそうしているように、ひとたび企業を「企業組織」と呼ぶならば、政府組織がそうであるのと同様に、民間企業そのものが全体主義的傾向をもつことを認めざるをえないはずである。もしそうであるなら、自由企業体制の擁護者ハイエクは、自由企業体制そのものが全体主義の源泉であることを認めざるをえないから、危機はたんに国家からのみ来るのではなく、かえって自由企業（自由社会）そのものに内在していることを認めないわけにはいくまい。すると彼の『隷従への道』1944以来の全理論体系は、彼の企業論を基軸に音をたてて崩壊するほかはない。

第Ⅳ部●思想的展望

第22章「法の支配」再考　　277

## 8　「法の支配」は資本の支配である

　ここまで見てきたように、日本が米国とともに戦略的にすすめつつある「法の支配」はどれだけ似通っていても、もはやモンテスキュー(1689-1755)の時代のそれではない[38]。ダイシーの「法の支配論」を、ハイエクは「自由企業体制の支配」論へと発展させた。『法、立法、自由』は「自由の条件」を丁寧に敷衍したものであるから、けっきょくのところ、独占資本主義のもとでの資本の「私人の私的領域」を絶対不可侵の領域として再定義するものであった。言い換えれば、資本の「私人の私的領域」とは、労働者を自在に動かす権限、つまり独占資本による「労働処分」のはく奪権、現代資本の専制despotismであると言うことができる。

　だから、多くの人々が誤解しているように、現代の「法の支配」は、決して市民一般をまもるためにあるのではなく、ぎゃくに、「資本の専制」あるいは「独占資本の支配」のために市民を動員するものなのである。

　ハイエクの理論的欠陥は、自生的秩序（市場論）と企業（組織論）の内的構造を動態的に把握できていないことから来ている。ハイエクは、企業が私人であるとともに組織でもあると述べている。そして、企業は徐々に大規模化することも知っている。すると、市場と企業の関係はどのように展望されうるのだろうか。企業は市場向けに競争するためには、ますます「命令」に依存するから、組織型の秩序を発展させる。ハイエクは、企業が「命令」なしでやっていけないことについて、自生的秩序は「組織内の個人になすべきことを伝ええない」と論じていたが、ハイエクの理論では市場＞企業、市場が大海で企業は点でしかない。ところが、我々がすでに気づいているとおり、企業＞市場という傾向がますます強まることは避けられない。この点を、ハイエクはうすうす気づいているが、それ以上掘り下げようとはしない。なぜなら、もしこの点を真摯に考察すれば彼の理論体系は崩壊するからである。ここにハイエクの経済思想の特徴と理論の限界があると言わねばならない。

　ハイエク派とは言えないが、距離を置いてハイエクを論じた良書と

してここで間宮陽介氏の『ケインズとハイエク〈自由〉の変容』を考えてみよう。多くのハイエク派の経済学者たちは市場と企業の内的関係をまったく真剣に検討していない。だが、少なくとも間宮氏はハイエク理論が全体主義への危険を内在的に持つことに気づいた稀有な研究者であり、共感を禁じえない。まず間宮氏は、ハイエク派の経済学者に比べてずっと示唆に富む指摘をしている。それはハイエクの公私二元論が一君万民論的な構図にあるという指摘だ。すなわちハイエクの公私二元論は、一方に一君＝国家、他方に万民＝市場を置くので、フーコーの監獄に似ていると言う。すると、「囚人たちはバラバラに切り離された代償として、みずからの意思で監視人を乞い求める」[39]ようになるのではないかというわけである。したがって、この公私二元論（一君万民モデル）は、絶対主義、ファシズム、新自由主義のいずれにもなりうることが懸念されるという。では、これにたいして間宮氏はどういう処方箋を与えるのか。それはトクヴィルの中間団体モデルの自由論である。間宮氏は、中間団体—教会、大学、同業組合、労働組合、市民団体、文化団体—の活性化に公私二元論に対する抵抗の拠点を求める。これが間宮氏の新自由主義批判である。

　私はこの考え方に多くの点で賛成できるが、それで十分だとは考えない。

　とりわけ現代の専制主義は、トクヴィルの考え方で十分止められるとは思えない。現代の専制主義は、ハイエクが考えている以上に強力な脅威となって迫りつつあるとともに、しかも間宮氏の言う中間団体で抵抗できるほどには甘くない。中間団体は、歴史的に見ると公私二元論のル・シャプリエ法的形態を否定して出てきたものではあるが、トクヴィルが恐れた専制主義は市場と国家の公私二元論の引力からだけ起こるとは限らない。むしろ、専制主義は資本の専制主義というかたちで、労資二元論の内部から発生する。資本家も労働者も私人の直系である。この場合、階級的な成熟が立ち遅れて、労資二元論の軸で人が私人に還元されると、ますます大規模なかたちで資本の専制への個別労働者の絶対的従属が進行する。これは、ハイエクと間宮氏が想定しているような、国家と市場というタテ軸から起こる専制主義では

第22章「法の支配」再考　279

なく、資本家と労働者というヨコ軸から起こる専制主義である。

　労資二元論（ヨコ軸）はそれ固有の論理があり、また公私二元論（タテ軸）はそれ固有の論理をもつ。それらは歴史的発生順序からすれば、公私二元論→労資二元論である。しかし、いったん両者が確立するとそれぞれの固有性をもつようになりほとんど等根源的である。したがって、理論に求められるのは双方の理論の組み合わせで事態が進行することを正確に読み取り、事態に対処することだ。

　ハイエクはひたすら公私二元論の地平で思考する。それを一君万民的であると批判する間宮氏は、公私二元論の枠内での中間団体に頼る。いずれにも見逃されているのは労資二元論から出てくる専制主義の脅威である。ハイエクが公私二元論を維持することで国家の専制主義に太刀打ちしようとするのが的外れであるのと同様に、中間団体に国家と市場の両権力に果敢に抵抗するよう求めるのも、同じく幻想的ではないだろうか。

　現代の専制主義は、公私二元論の軸上で人を私人化し、労資二元論の軸上で人口の大部分を賃労働者化する、その複合性で進行する。この組み合わせは、個々のエージェントの意志を超えて客観的に相互作用している。人は私人化することをつうじて国家の中央集権化のもとにおかれるし、また、人は賃労働者化することで、資本の専制のもとに従属せしめられる。ハイエクは、私人の自由な競争を守ればファシズム（専制主義）に対抗できるかのように考えているが、そうではない。ハイエクが排除しようとしているのは、国家の中央集権化そのものではなく、その社会権的介入である。また、人を「個人の自由」の名のもとに私人に閉じ込めること通じて人口の大部分はますます被雇用者になっていく。ハイエク理論では、企業内の雇用者と被雇用者の関係が、機能的関係であるのか支配─従属の関係であるのか、はっきりしない。ハイエク自身が一方で企業を一個の独立した私人とみなし、それゆえ「個人的自由」の闘士であるかのように考えると同時に他方で企業が「企業組織」であって、「命令」で動かされていることを認めている以上、企業が自由／組織の矛盾をはらんでいるのは明らかだが、それにもかかわらず、ハイエクは国家からの自由という一色で私企業

を擁護するからである。

　ハイエクは、いわば片目だけを開けて、国家による専制主義を批判するが、もう一つの目を閉じており、資本による専制主義を見逃すのである。だから、どんなにハイエクが反ファッショの闘士であると自己を演出しても、トータルに信用することはできないし、また同じ理由で、労資二元論を視野から外しているトクヴィルの理論（中間集団論）でも十分とは言いがたい。理論的に唯一の総合的なテーゼは、公私二元論と労資二元論の組み合わせに抗するように構成された複合的な論理なのである。

### 9　ハイエクの世界人権宣言批判

　ノーム・チョムスキー（1928-　）は、現代アメリカを代表する知性である。『アメリカによる力の支配』1999で彼は、世界人権宣言1948についてこう語っている。「この宣言の最も重要な原則は普遍性である。つまり、世界人権宣言の条項はすべてのものに等しく適用される。自分に都合のいい場合だけ条項にしたがうような利己的な『相対主義』は道義上許されず、ましてや宣言を武器として特定の敵を攻撃するような醜悪な『相対主義』などは言語道断である」[40]。

　私は、世界人権宣言を読む前に日本国憲法を読んだから、チョムスキーの言う「普遍性」と憲法前文の「人類普遍の原理」が瓜二つであることに、何の障害も感じなかった。むしろ、宣言と憲法の生成過程を勉強したあとになって、ここに政治的偶然が働いていたことに驚いた。つまり、宣言を起草したE・ルーズヴェルトおよびJ・P・ハンフリーと占領軍のGSの政治的位置が、冷戦前のある時期にのみ許容される範囲で極めて近いものだったのである。

　すると、ハイエクのような学者の立場からすれば、『世界人権宣言』はまったく異なった視座から、異なった評価を受け取るはずのものである。果たして、『法と立法と自由』には過去の著作には見られなかった纏まった世界人権宣言論が書き込まれている。それを検討しておこう。

　「第二部　社会正義の幻想　第9章補論　正義と個人の権利」において、

第22章「法の支配」再考　　281

「正義の積極的概念」が、まさに福祉国家批判の文脈で批判的に考察されている。ハイエクは、私人の領域を保護する自由権規定（消極的権利）と政府組織の監督に市民が参加するという社会権規定（積極的権利）は、自生的秩序／組織、市場／政府、ノモス／タクシス、社会／国家というがんらい別個のメカニズムに対応するものであるという。ところが、承知のように世界人権宣言は全30条からなるもので、前半の21条が自由権規定、後半の7つの条文が社会権規定であり、最後に第29、30条で両方の人権の適用をいかなる国家、集団、個人にも認めるべきことを請求する。だが、ハイエクによれば、「もしそうした請求権が充足されるべきであれば、我々が社会とよぶ自生的秩序は、熟慮の上で指揮される組織に置換されなければならない。市場というコスモスは、構成員が行うように指令されたことを行わなければならないタクシスに置換されなければならないであろう」。しかし「このことから、旧来の市民的権利と新しい社会的、経済的権利とは同時に達成することはできない、事実、両立不能である」[41]と、まことにハイエクらしい理論構成で、世界人権宣言の虚構を暴いた。宣言は、悲劇的か喜劇的な幻想にすぎないのである。

　加えてハイエクは自由権と社会権を総合しようとする企みの背後に、ユネスコ「人間的権利の諸原理に関する委員会」のイギリス代表はE・H・カーとH・ラスキであることを注記している。要するに親ソ派の歴史学者とマルクス主義政治学者だと言いたいのであろう。

　さて、ハイエクのこうした「世界人権宣言」に対する最大限に冷淡な態度は、1950年代以降のアメリカ政治の文脈に照らせば、カーター政権を唯一の例外として、ほとんど一貫した連邦政府と国連代表の態度と驚くほど合致している。とりわけアメリカ政府は、国際人権A規約（社会権規約）を批准していない。それは、消極的権利以外の条項は、すべて当該機関の予算措置を伴うものであるから、福祉国家や社会主義では可能かもしれないが、そうではない自由主義国ではおよそ普遍的な法範疇とは言えないという立場を採用しているからである。連邦政府のこの見解は、社会権は「厳密な意味での『権利Recht、right』という言葉の品性を落としてしまう」[42]というハイエクの言葉と完全

に対応しあうものである。

　私は、ハイエクの自由権一元論にはまったく同意できない。なぜならば、国連が採択した「世界人権宣言」は歴史的な快挙であって、25年もたってからいまさらそれを部分的にしか認めないのは、チョムスキーの言う「言語道断」にほかならないからだ。実際、アメリカは宣言を無視していると言わざるをえない。宣言の普遍的原理に背いてアメリカが行動することこそが世界の秩序を混乱させているのである。宣言前半の、生命、自由、身体の安全、奴隷状態（強制労働）の廃止、拷問の否定、法の下での平等、裁判を受ける権利、正当な理由なしに逮捕されない権利、公開裁判を受ける権利、プライバシーの権利、居住権、国籍選択の権利、男女平等、財産権、思想・良心・信教の自由、言論・表現の自由、集会と結社の自由、政治的権利などはすべて自由権とされる権利であるが、自由権をたんに法的権利として謳うだけで本当に自由権は保障されるであろうか。社会権なしに生命、自由、身体の安全、プライバシー、居住権、男女平等、財産権、思想・良心・信教の自由、言論・表現の自由、集会と結社の自由、政治的権利はまさしく絵にかいた餅に過ぎない。自由権一元論から出てくる様々な社会問題が自由権を補強する社会権を必然的に生み出すのである。こうした客観的事態を排除するのは、いったい誰のためであるのか、また何のためであるのか、いまや全世界のほとんどの諸国が自由権と社会権の相互関係の価値を認識し、世界人権宣言の二つのパーツの具体化である国際人権AB規約を批准している今日において、アメリカと中国がフル・シティズンシップに背を向けて片肺で飛んでいることこそが世界のリーダーとしての品格を失わせているというべきであろう。

## おわりに

　ここまで「法の支配」の概念の変遷を考察してきた。モンテスキューにはじまり、18世紀に自由権の宣言があり、19世紀末から20世紀にかけて社会権が付け加えられ、冷戦期には自由権一元論と社会権の拡大がまだら状に並行し、全体としては「世界人権宣言」の片面化と空洞化がみられた。私は、長い間、なぜ世界人権宣言が世界規模で実現

されないか、その理論的根拠は何かを考えてきた。果たしてハイエクを考察することでその回答が得られた。それは、ハイエクが人＝人間＝個人＝私人という等式に強固に固執するからである。この結果、ハイエクは彼自身の公私二元論を不動の前提に置くために、私法でもなく公法でもない第3範疇としての社会権を法の正式の範疇としては認めない。ハイエクの新自由主義とクリストルの新保守主義者は、上手に住み分けしながら、ますます反動的な自由権一元論に固執している。自由権だけが人権のすべてであるというアメリカの偏向的政策は、中国のような国における自由権の拒否（社会権一元論）を生み出す原因となっている。

したがって、人類史にとっての現段階の法的課題は、自由権と社会権の双方を正当な法的権利として保障しうるような世界社会の建設である。

冒頭で論じたNATOと安保の連携をめぐる「民主主義、人権、法の支配」のなかには、ハイエクやクリストルの理論がそうであるように、社会権が正当に位置づけられていない。いわゆる軍事的安全保障以上に重要なことは、構造的暴力を根治するための人間の安全保障という考え方である。人間の安全保障の中には、戦争、環境破壊、経済的格差の是正が含まれるから、まさに社会権が自由権を補強し、あるいは私権を制御する緊急の課題も含まれねばならない。

では、自由権と社会権を総合した膨らみのある「法の支配」が到来すれば、人類はもって満足すべきであろうか。

筆者は必ずしもそうは思わない。社会権を実定法化する歩みは、世界社会の在り方を大きく変革することは間違いない。ハイエクの言う「自由社会」は終焉するし、実際終焉するほかはないであろう。

この過程で注目したいのは、そもそも「法Gesetz, law」そのものがこれでよいかどうかを判断するためのメタ基準が生まれる点である。それは、あれこれの実定法そのものの是非を問い返す審級である。考えてみると、ハイエクの議論そのものが、人類に対してこのメタ審級の問題を投げかけている。というのも、もし私人一元論が正しいとされてしまい、自由権だけが法に値するということになってしまうなら

ば、「法の支配」の概念内容はいよいよ貧弱化し、世界の幸福と乖離するからである。ハイエク的な意味での「法の支配」が厳密化されればされるほど、それだけ一層「法の支配」概念は虚構的なものへ変質し、現実と乖離せざるをえない。もしも、人類のほんの一握りの人々のための「法の支配」が、正義のすべてであるならば、地球上の人口の大多数は狭隘な「法」範疇で我慢すべきであることになる。だが真実はおそらくそれを許さないであろう。人類の理性は、ただしく作動して、目の前の実定法がただしく「正義」にふさわしいものであるかどうかを検討するであろう。すると、自由権と社会権をどの程度のバランスで補強させるかという課題が出てくるが、これを判断するために「正義」とは何かというメタ次元に降りて基準を探っておく必要がある。すなわち実定法をなんらかのメタ基準から位置づけなおさねばならないのである。現在の新自由主義が率先して使っている「法の支配」が、地上のほんの一部の人びとの利益を優遇する、局部的な「法」の在り方にすぎず、結局のところほんの一握りの人々に人類の大部分を従属させるものであることが明らかになればなるほど、それだけ一層、真の「正義」とはいったい何であるのかが重大な問題となってくるであろう。

　この問いかけにたいして、我々の記憶には既視感がある。それはガンジーである。1920年ごろ、いかなる法カテゴリーよりももっと深い真理を、弁護士であったガンジーは「サッティヤーグラハー」と呼んだ[43]。これはイギリス帝国主義がインドに対して押しつけたローラット法をはじめとする法概念をあるべき「真理」から裁量する根拠となった。とはいえ、こうした深いメタ次元の「正義」概念は、南アフリカからインドへ持ち込まれたものであって、イギリス帝国主義による世界支配の一部を揺るがしたとはいえ、それ以上に世界に広がることはなかった。

　しかし、現在はこの時とは事情が異なる。現在は世界中に新自由主義がはびこった時代である。このためにかえって、我々はガンジーがかつて辿った深い「真理」の次元へ世界規模で誘われている。ハイエクの「法の支配」の概念は、これはこれで一種の西洋的な信念にもと

づくものであった。それは、最も深い審級で私人の自由に依拠していた。だが、本稿で分析したように、私人を基礎とする「法の支配」の概念にはもはや本当の正義はない。そうなれば、私人ではなく、もっと別の何かに依拠するところの新しい「真理」に我々は覚醒しなければならなくなるだろう。

深いメタ次元の「真理」が発掘されたのちに、なんらかの別の形態の「法の支配」がもたらされるのか、それとも「法の支配」そのものが終焉することになるのか、このことを今の時点で決めることはできないし、またその必要もあるまい。いずれにせよ、規範的正義論が議論される時代が到来したのは、我々が私人の終焉に立ち会っているからなのである。


**注**

(1) Kristol, Irving, *Neoconservatism*, Free Press, 1995。クリストルはA・スミスとF・ハイエクからは距離をとっている。クリストルは、もともと反スターリン主義的な立場に立つ社会主義者であったが、トロツキーの影響をくぐったのちに、新保守主義へ向かった。この意味で、『経営者革命』の著者J・バーナムとよく似た、アメリカ型の転向思想家である。なぜ、このような転向を起こすかという点が関心を引くけれども、彼の場合は1960年代末のカウンター・カルチャーのなかに価値観の危機を読み取ったからだと思われる。ハイエクが、市場に道徳原理を読み込むのに対して、クリストルは市場に価値観の限界を読み取っている。

(2) 定森亮「モンテスキュー『法の精神』における「シヴィルcivil」概念の二重性—ハリントン『オシアナ共和国』との対比において—」経済学史学会『経済学史研究』49巻1号、2007年、を参照した。定森氏によると、モンテスキューは、「ポリティック」の領域と「シヴィル」の領域の分離過程を考察した。ハリントンにも同じ過程の考察があるが、英国に準拠したハリントンは、封建制の崩壊過程を重視しているのに対して、モンテスキューは反対にフランスにおける貴族の誕生という視点で二つの領域の分離を考察したために、彼の権力分立論は、ハリントンほどシャープな商業社会論にはならず、一種の封建身分間の勢力均衡論に傾いたと言う。

(3) Dicey, A. V. *Introduction to the study of the law of the constitution*, Macmillan Education, 1959, pp.183-184, A. V. ダイシー、伊藤正巳、田島裕共訳『憲法序説』1983年、173頁。原著は1885年。

(4) Ibid., p., 同、190-191頁。

(5) Dicey, A. V. *Lectures on the relation between law & public opinion in England during the nineteenth century*, Macmillan, 1914, pp.211-248, ダイシー、金平金二郎訳『法律と世論』法律文化社、1972年、222-252頁。

(6) たとえば、小泉内閣が始め、安倍政権でピークに至った「官邸主導」について、

「法の支配」論はもろ刃の剣となる。なぜなら、自民党の「官邸主導」は、立憲主義を破壊した点では①を逸脱しており、②社会権の最小化、③私人の擁護については、原則的に支持できるからだ。3点を総体として満たさなければ、十全な意味での「法の支配」とは言い難いであろう。立憲民主党の小西洋之議員は、2019年3月6日の参院予算委員会で、「法の支配」の対義語は何か、安倍晋三首相に回答を求めた。これにたいして安倍は「人の支配」であると答えることができず、小西氏が「法の支配の対義語は、憲法を習う大学の1年生が一番最初の授業で習うことですよ」と諭した。これに先立って2007年安倍首相は、「安全保障の法的基盤の再構築に関する懇談会」をたちあげ、集団的自衛権の行使を容認する憲法解釈変更に関する報告書をまとめた。それまで内閣法制局は、憲法9条との整合上集団的自衛権を許さないとの見解をとっていた。安倍は、内閣法制局長官を都合よく変えて、2014年7月1日、閣議決定で集団的自衛権を容認し、2015年9月19日、いわゆる「新安保法制案」を国会で成立させた。小西議員の質問は、これら一連の政府の行動の基礎に「法の支配」に関する無理解があるとの疑念をもつところからなされた。これは、「法の支配」論が民主主義論として機能しうることを示している。ただし、小西氏の立場は「法の支配」を基準にした質問であり、それがはらむ負の側面には論理が及んでいない。本稿は、新自由主義的「法の支配」そのものを問う立場から考察するものであるから、おのずと小西氏とは異なる見地に立っている。

(7) 大浜啓吉『「法の支配」とは何か』岩波新書、2016年。
(8) 同、245頁。
(9) Hayek, F. A., *Recht, Gesetz und Freiheit*, Gesammelte Schriften in deutscher Sprache Bd. 4, Mohr Siebeck, 2003, S. 477. 英語版、*Law, Legislation, and Liberty*, Routledge, 2023, p.531. ハイエク、矢島鈞次、水吉俊彦、篠塚慎吾、渡部茂訳『ハイエク全集 法と立法と自由Ⅰ～Ⅲ』⑩、1988年、235頁。なお、以下、独語版、英語版、和訳をS. p.頁で示す。
(10) ハイエクはフロイトの記述の箇所を明示していないが、似た記述は「文化への不満」中山元訳『幻想の未来 文化への不満』光文社文庫、2007年、173頁にある。それ以上に注目したいのはハイエクの社会学、政治学および教育学への異常とも見える敵意である。「今日のテロリストの中で、社会学、あるいは政治学や教育学を勉強したものが著しい割合を占めている」(Ibid., S. 482, p.536, ⑩242頁) というデータを意義あるものだというのだ。一方の極にマルクスが立ち、これらの諸科学を間に挟んで、他方の極にフロイトが立つ。そして、両極は同一の根源を持つとハイエクは見ている。ではその根源とは何であるか。私的所有と超自我の相対化である。ハイエクは私的所有と超自我を絶対化しようと試みた。
(11) *Ibid.*, S. 481, p.535, 訳⑩241頁。
(12) Fromm, Erich, *Die Furcht vor der Freiheit*, Gesamtausgabe, Bd. 1, dtv, 1989. エリッヒ・フロム、日高六郎訳『自由からの逃走』東京創元社、1951年
(13) *Ibid.*, S. 47, p.67, ⑧60頁。
(14) *Ibid.*, S. 85, p.109, ⑧108頁。
(15) Weber, Max, *Wirtschaft und Gesellschaft, Grundrisse der verstehenden Soziologie*, vierte, neu herausgegebene Auflage, besorgt von Johannes Winckelmann, 1. Halbband, 1976, J. C. B. Mour. S. 191ff. 世良晃志郎訳『法社会学』創文社、1988年、42頁。

(16) *Ibid.*, S. 193, 同, 49頁.
(17) Hayek, 1973, S. 87, p.112, ⑧111頁.
(18) *Ibid.*, S. 94, p.120, 訳⑧119頁.
(19) Weber, M., *Op.cit.*, 1956, ersten Teil, Kapitel Ⅲ, Ⅳ, SS. 124-126. M.ウェーバー, 世良晃志郎訳『支配の諸類型』創文社, 1970年, 13頁.
(20) 1944年6月28日, J・M・ケインズはF・A・ハイエク宛で手紙を書いた.「私はわれわれの欲するものは計画の全廃でもなければ, また計画の縮小でもないといわなければなりません. 実際われわれはたしかに計画の拡張を欲しているといっていいでしょう. しかし, 計画はできるだけ多くの人々が, 指導者も指導される者もともに, あなた自身の道徳的な立場と同じ立場をとるような社会において行われるべきものです. 穏健な計画は, もしそれを実行する人々が道徳的な問題に対して彼ら自身中正な意見と感情をもっているなら, 安全でしょう. 事実上すでに彼らの一部はそのような人たちです. ・・・したがって, 私の意見では, われわれにとって必要なことはわれわれの経済計画をやめることではないのです. 計画の放棄は実際はただあなたの哲学の結果に幻滅を感じさせるだけでしょう. われわれにとって必要なことはおそらくむしろその逆でしょう. 経済計画の拡張がそれです. あなたの哲学を合衆国においてかなり極端な形で適用することがおそらく実際上失敗に終わるだろうということです. ・・・私はあなたがおそらく道徳的な問題と物質的な問題とをいささか混同しておられるのだと思います」R.F.Harrod, *The life of John Maynard Keyens*, Macmillan, 1952年, pp.436-437, R.F.ハロッド, 塩野谷九十九訳『ケインズ伝 下』東洋経済新報社, 1967年, 486頁. ケインズが最後に触れている道徳的問題と物質的問題の混同という点を, 私なりに解きほぐすならば, ハイエクは自由な個人を擁護したいと熱望している点において道徳的確信を抱いているのであるが, まさにこの「自由な個人」を擁護したければそれを自由な個別者freie Einzelneではなく, 自由な個体freie Individuumとして再定義するほかはない. ところが, Einzelne と Individuumの混同があまりにも深いために, ケインズの言う「道徳的問題と物質的問題の混同」が必然的に起こるのである. 私が行いたいのは, ハイエクの混同そのものを非難することではない. そうではなくて, この混同(カテゴリー・ミステイク)によってハイエクの理論体系がいかなるひずみと矛盾を生み出してしまうか, そして未来への処方箋にいかなる死角が生まれるか, である.
(21) ハイエクによる秩序の定義は, 「さまざまな種類の多様な諸要素が相互に密接に関係しあっているので, われわれが全体の空間的時間的なある一部分を知ることから残りの部分に関する正確な期待, または少なくとも正しさを証明できる可能性の大きい期待をもちうる事象の状態」である. *Ibid.*, S.38, p.57, ⑧49頁.
(22) *Ibid.*, S.49, p.68, ⑧62頁.
(23) *Ibid.*, S.47, p.67, ①60頁.
(24) *Ibid.*, S.52, pp.70-71, ⑧66頁.
(25) *Ibid.*, S.52, p.70, ⑩66頁.
(26) Chandler Jr., A. D., The Visible hand : *The Managerial Revolution in American Business*, The Belknap Press of Harvard University Press, 1977. アルフレッド・D・チャンドラー Jr., 鳥羽欽一郎, 小林袈裟治訳『経営者の時代 上下』東洋経済新報社, 1979年.
(27) Hayek, *op.cit.*, 1973, S.51, pp.69-70, ⑧65頁.

(28) ハイエク企業論のジレンマについて、私はほんの小さな訳語問題から気づいた。最初ドイツ語版を読んでいて、第3部第15章「政府の政策と市場」「反独占立法の問題」においてハイエクが「純粋に自発的な諸企業の結合ein rein freiwilliger Zusammenschluß von Unternehmen」(S. 392, ⑩123頁)と述べている箇所で、『ハイエク全集』当該巻の訳者である渡部茂氏はそこを「まったく自発的な企業組織」と訳している。また、同箇所でドイツ語版が「いかなる独占企業も競争の脅威から保護されるべきである、と信じる理由はまったくない」というところを英語版は「どんな独占的組織も」云々となっている。ドイツ語版は、企業を組織とぜったいに規定しない。ところが英語版のほうはvoluntary organization of firms, monopolistic organisation（英語版p.444）となっている。渡部訳は間違っているのではなく、英語版に忠実に訳したまでのことであったろう。だが、両方の規定はともにハイエクが認めている規定なのである。つまり、ハイエクは企業を一方で「個別者（私人）」であると規定し、同時に他方で「組織Organisation」でもあるというかたちで二重に規定しているわけだ。ところが、ハイエクは彼の著作全編において、Einzelnepersonの対立概念はOrganisationであると一貫して述べていたはずではないか。企業が私人であると同時に組織でもあるならば、「私人」こそが「組織」の増殖の原因であるということになる。これによって、国家悪に企業が対決しうるというハイエクの理屈は彼の企業論によって、その前提から壊されてしまう。この点をショシャナ・ズボフ（1951- ）は実に鋭く洞察している。「ハイエクのイデオロギー（自由市場は、国家の政治権力に取って代わる未知の拡張秩序であるとする）は、新たな企業論の枠組みを築き、それに正当性をもたせ、監視資本主義surveillance capitalismが登場するための道を開いた。つまり監視資本主義の構造とモラルと社会とのつながりを用意したのだ。」(Zuboff, Sh., *The Age of Surveillance Capitalism* : The Fight for the Future at the New Frontier of Power , Profile Books, 2019, P.38, ショシャナ・ズボフ、野中香方子訳『監視資本主義』東洋経済新報社、2021年、40頁)。

(29) *Ibid*., S.373, p.426, ⑩97頁。
(30) *Ibid*., S.383, p.437, 訳⑩112頁。
(31) *Ibid*., S.383-384, p.437, ⑩112-113頁。
(32) *Ibid*., S.385, p.438, ⑩114頁。
(33) *Ibid*., S.383, p.436, ⑩111頁。
(34) *Ibid*., S.136, p.166, ⑧170頁。
(35) *Ibid*., S.385, p.438, ⑩114頁。
(36) *Ibid*., S.382, p.435, ⑩110頁。
(37) *Ibid*., S.384, p.438, ⑩114頁。
(38) Ch. モンテスキューは、広義の「法の支配」について述べている。「人間は種々の法によって支配される。自然法によって、宗教の法たる神法によって、宗教の治安の法であり、カノン法とも呼ばれる教会法によって、各人民は世界の一市民なりとの意味において、世界の市民法とみなしうる万民法によって・・・」(Montesquieu, Vie de, *CEuvres completes Tome* II mrf, 1951, pp.750-751 根岸国孝訳『世界の大思想 モンテスキュー』河出書房新社、1966年、「法の精神」第5部第26篇第1章。なお、ハイエクは、モンテスキューが行った三権分立の試みは失敗したという。なぜならば、個人の自由（通例通りハイエクはpersonliche Freiheitとeinzelne Freiheitを同義とする）を権力の分立によって保障しようとしても、立法府と分配の正義が登場してきて

第22章「法の支配」再考　289

行政府をうごかし，けっきょく個別的資本家の絶対的自由を侵害することにつながったからである。したがって，ハイエクはモンテスキューの「法の支配」の三権分立論のうち，議会と行政を著しく恐怖する特異な民主主義者となる。なぜそうなるか。私人と資本家的私人を意図的に混同し，私人一般ではなく，資本家的私人だけを擁護する目的で『法，立法，自由』を書いたからである。
(39) 間宮陽介『ケインズとハイエク＜自由＞の変容』ちくま書房，2006年，229頁。
(40) Chomsky, Noam, *The Umbrella of U. S. Power*, SEVEN STORIES PRESS, 1999, p.5, N・チョムスキー，鈴木主税訳『アメリカによる力の支配—世界人権宣言とアメリカの政策の矛盾—』，『レイコの突撃インタビュー チョムスキー，民意と人権を語る』集英社新書，2005年，所収，92頁。
(41) *Ibid*., S. 254, p.304, ⑨145頁。
(42) *Ibid*., S. 257, p.307, ⑩149頁。
(43) Gandhi, Mahatma, *The collected works of Mahatma Gandhi* ,Vol.10, p.292, M・K・ガンジー，田中敏雄訳『真の独立への道』岩波文庫，2001年，『南アフリカでのサティヤーグラハの歴史 非暴力不服従運動の誕生』平凡社，2005年。『真の独立への道』1910年において，ガンジーは述べている。「世界にまだこれほどにも多くの人間がいることは，世界の基礎は武器ではなく，真理，慈悲，つまり魂の力であることを伝えています。ですから，歴史的に強力な証拠は，世界が多くの戦争や争乱にもかかわらず生き続けていることです。ですから戦争の力よりもほかの力が世界の基礎なのです」(同、109頁)。

# 第23章 かの土方人足の智識文字の発達する未来へ

　漱石の1902年3月15日中根重一宛手紙は、何度読んでも驚くべき卓見に満ちている。この手紙は「大著述の構想」という小見出しでよく知られている。その一部を引用する。

　欧州今日文明の失敗は明らかに貧富の懸隔は甚だしきに基因致候。この不平均は幾多有為の人材を年々餓死せしめ凍死せしめもしくは無教育に終らしめ、かへって平凡なる金持をして愚なる主張を実行せしめる傾なくやと存候。幸ひにして平凡なるものも今日の教育を受くれば一応の分別生じ、かつ耶蘇教の随性と仏国革命の殷鑑遠からざるよりこれら庸凡なる金持どもも利己一遍に流れず他のため人のために尽力致候形跡有之候は、今日失敗の社会の寿命を幾分か長くする事と存候。日本にてこれと同様の境遇に向ひ候はば（現に向ひつつあると存候）。かの土方人足の智識文字の発達する未来においては由々しき大事と存候。カール・マークスの所論の如きは単に純粋の理屈としても欠点有之べくとは存候へども今日の世界にこの説の出づるは当然の事と存候。小生は固より政治経済の事に暗く候へども一寸気燄が吐きたくなり候間かやうな事を申上候。「夏目が知りもせぬに」などと御笑被下まじく候。

　小見出しは『漱石書簡集』（岩波文庫、1990）の編者が便宜的につけたもので、漱石自身によるものではないが、正しくもこれから14年間模索した彼のすべての作品はこの構想のもとに理解されうる。このあとに「世界を如何に観るべきやといふ論より始め・・・開化のいかなるものなるやを論じ・・・開化を構造する諸要素・・の連合して発展する方向よりして文芸の開化に及ぼす影響およびその何物なるかを論ず」るつもりに候、とある。構造が「文芸の開化」にどう影響するかをみるというのだ。まだ誰も作っていない動態的構造主義である。

「自分ながらその大胆なるにあきれ候事も有之候へども思ひ立候事故行く処まで行くつもりに候」というのも、素直な決意と自信をしめしているように見える。

　文体の面から見ると、漱石の書簡は、1901年1月22日から2月5日の間に候文から言文一致体へ一度変わったが、1902年にはどういうわけかまた候文へもどり、1903年から5年までちゃんぽん文で書かれたあと1906年以降は完全に言文一致体で書かれるようになる。漱石の文体の近代化の進行途上で、「大著述の構想」は候文で書かれた。大見えを切るためには候文がふさわしいと思ったのかもしれない。けれども文体とは裏腹に、この手紙の内容はまことに超近代的である。おそらく手紙をもらった義父は、娘婿の光る知性に感じ入ったにちがいない。

　従来の漱石研究で、この手紙を深く分析するものは意外に少ない。江藤淳や柄谷行人は、まったく触れもしない。ことに、文中の「かの土方人足の智識文字の発達する未来」という一句に何をみるべきであろうか。漱石は、この手紙と同一の主題である近代を破壊する革命を「第二フランス革命」と呼んでノートしている（全集21巻、56-7頁）。この手紙の独自性は、「第二フランス革命」の主体は「土方人足」であること、しかし、ただ目の前にある「土方人足」ではなく、「かの土方人足の智識文字の発達する未来」とした点でまことに啓発的である。

　漱石が登場するまでの文明論では福沢諭吉が「百姓車引き」をおよそ知性や品性のない前市民的な存在とみなしてきた。であればこそ諭吉は、私人と資本家が文明推進の主体であると考えていた。ところが、漱石は、これに真っ向から反対し、私人と資本家に対抗する者が「土方人足」であり、未来の主体であると言い切っている。とすれば、漱石文学は、「土方人足の智識文字の発達」、すなわち現代サラリーマンの知識人化を展望するものなのである。諭吉が「貧にして知ある者」を最も恐れたのに対して、漱石は「貧にして知ある者」の拡大のなかに未来をみた。

　1916年に漱石は死んだ。奇しくも、1917年のロシア革命の前年であった。1917年以降、ソビエト・マルクス主義が世界の権威となって、

世界中の左翼は育っていく。私は、それは相当に捻じ曲げられたものだと思っている。とくに、「かの土方人足の智識文字の発達する未来」というテーゼが本質的に活かされたとは思えない。「土方人足」とは現代の働く者たちのことである。もしも彼ら／彼女らが働くことを放棄するならば、現代世界は人間と自然の社会的バランスを維持することなどできないことは子どもでもわかることだ。

　世界の存在は「我々」次第なのだ。「土方人足」の節くれだつ荒々しさと「智識文字」がうがつ精神の深さを逆説的に統一できる者だけが未来を創る。その意味で、1902年の漱石の手紙は、20世紀の様々な近代思想を超えているだけでなく、世界の民衆の実践指針たる力をいまなお失っていない。

【初出一覧】

◉個体的所有　その後
　　　　　……………………唯物論研究協会編『唯物論研究年誌』第28号、大月書店、2023。

◉個別者の概念について
◉コンビネーション概念の起源
◉公私二元論と労資二元論
◉個体性とは何か
◉二つのプライヴァシー
◉私人・自然人・法人
◉私人・兵営的規律・代議制
◉帝国主義と宗教改革
　　　　　…………… 市民科学京都研究所編『市民の科学』第12号、晃洋書房、2022。

◉インカ帝国滅亡と戦国時代の同時代性
◉モア・エラスムス・ルター
◉原発問題の思想史的文脈
　　　　　………………………………『市民の科学』第4、5号、2012年1月、7月。

◉アメリカ帝国主義による日本帝国主義の排除と包摂
◉理解社会学と世界システム論
◉近代世界システムと国民主権
◉ふたたび　国民主権を問う (原題「近代世界システムと国民主権　再論」)
◉アジア論的転回
◉アジア比較近代化論　序説
◉中国思想史における私人概念の変遷
　　　　　………………………………………………………………書き下ろし

◉無条件降伏の思想
◉「見えざる手」から「見える手」へ
◉「法の支配」再考
　　　　　………………『桃山学院大学社会学論集』第57巻2号、2024。

◉かの土方人足の智識文字の発達する未来へ
　　　　　………………………………………………………………書き下ろし

掲載雑誌と書き下ろしの規定のないものは、市民科学京都研究所編『市民科学通信』第13〜44号、2021年6月〜2024年1月に掲載された (www7b.biglobe.ne.jp/~shimin/Tuushin itiran.html)。

## あとがき

　本書の成り立ちをめぐる思い出話をお許しいただきたい。2002年に故石井伸男さんから著作の書評を依頼された頃、ぼくはドイツ語の単語にひどくこだわっていた。それはドイツ語の個人にはニュアンスの異なるEinzelneとIndividuumという別々の単語があるということであった。旧共同体が解体したあと近代人は皆ばらばらな個別者Einzelneとなる。このことを与件として資本のもとでの労働の社会化が高度に発展するのである。しかし、「資本の生産力」は発展すればするほど「破壊の生産力」となるから、労働者は「資本の生産力」を質的に転換する方向へ向かわざるをえない。この過程で人は個別者Einzelneから個体Individuumへの主体の変革をおこなう、というわけである。

　ところで、まさにそういうことを考えた頃にぼくはフランクフルト学派の研究にも打ち込んでいた。そこに注目すべき内容が詰まっているように見えたからである。ある時、J・ハーバーマスとA・ホネットに会う機会があり、これらの単語の異同についてじかに尋ねた。

　「二つの単語は区別されると思うが、あなたはどう思うか」。「そんなことは当たり前じゃないか」と切り返されるかもしれないなと予想していたのだが、事実は反対であって、二人ともきょとんとしたのである。実に緊張していたので、鮮明に憶えている。

　ぼく自身後になってだんだんわかってきたのだが、フランクフルト学派はもともとファシズムと闘うべく出発した。M・ホルクハイマーとTh・アドルノは、啓蒙とは「自然支配」であると考え、「自然はたんなる客体」とされるとみなした。ここには対象／客体、Individuum／Einzelne、労働の生産力／資本の生産力という対照性がかすかに感じられるが、にもかかわらず前項が後項に一元化される傾向がみられる。そしてぼくなりにわかったのは、ハーバーマスのコミュニケーション的理性とホネットの承認の概念は、一挙に現代思想の見取り図

を広げてくれた功績は高く評価されるが、「自然支配」に依拠していては人間の解放は果たしえないという断念を引き継いでいるのであった。これでは労働の社会化を具体的につかめない。

しかし、ぼくの考えではファシズムは「自然支配」の延長などではない。それは1930年代から1945年までに発生した、ある極端な全体主義であった。この点で『啓蒙の弁証法』は大雑把すぎる。なぜこの時期にファシズムが生まれたかと言うと、近代世界システムを市場メカニズムで調整することが不可能になった時に、資本の専制支配をじかに個別国民国家の原理に高めなければならない事情があったからだ。市場の機能が不全化すると資本の専制が国家原理に上昇転化するのである。

だから、戦後世界の体制は、資本の専制を市場メカニズムに再結合し、ほどほどの国家間協調と国家介入によって資本主義を「懸命に管理する」(ケインズ)ことへ向かった。

ところでぼくは1973年に大学に入ったが、これはちょうど戦後世界体制がこのままではうまくいかなくなる転換期であった。ヴェトナム戦争の終焉、オイル・ショック、金ドル交換停止などが示したのは、それまで欧米は脱ファシズムで一本化していたのに、福祉国家と新自由主義が分岐し始めるということだった。日本では、右肩上がりで経済成長してきた日常に突如影が射した。当時ぼくらは「シラケ世代」と揶揄されたものだが、まったく明暗入り乱れたのだから軽いニヒリズムに陥ったとしても当然だったのである。

大学に入って現実を考え始めたときに、一縷の光線のように見えたのが「個体」という言葉であった。おそらくは、無意識のうちにぼくは「私の個人主義」(漱石)や「第二の青春」(荒正人)などという系譜の線上におり、60年安保とか、70年安保といった時事よりも、もっと深いテーマにあこがれていた。ぼくの問題関心は、弱々しく生まれた日本の個人というものを、もっと現実の中で揉まれたものに変えたいという切望だった。本書の冒頭においた「個体的所有　その後」は、

平田清明の言う「個体」概念に出会って、約50年かけて書いたものだ。この程度の小論にこれほどの時間がかかったのは、奥手であるからだが、近代西洋社会思想史を掴むのに大半の人生を使ったという事情もあった。この結果わかったのは、マルクスの理論は公私二元論と労資二元論から構成されるということである。I・ウォーラーステインの世界システム論（1973）はこれの現代化である。この視座から見ると、欧米、ソ連、中国が社会主義を「生産手段の国有化」であると信じていたのは、社会主義を公私二元論の枠内に切り詰めたからだった。新自由主義はまさに正統派の公私二元論であるから、ソ連と中国が——一方は解体、他方は適応という形態で——ここに吸い込まれるのは理の当然ということになる。21世紀の世界の課題はとても単純化された。果てしなく私人Einzelneへ頽落していくか、それとも個体を再建するか、この二択である。

　本書は「思想から見た西と東——西洋思想史のアジア論的転回」というやや大げさなタイトルを冠したのだが、自分の研究史にもとづき、今後の方向性をも示したものである。人生はたえず一回きりの体験の連続であるけれど、節目で特殊な体験を普遍的な経験へ転化させうる瞬間がある。実際にそんなことができるものなのかどうか、それが勘所だ。このことを自分の研究の中で試してみたい。

　もともと西洋近代とは私人の近代であった。Th.ホッブズが「彼自身のなかに人類を読む」（『リヴァイアサン』序説）と言った時、自分（一人称）を「彼（三人称）」とみなしたのだから、体験を経験へ転化させていたのだ。西洋の強さはここから来ているのだ。その後西洋の私人たちは非西洋を襲い、自己に合わせて人間を改造した。もしも西洋中心主義を批判したいなら、非西洋の人間が固有の眼で、西洋生まれの西洋近代批判をわがものにできなくてはならない。世界の近代化にまき込まれた非西洋人には西洋人に比べていくぶんかの比較優位がある。またその分だけ今後の東西融合の世界史の進展のなかでアジア人なりに独自の貢献ができる。2023年からぼくがアジア論的転回（第Ⅲ部）を企

てたのは、ここに述べたような理由からである。いまは、まだ端緒についたばかりだから、中国思想、韓国／朝鮮思想、インド思想などの研究で手いっぱいである。本書が比較東西思想史のような地平への一歩になればよいと思っている。ただ比較するわけではなく、イスラエルを西とし、パレスチナを東とするような激動の中に身を置く構えが必要であろう。

　ここ数年書きためたものを本の泉社に持ち込んで見ていただいたのは2024年1月であった。浜田和子さんは、好意的に受け止めてくださり、大変お世話になった。心より感謝申し上げる。

　最近、W・フルトヴェングラーが手記（1946）に「金銭、権力、名声——すべてが内面の弱さ、不信の所産であり、非創造的な人間の所産である。みずから創造的な人間にとって、これらは無意味にひとしい」（芦津丈夫訳）と遺したのを読んだ。吉村恵は「はっきり言うね」と感想を聞かせてくれた。わが身を省みて、彼の境地にはまだまだ道遠しである。

2024年3月某日<br>
竹内　真澄

【著者略歴】

**竹内真澄**（たけうち・ますみ）社会学博士

1954年　高知県生まれ
1982年　立命館大学大学院社会学研究科博士後期課程単位取得退学
現在　　桃山学院大学社会学部教授、京都自由大学講師

〈主な著書〉
『福祉国家と社会権　デンマークの経験から』晃洋書房、2004年
『物語としての社会科学　世界的横断と歴史的縦断』桜井書店、2011年
『諭吉の愉快と漱石の憂鬱』花伝社、2013年
『社会学の起源　創始者の対話』本の泉社、2015年
『近代社会と個人　〈私人〉を超えて』御茶の水書房、2022年
『坊っちゃんの世界史像』本の泉社、2024年

〈編書、共著〉
『水田洋　社会思想史と社会科学のあいだ』晃洋書房、2015年
『石田雄にきく　日本の社会科学と言葉』本の泉社、2015年

---

# 思想から見た西と東
## ―西洋思想史のアジア論的転回―

2024年10月29日　初版第1刷発行

著　者　竹内真澄
発行者　浜田和子
発行所　株式会社本の泉社
　　　　〒160-0022　東京都新宿区新宿2-11-7
　　　　第33宮庭ビル1004
　　　　TEL：03-5810-1581　FAX：03-5810-1582

印刷・製本　株式会社ティーケー出版印刷
DTP　本間達哉

©2024, MASUMI Takeuchi Printed in Japan
ISBN 978-4-7807-2266-6 C0036
※定価はカバーに表示してあります。本書を無断で複写複製することはご遠慮ください。